Fabio Salamida

# L'ULTIMO TRAM

## Storie tragicomiche di un'Italia al capolinea

Romanzo

SALANI EDITORE

ISBN 978-88-310-1295-9

Questa è un'opera di fantasia. Ogni riferimento a fatti o persone reali è da ritenersi puramente casuale o fittizio.

Il marchio commemorativo dei 160 anni è disegnato da Mimmo Paladino

I due brani in corsivo nel capitolo *Victoria's Secret* relativi al disturbo narcisistico di personalità e al disturbo paranoide di personaltà sono tratti dal *Manuale diagnostico e statistico dei disturbi mentali* dell'American Psychiatric Association, quinta edizione, 2013.



Gruppo editoriale Mauri Spagnol, Milano
www.salani.it
Per essere informato sulle novità GeMS
visita www.illibraio.it

*Alla mia città*

*Napoli, 8 dicembre.*

«Nonno, questo pastorello che dorme dove va?»

«Poggialo lì, in alto, sulla collina, sotto un albero. Intorno a lui metti dodici pecorelle».

# Il 30 notturno

A Roma è quasi mezzanotte e al capolinea che guarda la cupola di Michelangelo sosta un vecchio tram, di quelli che nella capitale non si vedono da un po'. Quando fabbricarono questi modelli, climatizzatori e monitor al plasma non esistevano neanche nei romanzi di fantascienza. I sedili sono di legno e l'intero vagone è illuminato da lampadine a incandescenza; non si potrebbero più vendere ma ancora si trovano in certi vecchi ferramenta di quartiere o nei famigerati market cinesi che hanno un po' di tutto. Se le tocchi scottano ed emettono una luce calda e accogliente: durante la marcia sono più luminose, mentre in quei quindici secondi di sosta alle fermate il bagliore che emanano diventa instabile, vibrante; questo ha sempre suggerito un senso di precarietà ai passeggeri adulti; per molti bambini, invece, era una specie di festa, un viaggio incantato dentro un grande albero di Natale d'acciaio.

Per essere bello è davvero bello, ma il vetusto MRS – che sta per 'Moto Rimorchiata Saglio' – è un mezzo assai scomodo e rumoroso. E poi è lento e ha una pessima frenata. Lo sa bene Arturo Giani, sessantaquattro anni e qualche chilo di troppo, conducente prossimo alla pensione che ora è fuori a fumare una sigaretta prima di iniziare la corsa.

Sono mezzi non più operativi da un pezzo: alcuni 'superstiti' sono diventati delle giostre, dei costosi ristoranti su rotaia dove si mangia ascoltando musica jazz. Novanta euro a persona per una cena che altrove costerebbe meno della metà, con annesso rischio che il vicino te la vomiti addosso alla prima curva. Nulla a che vedere con i moderni tram che corrono sui nuovi binari ammortizzati nella tratta che va dalla centralissima piazza Risorgimento alla periferica piazza dei Gerani, a Centocelle: quelli sono silenziosi, climatizzati, veloci e spaziosi. I sedili su cui siedono i passeggeri sono comodi e imbottiti, ma questo non è sempre un bene: d'estate, ad esempio, i batteri che vivono nel sudore che gronda dalle cosce di Lucy, turista americana di ventinove anni, si depositano e trovano dimora nelle imbottiture sempre più opache delle poltroncine, sedimentandosi con quelli di altre passeggere spagnole, inglesi, francesi, olandesi e di qualsiasi altra nazionalità, per poi finire tra i peli delle cosce altrettanto appiccicose di Ugo Rastello, cinquantasei anni, proprietario di un bar a via Napoleone III. Ah! Se noi esseri umani sapessimo integrarci come i batteri, forse il mondo sarebbe un luogo migliore!

Anche Roma è cambiata negli ultimi anni, le sue meraviglie spesso stuprate dall'incuria e dal degrado sono una cartolina dell'Italia, dei suoi tanti vizi e delle sue sbiadite virtù. Come tutte le capitali, perde via via il suo fascino autentico ed è sempre più a misura di visitatore 'sporca e fuggi': per rendersene conto basta alzare gli occhi la sera e osservare le poche luci accese nei palazzi storici del centro, dove non abita quasi nessuno. La città eterna è ogni giorno più grande, ma ciò rende molti dei suoi abitanti tremendamente soli. È uno strano paradosso: com'è possibile che ci siano sempre più esseri umani, più strade, più case e, ciononostante, aumenti la solitudine? Forse è il destino di quelle città che diventano metropoli, condannate a trasformarsi in agglomerati informi, senza capo né coda. E più cresce la metropoli, più si rimpiccioliscono e aumentano le tante realtà che la formano, fino a diventare dei non luoghi. E lo stesso succede alle persone col tempo perdono sostanza e identità. Così la città che fu impero è un enorme frullato di solitudini che talvolta si incontrano, storie di esistenze più o meno banali unite tra loro, per un istante, da strade dissestate, maleodoranti, anonime. E persino un vecchio tram può diventare un pezzo di Roma, un pezzo di Italia; la location per una foto di gruppo.

# La scrittrice

*È del tutto evidente che se perdo il referendum costituzionale, considero fallita la mia esperienza in politica.*

Matteo Renzi, 29 dicembre 2015

Cosa ci fa Maria Elena Bianchi, la bella scrittrice che in meno di un anno ha scalato le classifiche letterarie di mezzo mondo, sul 30 notturno? Trentacinque anni, lunghi capelli castani e occhi verdi, abiti costosi ma non appariscenti, la si potrebbe immaginare su una Mercedes guidata da un autista silenzioso, o al limite su un taxi. E invece la troviamo sui sedili centrali del vecchio tram al capolinea di quella piazza Risorgimento piena di bar e ristoranti 'acchiappaturisti', messa lì, con quel nome importante, a spiegare agli inquilini del Vaticano chi comanda. Scenderà a viale Liegi, nei pressi della sua nuova abitazione in un palazzetto signorile dei Parioli. È reduce da uno spettacolo teatrale ispirato al bestseller che l'ha resa una star, e porta con sé tre costose bottiglie di Brunello di Montalcino. E pensare che fino a poco tempo fa era l'anonima segretaria di uno studio notarile.

Le si avvicina Benny il Matto, un bizzarro personaggio che potrebbe avere dai quaranta ai sessant'anni, vestito con il frac e una bombetta in testa. Benny passa la notte sul tram, parla come il maestro Yoda di *Star Wars* e – a dimostrazione che i soprannomi dicono sempre la verità – sembra non avere tutte le rotelle a posto. Mentre il mezzo è ancora fermo, osserva Maria Elena con i suoi grandi occhi azzurri e le fa gli onori di casa.

«Grande scrittrice tu sei. Famosa, bella... ma un principe non hai».

«Eh caro Benny... ti ringrazio per i complimenti, ma il principe ancora non è arrivato e forse non arriverà mai».

«Se si vuole, tutto arriva, anche principe. Grande scrittrice tu sei. Famosa sei, bella sei».

«Forse i principi non esistono, Benny, o magari esistono ma non abbiamo la fortuna di incontrarli».

Il dialogo viene interrotto dal rumore metallico dello sportello del vano conducente: Arturo Giani, dopo aver lanciato un mozzicone di sigaretta sull'asfalto, è salito a bordo per iniziare la corsa. Prima di prendere posto, si rivolge a Benny con fare paterno: «Benny, nun da' fastidio alla signorina e fai il bravo, ok?»

Il Matto annuisce, sorride, saltella e va a sedersi in fondo. Giani e Maria Elena Bianchi lo seguono con gli occhi e un'espressione divertita.

Pochi attimi dopo, l'autista è già alla guida, pronto a far partire il vecchio MRS: il borbottio dell'accensione del motore elettrico fa divertire il Matto che inizia a sbattere i piedi come un bambino su una giostra. Lo sbalzo di tensione fa vibrare la luce delle lampadine e ci riporta a più di un anno prima, dietro il banco dell'accoglienza dello studio notarile 'Ceccarelli, figli & nipoti'.

«No, non scrivo racconti erotici, e no, non ti mando una foto in costume da bagno, *addiooo*!»

E niente, la povera Maria Elena blocca l'ennesimo contatto su Tinder sbuffando e lanciando il telefono sulla scrivania. Single da due anni, non si fida più degli uomini dal giorno in cui, tornando a casa qualche ora prima del previsto, ha trovato il suo compagno e convivente da oltre sei anni sotto la doccia con Giovanna Paola, la loro colf, una giovane originaria di Varsavia. Sbattuto fuori di casa lui e licenziata la ragazza, ha continuato a vivere nei suoi sessanta metri quadri a via Faleria, in zona San Giovanni. La strada è conosciuta in certi ambienti romani per la presenza del Gender, noto locale hard frequentato soprattutto da transessuali.

La delusione in amore non ha spento in Maria Elena la sua grande passione: scrivere. Sul suo blog, che si chiama 'Le storie di Maria Elena B.', posta racconti e poesie. Ha un pubblico di pochi intimi e fidelizzati lettori, quelli che non si sono arresi del tutto al trambusto dei social e passano ancora del tempo a leggere e a lasciare messaggi sui vecchi diari personali. Il suo sogno è poter pubblicare una raccolta dei tanti versi accumulati negli anni: quattro volumi sul tema delle quattro stagioni. Ormai da tempo cerca di proporla a case editrici grandi e piccole, ma le risposte sono sempre evasive: la più onesta è stata quella di Marina Banana, direttrice dell'ufficio 'selezione inediti' della più importante e prestigiosa: 'Mi dispiace, Maria Elena – le ha scritto in una mail – le sue poesie sono belle, soprattutto quelle dedicate alla primavera, ma al momento, purtroppo, molte cose belle non hanno mercato, non vendono'.

Il pomeriggio in cui legge questa risposta sullo schermo del suo computer portatile, Maria Elena ha gli occhi gonfi di lacrime e il suo stato d'animo già affranto viene ulteriormente incupito dal suono del campanello. Con il passo indolente di chi già sa cosa la aspetta, si dirige verso la porta d'ingresso, aprendola in contemporanea con il secondo squillo.

«Ciao mamma, ma non dovevi arrivare stasera?»

«Ho fatto prima e sono venuta, tanto mi avevi detto che eri a casa e ormai hai deciso di restare zitella a vita… quindi…»

«Non cominciare…»

«Sì, non preoccuparti, non mi va di litigare un'altra volta. Poi non sono fatti miei, sono scelte tue. Io quello che dovevo dirti te l'ho già detto…»

«Ma cosa mi hai detto!? Di fidanzarmi col figlio di Massimo? È stupido, ha i denti gialli e non ha idea di cosa sia un congiuntivo!»

«Senti, i Ceccarelli sono una famiglia per bene. Massimo, che ti ricordo è il tuo capo, era tanto amico della buonanima di tuo padre, avevano studiato insieme…»

«Lo so, me lo avete raccontato decine di volte. E so anche che ho questo lavoro del cazzo per quel motivo, e che ogni giorno devo dire: 'Grazie per questo stipendio di merda e per gli otto euro di buono pasto!' So tutto: ma con Luca Ceccarelli non mi vedrai mai, mettiti l'anima in pace».

«Come vuoi, come vuoi, ma mi sento comunque in dovere di dirti che lui è un bravo ragazzo e ti vuole un bene dell'anima fin da quando eravate piccoli. Oltre a essere ricco, che di questi tempi…»

«Mamma, ti ho detto mille volte che a me non importa nulla dei soldi…»

«E certo. A te importa solo dei sentimenti, giusto! Ti rammento che l'ultimo, oltre a non avere un euro in tasca, l'hai beccato che giocava a fare l'idraulico con la cameriera…»

«Mamma, basta!»

«Va bene, va bene, sto zitta! Quello che dovevo dire l'ho detto».

Maria Elena deve sopportare le visite più o meno annunciate di sua madre Luisa, sessantacinque anni ben portati, che le si piazza in casa anche per giorni. La signora, una vedova logorroica che ha il vizio di mettere bocca nella sua vita e di frugarle nei cassetti, è terrorizzata dall'idea che la sua unica figlia non le faccia provare la gioia di poter viziare almeno un nipote. Per questo cerca costantemente di farla fidanzare con soggetti improbabili, soprattutto con figli di amici di famiglia con cui ogni giovedì sera si riunisce per giocare a scala quaranta. Il loro, come spesso accade, è un rapporto di amore e odio, di dipendenza reciproca e conflitto perenne, un rapporto reso ancor più difficile dai soli duecentotredici metri di distanza tra le loro abitazioni.

La serata delle due procede serena, mitigata dalla televisione e dall'ennesima fallimentare chat su Tinder. Il giorno dopo, Maria Elena si alza alle sette per andare a lavorare e, avvicinandosi alla cucina, sente un rumore familiare che le fa allungare il passo e salire un certo stato d'ansia. Arrivata nella stanza, sorprende la madre intenta a immergere la testa del suo pinguino succhia-clitoride di lattice in una tazza fumante. L'innovativo sex-toy a dodici velocità, per fortuna di Maria Elena, è impermeabile e facilmente lavabile.

«Mamma, ma cosa stai facendo!?»

«Sono venti minuti che provo a schiumare il latte con questo affare che hai comprato, ma non funziona. Sempre così: spendi per cose inutili e poi ti lamenti che non hai soldi. Potevi prenderne uno di quelli normali al negozio di articoli per la casa su via Taranto, invece di questo a forma di animale che non serve a niente. E poi un arnese che si usa in cucina dovrebbe stare nel cassetto della cucina, non in quello del bagno sotto gli asciugamani... Quanto sei disordinata, figlia mia!»

«Lascia stare, dammi qua...»

«Mah... tu sei tutta strana. Per questo devi trovarti un fidanzato, uno che ti metta ordine nella vita e soprattutto nel conto in banca...»

«Basta, ti prego! Non ricominciare!»

In quell'anonimo martedì sera di uno stanco mese di gennaio, dopo il lavoro e un aperitivo nel quartiere Prati con un'amica che a un certo punto la lascia per andare a preparare la cena al marito e ai loro due figli, Maria Elena si avvia verso casa particolarmente avvilita. L'unica certezza che ha è che non avrà la madre tra i piedi per quarantotto ore grazie a un'escursione ad Assisi organizzata dal gruppo della parrocchia di zona. Decide così di mandare un messaggio a Luca Ceccarelli, che nello studio si occupa delle questioni che riguardano il personale.

'Ciao Luca, scusa se ti scrivo a quest'ora. Mi sento poco bene e ho bisogno di un paio di giorni di riposo, domani ti mando il certificato del medico'.

'Ciao Maria Elena! Okkappa! Avverto io papà. Se ti serve qualcosa passo da te, o se non ti serve niente ti faccio compagnia (emoticon occhiolino)!'

'No grazie Luca, sei molto gentile, ho solo bisogno di riposare (emoticon testa che esplode)'.

'OKKAPPA (tre emoticon bacetto con cuoricino)!'

In realtà Maria Elena non ha nulla, ma vuole staccare per un po' da tutto e da tutti. Entra così in un'enoteca e spende la metà del suo stipendio per tre bottiglie di Brunello di Montalcino. Arrivata a casa, inizia a scolarsele mangiando pane, burro e alici. Ormai ubriaca, fissa con lo sguardo le stampe autoprodotte delle sue *Poesie di Primavera*, quelle che raccontano la rinascita e la riscoperta dell'amore dopo il freddo inverno. Sono spillate e rilegate come quelle dell'autunno, dell'inverno e dell'estate, pronte per altri inutili invii agli editor delle case editrici. In uno scatto di rabbia le lancia contro il muro e poi si siede per terra singhiozzando: sul suo cellulare, lasciato incustodito per ore, diverse notifiche. Tra queste, un messaggio su WhatsApp, di sua madre.

'Tesoro, ho parlato con Don Giulio. Non vede l'ora di celebrare il tuo matrimonio (emoticon chiesetta + emoticon cuore rosso) e anche lui dice che devi sbrigarti a trovare un uomo con la testa sul collo come era tuo padre per mettere su famiglia (emoticon con mamma, papà e due bambini con la pelle gialla perché Luisa non sa che tenendo premuto si può cambiare il colore). Se non vuoi ascoltare me, vai a fare una chiacchierata con lui in parrocchia quando torniamo, dice che non ti vede dalla messa di Natale di due anni fa (emoticon urlo di Munch)!'

Bloccata per l'ennesima volta la madre su WhatsApp, Maria Elena passa su Twitter, dove legge con un certo stupore che l'hashtag *#RenziFaiSchifo* è in tendenza da oltre dieci giorni: un caso più unico che raro. Il senatore semplice di Rignano sull'Arno è al centro dell'ennesima polemica per alcune dichiarazioni contro i percettori di reddito di cittadinanza rilasciate durante un evento organizzato su uno yacht noleggiato da Flavio Briatore a largo di Dubai.

In preda ai fumi dell'alcol, la giovane scorre i tweet per un po', prima di scattare verso il computer portatile. Aperta l'ultima delle tre bottiglie, inizia a scrivere di getto, come posseduta da un'entità superiore. Batte i tasti per tutta la notte, intervallando lo sfogo creativo con delle brevi pause per bere alcolici, in cui mischia l'ottimo

Brunello pagato mezzo stipendio con un'intera bottiglia di sambuca comprata al Todis e persino con del Tavernello che giaceva aperto nel frigo chissà da quanti mesi.

Il soggetto del suo scritto è l'ex Presidente del Consiglio e leader di Italia Viva, a cui dedica una serie di racconti di satira ispirati a fatti realmente accaduti; racconti in cui lo critica e lo schernisce utilizzando sottili metafore e costruendo situazioni surreali. Alle prime luci dell'alba, conclude la sua opera e salva il file in pdf con il nome *#RenziFaiSchifo*. Prima di andare in bagno per dialogare a tu per tu con la tazza del cesso, inoltra con una mail a tutte le case editrici il suo sfogo notturno, presentandolo così: 'Prendete. Magari questa cosa vende, ora però vado a vomitare'.

Il giorno dopo, Maria Elena viene svegliata nel primo pomeriggio dall'incessante squillare del suo cellulare. Con la bocca ancora impastata e un terribile mal di testa, risponde alla prima telefonata che riesce a intercettare: sul display c'è un numero che non conosce, con prefisso 02, quello di Milano.

«Pronto, chi è?»

«Lo voglio io, sono due ore che ti cerco, dimmi che non hai già firmato con nessuno!»

«Ma cosa? Ma chi sei?»

«Sono Marina Banana, vogliamo pubblicare *#RenziFaiSchifo*! Dimmi che non l'hai già dato a qualcuno, in quel caso paghiamo la penale e ti diamo il doppio!»

«Ma... veramente non l'ho dato a nessuno, davvero volete pubblicare quella roba? L'ho scritta di getto ieri notte, manco mi ricordo bene, ero ubriaca fradicia...»

«Perfetto, ti prenoto un treno per domattina, così vieni e formalizziamo tutto. Non vediamo l'ora di uscire».

Ancora stordita, Maria Elena attacca e guarda stupita

il display del cellulare. Durante le poche ore di sonno ha ricevuto centinaia di notifiche, tra chiamate, mail e messaggi WhatsApp: sono editor e direttori di piccole e grandi case editrici, praticamente tutti quelli a cui all'alba ha inviato *#RenziFaiSchifo*. Concordano all'unanimità sul fatto che i suoi racconti si leggano con grande gusto, che siano molto divertenti e soprattutto abbiano un'incredibile caratteristica: sono legalmente inattaccabili perché trattano storie verosimili ma inventate. *#RenziFaiSchifo* è pura satira, quella che alle persone rimane in testa, quella che fa ridere e riflettere. Il punto di vista sul personaggio, infine, è condiviso da circa il 98,5% della popolazione italiana.

La mattina dopo, Maria Elena è a Milano, nella sede principesca della più grande casa editrice del Paese, al cospetto di Marina Banana.

«Grazie per essere venuta, come ti dicevo vogliamo assolutamente pubblicare *#RenziFaiSchifo*».

«Io sono contentissima, ma siete sicuri? Sono racconti buttati giù in poche ore...»

«Sono perfetti, è quello che chiede il pubblico: testi asciutti, chiari. Il tuo è un libro che si legge in poco tempo, diverte, può stimolare discussioni accese sui social network. È quello che vogliamo, il mercato ce lo sta chiedendo».

«Sì, me lo avete scritto un po' tutti, a me sembra davvero una cosa incredibile ma mi fido... ma quindi devo firmare qualcosa?»

«Sì, questa è la bozza di contratto: leggila bene e facci sapere al più presto se vuoi delle modifiche. Come vedrai, l'offerta economica è molto generosa, ma non vogliamo rischiare di perderti. Puntiamo a essere in libreria tra due settimane».

Scorrendo il contratto, Maria Elena inizia a sudare freddo: non ha mai visto tanti soldi tutti insieme. Senza neanche finire di leggere le varie clausole firma tutti i fogli, saluta calorosamente Marina Banana e gli altri dirigenti accorsi per conoscerla e si fa riportare alla Stazione Centrale dall'auto di grossa cilindrata con conducente messa a disposizione per lei. Durante il viaggio sblocca per l'ennesima volta sua madre su WhatsApp e le racconta tutto.

'Ma è bellissimo! Il tuo primo libro, sono davvero felice per te, figlia mia. Ora devi solo trovare marito e... (emoticon mamma con la pelle gialla con in braccio un bambino con la pelle gialla)!'

Il giorno dopo torna allo studio commerciale 'Ceccarelli, figli & nipoti' come se nulla fosse accaduto, quasi come se nella sua testa avesse rimosso i fatti delle quarantotto ore precedenti. Una rimozione che dura decisamente poco, perché mentre si appresta a pagare la sua triste insalata con pollo lesso al bar tavola calda sotto l'ufficio, una notifica dell'app della banca la informa di un bonifico ricevuto. È l'anticipo per la pubblicazione di *#RenziFaiSchifo*, una cifra imponente piombata di punto in bianco sul suo conto e sulla sua anonima pausa pranzo.

Come annunciato dalla casa editrice, due settimane dopo, *#RenziFaiSchifo* è in tutte le librerie, con tanto di espositore creato ad hoc e claim: 'Irriverente, geniale, un libro necessario. Una scrittrice esordiente racconta in modo ironico quello che pensano nove italiani su dieci'.

A Maria Elena la data d'uscita è completamente passata di mente, a ricordargliela è Luca Ceccarelli, che corre verso il banco accoglienza con in mano una copia fresca di stampa. La copertina è rosso fuoco; in alto, il nome dell'autrice; al centro, a caratteri cubitali, *#RenziFaiSchifo*; sotto, 'prefazione di Fabio Salamida'.

«Mitica! Ci sei riuscita! Sono davvero felicissimo per te!»

«Oddio! Usciva oggi! Mi ero dimenticata. Sei stato carino a ricordartelo, immagino tu ci abbia messo un sacco a trovarlo, in quale libreria sei andato? Ne aveva un'altra copia che la porto a mia madre?»

«Ma scherzi!? Io l'ho preso alla Feltrinelli di via Appia Nuova! C'è un grosso espositore proprio all'ingresso, guarda: ho fatto una foto!»

Davanti al cellulare di Luca Ceccarelli, Maria Elena non crede ai suoi occhi: mai si sarebbe aspettata un lancio di questo tipo per *#RenziFaiSchifo*. Quasi stordita, salta dalla scrivania e indossa la giacca per andare in libreria a vedere di persona, ma prima di riuscire a varcare la porta dello studio sente ancora la voce di Luca Ceccarelli che la chiama.

«Aspetta! Aspetta!»

«Che c'è?»

«Voglio la dedica...»

«Ah... ma io non ho mai scritto la dedica su un libro mio, è davvero strano sai?»

«Sono onorato di essere il primo, e magari chissà... potrei essere sempre il primo a riceverla anche quando usciranno i prossimi...»

«Ehm... vabbe', intanto fammi scrivere questa...»

Dopo circa tre minuti di totale vuoto mentale unito alla voglia di correre fuori da quella stanza, Maria Elena riesce a partorire questo: 'A Luca, con tanto affetto, Maria Elena'. Il giovane uomo aspetta qualche secondo prima di aprire la sua copia di *#RenziFaiSchifo* per leggere la frase scritta con una pessima calligrafia, per poi guardare la donna dei suoi sogni con gli occhi lucidi e un sorriso a trentasei denti pieni di tartaro. Lei, leggendogli nel viso tanta felicità e tante speranze mal riposte, lo saluta e con un certo senso di colpa scappa verso la libreria. Arrivata nel negozio, corre verso l'espositore e si impossessa di due delle tre copie rimaste. Dirigendosi verso le casse, si ferma, come improvvisamente paralizzata, girandosi al rallentatore verso il cartonato che viene privato dell'ultima copia da un uomo di mezza età che sorridendo certifica il sold out del volume. Incredula, si avvicina all'uscita per pagare e porge le sue copie alla commessa.

«Mai vista una cosa del genere, neanche con le uscite di Fabio Volo e *Harry Potter*, sono andati via tutti in poche ore: sa che ne volevo prendere una anche per me e dovrò aspettare che ce lo riforniscano?»

«Sì, è sorprendente, però magari è accaduto solo qui, forse da queste parti conoscono l'autrice...»

«In verità è un'esordiente e non la conosce nessuno; aspetti che guardo nelle altre librerie... Mamma mia, a Roma è praticamente finito ovunque! Assurdo...»

«Come pensa sia stato possibile? Forse per la prefazione di Salamida?»

«Ma no! Salamida è un figo della madonna, ma quando scrive... du' palle! Mi perdoni l'espressione colorita. Secondo me è il titolo che attira: in fondo è quello che pensiamo in tanti... o meglio: è quello che pensiamo quasi tutti! Hahaha! E poi... l'ha letta la super recensione dell'ex sindaco sul *Corriere della Sera*?»

«La super recensione?»

«Sì, guardi, ne ho una copia qui...»

In apertura della cultura del quotidiano che ospitò le penne di Moravia e Pasolini, un'intera pagina di Walter Veltroni elogia lo stile e la satira di *#RenziFaiSchifo*:

*'Quando il potere conduce l'uomo verso l'arroganza, la poesia*

*gli ricorda i suoi limiti. Quando il potere restringe la sfera di interesse dell'uomo, la poesia gli ricorda la ricchezza e la diversità dell'esistenza. Quando il potere corrompe, la poesia rigenera'. La frase non è mia ma di John Fitzgerald Kennedy, la trovate digitando su Google o direttamente sul sito www.frasicelebri.it. In questo libro di una giovane scrittrice romana c'è la poesia del nostro tempo, quella senza rime, quella che non ci strugge ma ci fa solo sorridere. Nelle sue storie esilaranti ho trovato la rinascita di un pensiero politico, anzi, la rinascita della politica stessa: ma anche il fuoco che ardeva in alcuni miei scritti giovanili, ma anche il talento di Alvaro Vitali, ma anche quelle curve della memoria cantate da Francesco De Gregori nella sua bellissima* Viaggi e miraggi. *Sarebbe meraviglioso se Umberto Eco fosse ancora tra noi, perché potrei chiamarlo a quel numero di rete fissa che componevo quasi con timore quando volevo scambiare delle opinioni con lui, e potremmo parlare per ore di* #RenziFaiSchifo. *In questi tempi così bui in cui l'umanità sembra vivere in una sorta di Matrix,* #RenziFaiSchifo *è la pillola rossa che può cambiare il nostro destino, una ventata d'aria fresca che mi auguro non sfugga alla giuria del premio Strega.*

Maria Elena esce dalla libreria in stato di shock, il suo primo istinto è guardarsi intorno: in ogni passante che incrocia può celarsi un lettore di *#RenziFaiSchifo.* Poi prende coraggio e telefona a Marina Banana, per chiederle se anche in altre città si stia verificando la stessa cosa. La dirigente non le dà neanche il tempo di dire 'pronto'.

«Un successo spaventoso! Non abbiamo mai visto una cosa del genere! Sei il fenomeno letterario del secolo, piccola mia!»

«Quindi sta succedendo ovunque? Qui a Roma è già tutto esaurito! Io non ci posso credere!»

«È esaurito ovunque, stiamo già ristampando! Te lo

ripeto: mai vista una cosa del genere. Ora ti devo lasciare che ho una riunione per organizzare le tue ospitate in tv».

«Come ospitate in tv? No, aspetta, parliamone un attimo…»

«Non c'è tempo, poi ti dico. Ciao!»

Maria Elena in quelle settimane partecipa a decine di trasmissioni televisive, nei talk politici viene sommersa dai complimenti di giornalisti, commentatori, politici e virologi; vani i tentativi degli esponenti di Italia Viva invitati nei contraddittori di criticarla: gli altri ospiti e persino i conduttori difendono la scrittrice citando brani del suo libro a mo' di scherno contro i renziani. Nel giro di pochi mesi, *#RenziFaiSchifo* viene tradotto ventiquattro lingue: esce come *#RenziYouSuck* in Stati Uniti e Inghilterra, *#RenziTuEsNul* in Francia, *#RenziDaAsco* in Spagna, *#RenziDuBistScheiße* in Germania, #رينزي أنت مقرف in Arabia Saudita, 人子你烂 in Cina, あなたが吸うレンツィ in Giappone. Il capo di Italia Viva, con il suo folto staff di avvocati, prova in tutti i modi ad arginare il successo planetario del libro e addirittura chiede che sia ritirato dalle librerie, ma il testo è perfetto, inattaccabile. I suoi pochi supporter lo comprano di nascosto e lo leggono con gusto; c'è chi racconta che persino Agnese Renzi ne nasconda una copia in un cassetto chiuso a chiave del suo comodino, camuffata con la sopraccoperta de *I diari del monopattino*, l'autobiografia del deputato Luciano Nobili.

Il successo e la notorietà sono per Maria Elena uno tsunami, ma lei non si monta la testa e mantiene la stessa umiltà dell'anonima segretaria dello studio notarile 'Ceccarelli, figli & nipoti' in cui continua a lavorare part-time, anche se non ne avrebbe più bisogno. È lei stessa a comunicare a Massimo Ceccarelli la volontà di non volersi licenziare.

«Sei davvero convinta, Maria Elena? Ormai sei un personaggio pubblico, la gente ti vede in tv, ti riconosce per la strada: non pensi che sia riduttivo per te essere vista come una semplice segretaria?»

«No Massimo, anzi ti ringrazio moltissimo per avermi concesso il part-time, istruirò Laura su tutto, così quando mancherò per qualche impegno dovuto alla promozione del libro mi potrà sostituire al meglio».

«A me fa piacere che tu resti con noi: dimostri che il successo e i soldi non ti hanno cambiata, a differenza del personaggio che ridicolizzi nel tuo libro e che forse non ha retto il peso di qualcosa decisamente al di sopra delle sue possibilità. Comunque, tranquilla: Laura è una ragazza sveglia. È la nipote di Bruno, lo ricordi? Andavamo spesso a Sabaudia da lui quando eravate piccoli, io e Pietro, tuo padre, eravamo molto affezionati a lui».

«Sì, mi ricordo di quelle bellissime vacanze...»

«A proposito, tuo padre da qualche parte lassù ti vede ed è orgoglioso di te: so che tu non credi a certe cose e quindi posso solo dirti che se fosse qui starebbe impazzendo di gioia per i risultati che stai ottenendo... E poi era un vecchio comunista, chi più di lui avrebbe potuto apprezzare *#RenziFaiSchifo*?»

Quel giorno Maria Elena esce dalla stanza di Massimo Ceccarelli piangendo di gioia, sia per le belle parole dell'uomo che l'ha di fatto adottata dopo la morte di suo padre, sia per una telefonata ricevuta poco prima da Marina Banana. Sull'onda del successo di *#RenziFaiSchifo*, la casa editrice, per battere sul ferro ancora rovente, ha infatti deciso di pubblicare anche le sue raccolte di poesie in un cofanetto comprendente i quattro volumi.

Pur non riuscendo neppure lontanamente a replicare il successo di *#RenziFaiSchifo*, ormai alla dodicesima ristampa, il cofanetto resta diverse settimane in cima alle classifiche anche grazie a un'efficace e costosa campagna pubblicitaria: 'Dall'autrice di *#RenziFaiSchifo*, un viaggio nei sentimenti e in tutto quello che vale molto, ma molto più di un 2% scarso alle elezioni'. Maria Elena è ormai una celebrità, alcune frasi di *#RenziFaiSchifo* diventano di uso comune, vengono utilizzate per scrivere articoli di giornale e titoli, persino una nota giornalista del *Corriere della Sera*, da tutti considerata l'ufficio stampa ombra di Matteo Renzi, è costretta a pubblicare a malincuore una sua intervista. A proposito di giornalisti: l'ormai celebre scrittrice resiste alle avance del direttore del più anti-renziano dei quotidiani italiani. Noto 'malato di figa', l'uomo la porta più volte a cena in un ristorante a fianco al Nuovo Cinema Olimpia, a due passi dal Parlamento, con la scusa di parlare di politica e di possibili collaborazioni, ma lei declina puntualmente ogni invito extra: l'idea di diventare l'amante di un uomo più adulto non le piace affatto, anche in questo è rimasta la Maria Elena di sempre, in cerca di un compagno che possibilmente non si faccia trovare nudo nella doccia con la colf polacca.

In quelle settimane decide di mettere in vendita la sua casa a via Faleria per prenderne una più grande in una zona diversa e tagliare il cordone ombelicale con sua madre.

«Vai ai Parioli? Ma sei sicura? Lì le case costano tanto. E poi come faccio ad arrivare lì che non guido la macchina? Non hai neanche un marito, e ora che Luca Ceccarelli sta uscendo con quella Laura che lavora insieme a te, chissà per quanto ancora resterai zitella...»

«Mamma, non ci sarà bisogno che tu venga così spesso a casa, e poi nel caso ti pagherò un taxi. A proposito: ti ho fatto questo regalo che ti chiedo di accettare, è una cosa che ti piacerà moltissimo. L'ho scelto insieme a Don Giulio».

«Cosa sono tutti questi fogli?»

«È un viaggio organizzato, un giro del mondo a tappe. Lì sono scritti tutti gli alberghi dove alloggerai, le città che vedrai... Starai via qualche mese e quando tornerai io sarò nella nuova casa e organizzeremo insieme la festa di inaugurazione».

«Ma... Maria Elena, io non ho mai fatto un viaggio così lungo».

«Lo so, mamma, ma è da quando è morto papà che non vedi il mondo, se non qualche gita con la parrocchia. Voi giravate sempre, eravate felici quando salivate su un volo intercontinentale, ricordi?»

«Certo che lo ricordo, ma erano altri tempi. Ora lui non c'è più: cosa ci faccio da sola a Tokyo o a Miami?»

«Avrai dei compagni di viaggio, conoscerai persone nuove. Ti serve tornare a fare questo tipo di esperienze, e serve a me per imparare a camminare con le mie gambe».

Seppur a malincuore, la signora Luisa parte per il suo viaggio in giro per il mondo, Maria Elena la accompagna all'aeroporto di Fiumicino e la saluta commossa, come se quella della madre fosse una migrazione più che un viaggio di piacere. In quei giorni Netflix acquisisce i diritti di *#RenziFaiSchifo*, che sulla piattaforma ispira la serie *Lousy*, diretta da Paolo Sorrentino: dodici episodi ispirati alle avventure dell'ex Presidente del Consiglio e una seconda stagione già finanziata che prevede un cameo di Matteo Renzi in persona. Sul perché il politico abbia accettato di prendere parte alla serie aleggia un mistero, in parte svelato sulle colonne del più anti-renziano dei quotidiani italiani da un retroscena che riporta un suo dialogo con un senatore lasciato a fare la 'quinta colonna' di Italia Viva nel PD, mandato dalla produzione a mediare.

«Matteo, perdona la mia inopportuna presenza nel tuo armonico equilibrio esistenziale, ma da Netflix mi chiedono di porre alla tua attenzione questa sciocca richiesta...»

«Che cos'è? Fammi leggere. Ma... ma... ma... sono impazziti forse?! Come si permettono di chiedermi di recitare in una porcata così?! Una serie tratta dal libro di quella bischera, ma stiamo scherzando?! E te che me la fai pure leggere... ci fai o ci sei?»

«Hai ragione Matteo, per punirmi andrò a fare coming out vestito da fata turchina nella principale piazza di Riad».

«Ma che cazzo dici, non sei mica omosessuale, maremma maiala...»

«Certo che no, ma merito cinquanta frustate per quello che ho appena portato alla tua attenzione. Tieni, intanto, questo è il secondo foglio della lettera, quello meno importante, lo stavo per cestinare senza fartelo nemmeno leggere...»

«Da' qua!» Segue silenzio di circa quarantacinque secondi con semi paresi facciale nota alle cronache politiche come 'shock because'. «Questa è la cifra che mi offrono? Sicuro che non ci sia un errore? Dove li prendono tutti questi soldi?»

«Matteo, sembra che l'amministratore di un grande fondo di investimenti coreano con sede in Olanda si sia innamorato del copione... sai come funziona...»

Nel retroscena rivelato dal più anti-renziano dei quotidiani italiani, si racconta che il politico, ormai rassegnato al successo di *#RenziFaiSchifo* e ingolosito da quell'assegno con tanti zeri, abbia così ceduto al fascino indiscreto di una comparsata nella serie: la sua ennesima virata verrà battezzata dai commentatori come 'la mossa del cavallo zoppo e bipolare'. Nel terzo episodio della serie diretta dal regista premio Oscar per *La grande bellezza*, Renzi recita la parte di un insegnante precario vittima della 'buona scuola'. Nel momento clou, un commovente omaggio a *L'attimo fuggente*, intramontabile pellicola diretta da Peter Weir con protagonista Robin Williams: il professor Bomba, questo il ruolo interpretato dal leader di Italia Viva, saluta i suoi studenti dicendo che dovrà trovarsi un nuovo lavoro, e loro, in una atmosfera di ispirazione felliniana sospesa nello spazio e nel tempo, in cui non è ben chiaro se si rivolgano al personaggio della serie o all'attore che la interpreta, salgono sui loro banchi pronunciando la frase: 'Ciarlatano mio ciarlatano!'

Le giornate passano veloci, gli scatoloni del trasloco iniziano a riempire la nuova casa di Maria Elena, duecento metri quadri più cinquanta di terrazzo nel quartiere più costoso della capitale. Mentre comincia ad aprire il primo, sul suo telefono compare il numero privato di Marina Banana.

«Come stai, piccola? Qui la sedicesima ristampa è già pronta. Sulla quarta di copertina ho fatto mettere quella bella foto che ti hanno fatto con Salamida alla presentazione a Napoli. Lui è un figo della madonna e magari qualche lettrice in più la porta, anche se ormai mi sa che lo hanno comprato praticamente tutti. E poi te lo dico sinceramente, dovevo dargli un contentino perché ritardiamo di sei mesi l'uscita del suo libro: una pippa infinita ambientata in un tram che leggeranno in quattro. Comunque, veniamo a noi...»

«Sì, sono già a buon punto con il romanzo...»

«Ok, sono molto contenta, ma prima volevo chiederti un'altra cosa».

«Dimmi, sono tutta orecchie».

«Abbiamo fatto una lunga riunione con il commerciale, c'era anche la comunicazione. L'idea sarebbe uscire entro l'anno con un secondo *#RenziFaiSchifo*. C'è già un'idea di titolo: *#RenziFaiSchifo2 – Dall'Arabia con squallore*. Ti piace, vero?»

«Be', ti confesso che al momento non saprei proprio cosa metterci dentro. E poi vorrei un po' liberarmi dell'etichetta di autrice di *#RenziFaiSchifo*... in fondo anche le poesie hanno venduto abbastanza, no?»

«Piccola mia, tu sarai sempre l'autrice di *#RenziFaiSchifo*, anche se domani scriverai *La Divina Commedia* resterai in eterno l'autrice di *#RenziFaiSchifo*, devi fare pace con questa cosa. Dai, finisci il romanzo che usciamo prima con quello, ma inizia a pensare a *#RenziFaiSchifo2 – Dall'Arabia con squallore*, vorremmo essere in libreria prima del 2023, ché poi si andrà a votare e magari di Renzi non si parlerà mai più».

«Va bene Marina, corro sul romanzo e nel frattempo mi faccio venire qualche idea... Ciao ciao...»

La telefonata scuote non poco Maria Elena: l'idea di passare alla storia come l'autrice di *#RenziFaiSchifo* la deprime. E sa che alla fine sarà costretta a pubblicare il secondo volume, che le porterà ancora più soldi e ancora più fama, ma le piacerà ancora meno del primo. Quasi rassegnata, si siede tra gli scatoloni e apre Facebook. Scorrendo, vede le foto di sua madre nella città indiana di Khajuraho. Per qualche minuto le torna il buonumore vedendo la donna vestire con abiti del posto, spensierata e felice, ma d'un tratto la sua espressione cambia: per quarantacinque secondi ha una semi-paresi facciale e sul suo viso si disegna l'espressione nota alle cronache politiche come 'shock because'. Luisa appare su un giaciglio con petali di fiori, completamente nuda e abbracciata a un giovanissimo ragazzo dal fisico statuario; i due sono 'vestiti' con un sottile panno di seta che pur coprendoli molto poco rende la foto pubblicabile sul social network.

Sconvolta, Maria Elena prova a scrivere a sua madre, le chiede se va tutto bene. Dopo un paio d'ore la donna si fa viva.

'Ciao, tesoro! Come stai? Qui siamo una cosa sola con la natura'.

'Be', ho visto… ma mamma… chi è quel ragazzo? Che ci fai mezza nuda abbracciata a lui?'

'Con Kalidou? Lo so, avrei dovuto scriverti per dirtelo, ma qui le giornate volano e spesso non abbiamo il wi-fi. Comunque con lui stiamo portando avanti un percorso tantrico, mettiamo il nostro desiderio, in ogni sua forma, al servizio della liberazione. Insieme a lui ho scoperto di poter provare delle sensazioni fisiche e spirituali di una potenza notevole'.

'Mamma… ma quello potrebbe essere tuo figlio… avrà l'età mia! (emoticon urlo di Munch)'.

'No, no, cara: il mio Kalidou viene dal Senegal e ha ben cinque anni meno di te (cinque emoticon cuoricino)'.

'Peggio mi sento!'

'Senti, Maria Elena, in questo viaggio che *tu* mi hai regalato ho scoperto tantissime cose del mondo e ho capito che prima vivevo una vita vuota, senza stimoli, senza nessuno scopo'.

'Ma da anni mi dici di mettere la testa a posto, di trovare un marito, di fare dei figli…'

'Mi sbagliavo, in realtà ognuno deve fare quello che lo rende felice, senza farsi imporre stereotipi dalla società che ci circonda. A proposito: secondo me puoi pure restare single e fare sesso con chi vuoi e quando vuoi senza vincolarti con nessuno, libera e senza rotture. E poi perché fare figli? Sapessi quanti ne ho visti denutriti, infelici, poverissimi. Su questo pianeta siamo già troppi. Tra l'altro, ormai i maschi, a meno che non siano degli illuminati con un enorme *lingam* come il mio Kalidou, non servono quasi più, lo sai?'

'Mamma, ma cosa stai dicendo? Che vuol dire i maschi non servono più?'

'Ti spiego: sai quell'aggeggio che utilizzi per schiumare il latte? Rose, una sorella che ha lasciato New York per venire a vivere qui nella nostra comune, mi ha fatto vedere a cosa serve. Non ci crederai! Non va usato come pensi tu! Più tardi se ho tempo le chiedo di farsi riprendere con un video mentre ci gioca, così vedi coi tuoi occhi'.

'No mamma, grazie, non mi serve nessun video, non ti preoccupare. Ma in tutto questo... quando torni? Il viaggio prevedeva che tu fossi da tutt'altra parte...'

'No Maria Elena, quel percorso ormai è superato, ora devo concentrarmi sullo studio del kamasutra insieme a Kalidou (emoticon con sorriso a denti stretti seguita da emoticon melanzana)'.

'In che senso superato?'

'Mi sono fermata qui, è questa la mia nuova casa, almeno per ora, poi chissà'.

'Ma scherzi? Stai dicendo che non torni?'

'Per ora no, magari tra qualche mese: Kalidou non vede l'ora di vedere Roma e di conoscerti. Ora ti devo salutare che abbiamo il bagno purificatore. A prestooo!'

Visibilmente sconvolta, Maria Elena fissa per qualche minuto il telefono e per la prima volta si sente davvero sola. Mai avrebbe immaginato che in pochi mesi la sua vita sarebbe cambiata così radicalmente, mai avrebbe immaginato che l'indipendenza da sua madre, così tanto agognata, potesse mandarla così tanto in confusione.

Quella sera la giovane scrittrice è attesa all'Auditorium di via della Conciliazione, dove danno la prima de *Lo schifosetto di Rignano*, un balletto in tre atti ispirato al suo bestseller. Incassati i lunghissimi applausi e i baciamano del Presidente della Repubblica e del Ministro della Cultura, lascia la sala e si incammina per Borgo Pio, verso piazza Risorgimento. Durante il tragitto si ferma in un'enoteca e compra tre costose bottiglie di Brunello di Montalcino. Il suo scopo appare chiaro: arrivare a casa e scolarsele per scrivere in una notte *#RenziFaiSchifo2 – Dall'Arabia con squallore.*

Il suono scampanellante della fermata prenotata e il lampeggiare della scritta arancione ci riporta sul 30 notturno, ormai all'altezza di viale Liegi. A prenotare la discesa è proprio Maria Elena, ormai prossima a casa. È in quel momento che accade qualcosa di inaspettato.

«Lei è Maria Elena Bianchi, vero?»

«Sì, purtroppo sono io...»

«Perché purtroppo? Sono un suo appassionato lettore, sa? A proposito: mi chiamo Marco».

«Piacere Marco, mi spiace ma sto per scendere...»

«La prego, prima di scendere potrebbe farmi un favore enorme?»

«Be' dipende... cosa posso fare?»

«Mi farebbe una dedica sul suo libro che fortunatamente ho qui con me?»

«Va bene… veloce però… tira fuori 'sto *#RenziFaiSchifo* che sennò non faccio in tempo… Marco hai detto, vero?»

«Sì esatto, mi chiamo Marco… però mi vergogno un po' a dirglielo… *#RenziFaiSchifo* non l'ho ancora letto perché con questioni che riguardano politica e simili ho un po' chiuso per ora… Ho avuto una brutta esperienza ultimamente… In realtà la dedica la vorrei su quest'altro…»

Prendendo in mano il libro, Maria Elena non riesce a trattenere le lacrime: la copia delle *Poesie di Primavera* del ragazzo è molto vissuta, piena di sottolineature e foglietti di carta utilizzati come segnalibri. Prima di tirar fuori la penna per scrivere, alza gli occhi verso il giovane uomo; i due si guardano e il tempo sembra fermarsi, il tragitto tra le due fermate di viale Liegi pare non finire mai.

A riportare entrambi al presente è la frenata di Arturo Giani, non proprio la migliore della sua lunga carriera. La scrittrice si affretta ad autografare la copia e poi restituisce il libro a Marco; gli lascia anche la busta con le tre bottiglie di Brunello di Montalcino, prima di scendere e dileguarsi nell'oscurità.

# Profilo di coppia

*L'amore per la terra*
*dà solo buoni frutti.*

La Valle degli Orti

Fermata Lepanto: siamo a due passi dal tribunale di Roma e non ancora lontani dal Vaticano. Salgono Emma e Davide, una coppia sulla quarantina ben vestita e dall'aspetto benestante. Lui alto, palestrato, castano, appena brizzolato, sguardo fisso sul suo iPhone 13 Pro con custodia di pelle nera; lei, altrettanto alta, gambe slanciate, lunghi capelli biondi, orecchini d'oro bianco con brillanti e una magnifica collana di pietre colorate, ai piedi delle costose Christian Louboutin, sguardo fisso sul suo iPhone 13 Pro con custodia originale Fendi.

Davide alza per un attimo il suo sguardo dallo schermo luminoso per salutare un altro passeggero.

«Buonasera onorevole, la seguo sempre con interesse! E complimenti per il gesto molto coraggioso!»

«Grazie, davvero gentilissimo. Ogni tanto bisogna fare qualcosa sopra le righe per farsi sentire. Buona serata anche a lei e signora».

«Buona serata!»

Chissà cosa ha fatto l'uomo che Davide chiama onorevole per meritare tanta ammirazione in un momento storico in cui la politica è vista dai più come un qualcosa di sporco, come il male assoluto. Lo scopriremo poi.

Benny il Matto fa gli onori di casa, si toglie la bombetta come farebbe uno chauffeur e indica ai due i posti dove sedersi. Emma e Davide lo salutano divertiti prima di accomodarsi sui sedili consigliati.

Al via del semaforo, il 30 notturno inizia a muoversi, il consueto sibilo del motore elettrico è accompagnato da una scintilla dovuta all'umidità e che talvolta si produce nel contatto tra lo strisciante del pantografo e il cavo elettrico (tecnicamente prende il nome di 'arco elettrico'). Le lampadine a incandescenza iniziano così a vibrare e ci portano in un luminoso ufficio del centro storico, in un palazzo signorile a pochi metri dalla Fontana di Trevi.

È lì che in una fredda mattina di febbraio, Emma e Davide si incontrano per la prima volta. Lui è l'amministratore delegato di un'importante azienda specializzata nella vendita di prodotti alimentari trattati chimicamente: la famigerata catena di supermercati NaturaNo; lei aspira al posto di project manager, posizione dirigenziale assai delicata.

«Buongiorno, possiamo darci del tu? Qui siamo molto smart».

«Assolutamente, mi piace come approccio».

«Allora Emma, il tuo curriculum è davvero interessante: vedo che hai lavorato per la nostra 'concorrenza ideologica', diciamo...»

«Sì, negli ultimi anni mi sono dedicata ai prodotti bio, con ottimi risultati devo dire».

«Ecco, qui facciamo esattamente l'opposto: avrai visto le nostre fragole rainbow che crescono tutto l'anno, la banana a tre punte, i pomodori a ciambella...»

«Sì certo, conosco bene i vostri prodotti. Ammetto di non comprarli ma sono molto informata».

«Ah, ma neanche io li compro eh... A casa mia entra solo verdura a chilometro zero... hahahahaha!»

«Anche nella mia! Tutto bio! Hahahahaha!»

«Diciamo che noi puntiamo a una clientela che vuole togliersi uno sfizio, che ogni tanto porta a tavola un cibo stravagante. Ovviamente, quando lanciamo un prodotto, riceviamo sempre una marea di critiche, ma questo lo saprai...»

«Sì, le ho lette; ma quelle talvolta possono far comodo».

«Proprio così. Parlatene bene, parlatene male, ma parlatene».

«Se poi dovessimo accordarci, ho in mente delle produzioni che di polemiche potrebbero produrne molte...»

«Luigi, il capo del marketing, mi ha accennato qualcosa del vostro pre-colloquio, aveva avuto sensazioni decisamente positive».

«Ne sono contenta, ho già buttato giù un paio di idee per una nuova linea».

«Ottimo. Per me, se le condizioni contrattuali ti vanno bene, possiamo cominciare già dal mese prossimo».

«Vanno benissimo, è il tipo di avanzamento a cui aspiravo quando ho deciso di cambiare».

«Perfetto. Un'ultima domanda: hai un marito o un compagno? Avete figli o... pensate di farne?»

«Come non detto: il nostro colloquio finisce qui e non accetto la vostra proposta».

«In che senso, scusa? Che succede?»

«E me lo chiedi? Hai appena chiesto a una donna se ha intenzione di avere figli durante un colloquio per assumerla nell'azienda che dirigi».

«Ah... no ma... era una curiosità: non era da leggere come una condizione... Mi scuso tantissimo e ti chiedo umilmente di ripensarci, vorremmo davvero che entrassi a far parte della squadra... Potrai fare tutti i figli che vuoi! Giuro!»

«A volte siete davvero goffi: va bene, accetto la proposta. E comunque sono single e al momento non ho intenzione di riprodurmi, giusto per toglierti la curiosità».

«Ok, mi hai fatto sudare freddo... Anche io single... così, se magari eri curiosa anche tu...»

All'inizio del nuovo mese, come da accordi, Emma entra nella grande famiglia di NaturaNo. Si distingue subito per la professionalità e per il carattere aperto e accogliente. Nel giro di poche settimane completa lo staff e dopo appena tre mesi di intenso lavoro convoca il primo briefing in cui propone una nuova linea di prodotti dal nome 'Bye bye little Greta'; sulla parte alta dell'etichetta di ogni prodotto è stampata la faccia infuriata di Greta Thunberg durante il celebre discorso all'ONU: la testa della giovane attivista è scontornata e sembra uscire da un fungo atomico.

«Buongiorno a tutti, voglio intanto ringraziare i colleghi della ricerca e quelli del marketing per queste intense settimane in cui siamo riusciti a mandare in produzione la nuova linea in tempo record. L'idea è quella di creare attesa facendo uscire un prodotto ogni due mesi. Abbiamo scelto di provocare anche con le immagini presenti sul packaging e con i nomi dei prodotti: tutto dovrà disturbare ma allo stesso tempo affascinare. Ed ecco quindi il primo pezzo: i cipollotti di Chernobyl».

Quando Emma solleva il telo che nasconde una piramide di vasetti di cipollotti sott'olio, i dodici partecipanti al briefing iniziano a ridere e ad applaudire. Sulle etichette, oltre alla faccia arrabbiata della giovane svedese, un'immagine della famigerata centrale nucleare sventrata dall'esplosione del 26 aprile 1986. Mentre i colleghi si avvicinano divertiti e prendono alcuni vasi per osservarli più da vicino, Emma prosegue con la presentazione.

«Già starete immaginando i titoloni sui giornali, i commenti indignati sui social, ma soprattutto le file al supermercato. Ma non finisce qui. È possibile abbassare le tende e spegnere le luci, per favore?»

Come richiesto, le tende vengono calate e le luci spente. È lì che partono grida di stupore e scroscianti applausi. I cipollotti, al buio, sono fluorescenti ed emettono un'intensa luce verde, molto simile a quella che emettevano quelle barrette fosforescenti che proprio negli anni Ottanta fecero schizzare alle stelle le vendite di una nota marca di liquido protettivo per l'impianto di raffreddamento dei motori.

Dopo la riunione, Davide va a congratularsi con Emma.

«Che trovata geniale! Faremo il botto... Certo, già mi aspetto titoli al veleno quando partiranno gli spot».

«È proprio quello che vogliamo, no?»

«Assolutamente! Senti ma... posso chiederti una cosa?»

«Certo, dimmi».

«Be', ecco... se ti va eh...»

«Cosa?»

«Ti andrebbe di pranzare insieme sabato? Conosco un'azienda agricola tra Roma e Bracciano che fa dell'ottima carne...»

«Perché no».

«Davvero? È un sì? Wow!»

«È un sì».

Come da programma, il sabato seguente i due vanno a pranzo: la regola concordata è quella di non parlare di lavoro, e infatti i loro discorsi vertono decisamente su altro.

Si spazia dai rapporti difficili con le rispettive famiglie ai cibi preferiti, dai programmi tv al calcio. Entrambi sono tifosi sfegatati della Roma, amanti del buon cibo e del buon vino; e quando viaggiano scelgono alberghi a cinque stelle con la SPA e guidano auto di grossa cilindrata. Ed è proprio sul SUV di lei che i due si danno il loro primo bacio, dopo aver passato tutta la giornata insieme a passeggiare sulla riva del lago di Bracciano. Consumate le prime appassionate effusioni davanti al portone di casa di Davide, nei pressi di piazza Buenos Aires, sembrano sul punto di salutarsi, ma è qui che il manager ha uno dei suoi guizzi.

«Vuoi salire a vedere la mia collezione di Montblanc?»

Lei ride di gusto, quasi stupita da cotanta sfacciataggine, e accetta l'invito. La nottata vola, alle tre e quarantacinque del mattino i due sono ancora sul letto a fare sesso, sembrano instancabili. Si addormentano verso le cinque, appagati, l'uno abbracciato all'altra. Il giorno dopo si svegliano con comodo, fanno di nuovo sesso e poi, senza neanche rivestirsi, si trasferiscono sul divano del salotto a vedere Roma-Empoli su un gigantesco schermo al plasma. I giallorossi si impongono per 2-1.

«Con chi chatti?»

«Che sei già gelosa?»

«No, chiedevo... gelosa di che? Mica stiamo insieme».

«Ah no?»

«Ah, sì?»

«Pensiamoci, non sarebbe un'idea malvagia. Comunque sto scrivendo a Luigi, mi stava facendo vedere le bozze delle card dei cipollotti per i social. Bellissime! Tu, piuttosto: con chi ti scrivevi prima?»

«Sì le aveva mandate anche a me, davvero molto efficaci... e tu, piuttosto? Già geloso?»

«No no, solo curioso...»

«Ero con mia madre, ci scriviamo ogni mattina perché a entrambe non va di parlare a voce appena sveglie».

Da quel giorno i due iniziano a convivere a casa di lui, la proposta di Davide viene accolta con entusiasmo dalla donna che però ci tiene a non mischiare il piano professionale con quello personale. L'unica concessione che fa al nuovo compagno è quella di poter comunicare il loro fidanzamento ai colleghi, per spegnere le speranze di eventuali pretendenti e tranquillizzarlo.

Qualche settimana dopo, i cipollotti di Chernobyl sono sugli scaffali di tutti i supermercati NaturaNo. Come prevedibile, il prodotto suscita molta curiosità e va a ruba. Altrettanto prevedibili le critiche: *Libero* apre con *I cipollotti della vergogna*; titolo dell'editoriale di Vittorio Feltri: *Quando li caghi lampeggiano?* Sul *Corriere della Sera*, Walter Veltroni scrive:

*Il consumismo sfrenato di questo tempo radioattivo e senza dolcezza, ha portato sulle nostre tavole gli ortaggi amari di un mondo che continua a essere diviso in blocchi: per noi, che ancora oggi abbiamo negli occhi quelle immagini agghiaccianti, quelle fredde confezioni di latte a lunga conservazione, i cipollotti resi luminosi dai veleni depositati lungo le sponde del fiume Pripyat sono una nuova e dolorosa perdita della verginità.*

In azienda il clima è euforico, le azioni di NaturaNo volano in borsa e tutti aspettano con ansia di scoprire il prossimo prodotto, ancora top secret. L'attesa dura un paio di settimane: il giorno in cui Emma convoca il briefing per presentare il nuovo pezzo della serie 'Bye bye little Greta', la sala è gremita di dirigenti, dipendenti di ogni livello e persino giornalisti di agenzie e tv nazionali.

«Come di consueto, ringrazio tutti i reparti per il grande lavoro di queste settimane. Dopo il successo dei cipollotti di Chernobyl, abbiamo deciso di tornare a un prodotto di prossimità, a qualcosa che richiami le nostre antiche tradizioni regionali. Ecco a voi... il provolone affumicato di Taranto!»

Emma solleva il panno leggero che copre il prodotto: all'apparenza, una normalissima forma di formaggio. Sull'etichetta, sotto la faccia adirata della povera Greta, i camini fumanti dell'ex Ilva. Gli osservatori seguono in religioso silenzio le mosse della top manager, che con un sorriso stampato sul viso taglia una fetta di provolone, ponendola in un piatto di ceramica. A contatto con il materiale freddo, il provolone affumicato di Taranto va in autocombustione e diventa una scamorza filante e fumante, pronta per essere mangiata. La reazione chimica viene accolta da urla e applausi a scena aperta, interrotti dalla domanda del giornalista Fabio Salamida:

«Tutto molto bello, non vedo l'ora di condirlo con i cipollotti fosforescenti di Chernobyl e con due fette del vostro prosciutto azzurro. Vi chiedo solo se non vi preoccupi un'eventuale reazione negativa degli abitanti di Taranto: c'è chi ha avuto parenti che si sono ammalati di cancro, bambini affetti da patologie respiratorie croniche... Non vi sembra di cattivo gusto?»

«È una domanda che ci siamo posti, in effetti. Confidiamo però nel rinomato senso dell'umorismo dei pugliesi. In fondo, al netto del trattamento che lo rende speciale, il formaggio utilizzato è prodotto nella loro terra».

Le preoccupazioni del bel giornalista si rivelano quasi infondate: a parte un paio di piccole manifestazioni di protesta capeggiate da Legambiente, il provolone affumicato di Taranto vende più dei cipollotti di Chernobyl. A imbonire i pugliesi più critici, un azzeccato spot televisivo in cui Al Bano Carrisi, dopo aver tagliato una fetta di prodotto, la stende su un piatto decorato con immagini di trulli e ulivi secolari facendolo sciogliere sulle note del ritornello di *Cara terra mia*. Qualche giorno dopo, sulla mail di tutti i dipendenti dell'azienda arrivano due gradite notizie: i premi produzione per l'incredibile successo di vendite della nuova linea e l'invito a un imminente matrimonio, quello di Emma e Davide.

Tutto sembra procedere per il verso giusto, sia per NaturaNo che per gli innamorati, ma nella vita dei due c'è qualcosa che non va. La gelosia provoca spesso feroci discussioni, che nascono dal loro ossessivo rapporto con i rispettivi smartphone, oggetti con cui passano almeno il 75% delle loro giornate. A scatenare i litigi più accesi, quelli che entrambi definiscono i 'mi piace brutti' su Facebook.

«Ma quella troia della tua segretaria, oltre a vestirsi come una mignotta, deve mettere 'mi piace' su ogni cazzata che scrivi?»

«Vabbe', dai, lo fa perché sono il suo capo, poverina... Tu, piuttosto: perché cazzo ti scrivi con Luigi dalla mattina alla sera? Anche lui mette 'mi piace' su tutto, lo ha messo anche sulla foto in costume... l'ho visto eh...»

«È il responsabile marketing, secondo te di cosa parliamo?»

«Senti, questa cosa sta diventando insostenibile però: abbiamo rischiato di lasciarci già tre volte per delle reaction su Facebook, tra poco ci sposiamo e continuiamo a litigare un giorno sì e l'altro pure...»

«Sei tu che insinui sempre...»

«Mi pare che oggi abbia iniziato tu...»

«Sì oggi io, ma giovedì hai iniziato tu. E sempre con Luigi».

«Facciamo una cosa: chiudiamo 'sti profili di Facebook e ciao».

«È una cazzata. Io il mio non lo chiudo. Direbbero che c'è qualcosa sotto. Semmai facciamone uno di coppia e sospendiamo i nostri».

«Uno di coppia? Tipo Amadeus e Giovanna Civitillo? Ma non è una cosa un po' triste?»

«È tristissima, ma almeno non litigheremo più per i 'mi piace brutti'».

«Ok, facciamolo».

Il giorno dopo, entrambi sospendono i rispettivi profili Facebook e aprono Emma&Davide. Tra i colleghi, il fatto non passa inosservato: nei corridoi di NaturaNo non si discute d'altro e nei chiacchiericci alle macchinette del caffè c'è chi parla apertamente di corna. I due dirigenti non si curano delle voci, e il profilo di coppia, che poi è una pagina pubblica a cui possono accedere entrambi, è presto seguito da tutti i loro amici e colleghi. A calmare ulteriormente le acque, l'inizio della relazione tra Luigi, il capo del marketing, e Michela, la segretaria di Davide. La nuova coppia è accolta con gioia dai futuri sposi che, per esorcizzare i reciproci sospetti, li invita spesso a cena o a passare dei weekend insieme. I 'mi piace brutti' sono ormai un lontano ricordo, anche perché ormai sono presenti su tutti i post della pagina e non più sui profili dell'uno o dell'altra. La pagina dei promessi sposi diventa anche il punto di riferimento dell'azienda e in poche settimane raggiunge quasi cinquecentomila follower: a quel punto, i due aprono anche un profilo Instagram comune. Oltre a ospitare pezzi della loro vita privata, dalle dirette Facebook fatte a casa la sera alle foto dei ristoranti, delle SPA e dei luoghi visitati, le loro pagine spiegano i prodotti NaturaNo, ospitando le testimonianze di clienti, dirigenti della società e scienziati che si occupano delle 'mutazioni'.

*Vanity Fair* li promuove a coppia italiana più influente dell'anno, scatenando le ire dei Ferragnez che, per cercare di riprendersi l'ambito podio, decidono di concepire il terzo figlio in diretta Instagram, davanti a trentanove milioni di follower. Il tentativo dei celebri inquilini di CityLife si rivela però un clamoroso flop: dopo il dodicesimo 'adoro' di lei, il 'super pene' di lui non accenna reazioni degne di nota, ma soprattutto il social network blocca il video per violazione delle regole della comunità. La rete si scatena: c'è chi fa insinuazioni di ogni tipo e chi ipotizza un prossimo divorzio. Tutti convengono sul fatto che probabilmente a entrambi devono maleodorare i piedi.

A un mese dal matrimonio, in una gremitissima sala, Emma presenta il terzo prodotto della linea 'Bye bye little Greta'. Il drappo bianco questa volta ha una forma rettangolare e il prodotto occupa mezza stanza. La curiosità dei presenti è fortissima.

«Oggi ci spostiamo in Oriente, ci apriamo al mercato asiatico, ma soprattutto ci proponiamo come azienda leader nel mondo della ristorazione. Quello che vi sto per presentare è un alimento che rivoluzionerà le abitudini alimentari in tutto il mondo. Signore e signori, il gamberetto di Fukushima!»

Emma solleva il panno e svela qualcosa di decisamente bizzarro: dentro un enorme acquario nuota un gamberetto grande come un pesce spada, con delle gigantesche chele. Da dietro il vetro guarda i presenti, sembra molto incuriosito. Su un monitor viene poi mostrata l'imponente confezione che dovrà mantenerlo sottovuoto: oltre all'adirata Greta, un'immagine della tristemente nota centrale nucleare giapponese mentre sta per essere colpita dal maremoto. Dopo gli ormai consueti applausi, la manager spiega che il gigantesco crostaceo sarà venduto nel reparto gastronomia: si potrà richiedere affettato per mangiarlo crudo, a mo' di carpaccio, oppure a tranci, per cucinarlo alla piastra, in forno o in padella. L'animale, mentre lei parla, sembra quasi rattristarsi. Il prodotto, come anticipato, punta anche ai ristoranti, e la speranza è che gli chef stellati si sbizzarriscano con le ricette. E gli chef non si fanno attendere: dopo l'annuncio dell'uscita del gamberetto, Vissani già lo immagina in un sugo con pomodorini del piennolo, lardo di Amatrice e zucchine a pois di NaturaNo. Cracco pensa di sfilettarlo e di utilizzarlo come condimento del suo celebre tuorlo d'uovo fritto. Bonci si propone di infilarlo in una specie di panettone salato.

Intanto, proprio nei giorni in cui viene annunciato il gamberetto di Fukushima, il Codacons denuncia NaturaNo per il provolone di Taranto: secondo gli avvocati dell'associazione, se il formaggio viene mangiato quando è ancora bollente, può provocare leggere ustioni alla lingua, come tutti i cibi caldi d'altronde.

A due settimane dal matrimonio, Emma e Davide si salutano sotto casa: lei è in partenza per Bologna per una riunione con una catena di ristoranti che vuole inserire nel menu dei tortellini a base di prodotti NaturaNo, lui è atteso da una serie di riunioni in ufficio, a Roma, per organizzare la messa in produzione del nuovo prodotto.

Quel giorno, però, cambia tutto.

Tre ore dopo, Emma torna a casa con Luigi. I due hanno evidentemente una relazione che va avanti da mesi e la trasferta a Bologna era una copertura per vedersi in un giorno in cui lei non sarebbe apparsa in azienda. Il problema è che rientrando a casa con l'amante, la project manager trova l'amministratore delegato nudo, sul divano, con la sua segretaria, in un incastro assai poco equivocabile. Di fronte alla scena, i due 'di troppo' si guardano quasi divertiti, mentre i padroni di casa, dopo un primo attimo di sgomento, provano a darsi delle spiegazioni a vicenda.

«Sei un maiale, l'ho sempre sospettato, mi fai schifo!»

«Io non posso negare di fronte all'evidenza... ma tu invece? Cosa sei? Lui è qui per parlare del lancio dei crostacei, immagino...»

«Guarda che sei tu quello che sta scopando con la sua segretaria sul nostro divano: manco la decenza minima di andare in un hotel!»

«E tu dovresti essere a Bologna a parlare di tortellini ripieni di gamberetto di Fukushima! Invece sei qui col capo del marketing!»

I due continuano a dirsene di tutti i colori, fino a quando non intervengono i rispettivi amanti, rimasti in silenzio fino a quel momento.

«Ragazzi, non litigate, non vedete io e Luigi come siamo calmi?»

«È vero, calmatevi e parliamone, sono sicuro che troveremo tutti insieme una soluzione».

Emma e Davide si guardano basiti, la tranquillità di Luigi e Michela di fronte al tradimento li turba non poco. Perché, pur essendo anche loro una coppia, non hanno avuto nessuna reazione? Perché tanto contegno? La risposta arriva dalla segretaria.

«Come avrete notato, a noi tutto questo sembra normale, e infatti per noi è tutto normale».

«Ma cosa dici, Michela? Sei lì con l'uomo che avrei dovuto sposare, per giunta davanti al tuo fidanzato: cosa c'è di normale?»

A quel punto interviene anche Luigi.

«Elena, la nostra è una coppia aperta. Siamo liberi

di andare con altre persone, sia separati che in coppia, quando ci va...»

«Cioè siete... come si dice... scambisti?!»

«Proprio così. Sappiamo bene che non è una cosa che marca bene, quindi ci guardiamo dal farlo sapere in giro. E comunque abbiamo delle regole molto precise: non c'è nulla di anarchico nel nostro modo di vivere la coppia e la sessualità. Se volete potremmo dirvi di più, magari farvi scoprire i ritrovi e i locali che frequentiamo».

Emma e Davide, mentre Luigi spiega, si guardano perplessi e non sanno cosa dire. Di fronte a qualcosa di così imprevisto sembrano non avere gli strumenti necessari per rispondere. A rompere il ghiaccio ci pensa lo stesso responsabile del marketing, che finito di parlare inizia a spogliare Emma baciandola sul collo. Lei, dopo qualche attimo di titubanza, si lascia andare e mentre l'amante esplora il suo corpo guarda Davide con uno sguardo di sfida molto intrigante. Lui, eccitato dalla scena, riprende a fare sesso con la segretaria, guardando a sua volta la futura sposa. I quattro si ritrovano tutti sul letto, in un'orgia che dura diverse ore.

Fuori è ormai quasi sera e le due coppie, stremate da tutto quel sesso, si riposano ai due lati del matrimoniale. Emma e Davide sorridono: la nuova scoperta, in fondo, piace molto a tutti e due. A rovinare il clima, una telefonata ricevuta da lui.

«Pronto? Sì, buonasera, mi dica... No! Ma come è successo?! Dovete riprenderli! Fate presto!»

A chiamare l'amministratore delegato, il responsabile del laboratorio-allevamento di Mondragone, dove vengono creati i giganteschi gamberetti di Fukushima e i feroci tonni pinna amianto, un prodotto ancora top secret della linea 'Bye bye little Greta'. Dopo una serie di provocazioni da parte dei gamberetti, i tonni hanno sfondato la recinzione e sono entrati nella vasca dei grossi crostacei, scatenando una terribile rissa. Emma, Davide, Luigi e Michela salgono in macchina e corrono sul posto. Quando arrivano, la situazione sembra essersi calmata: in un unico grande acquario, decine di esemplari dei due spaventosi animali sono ora in stato di quiete.

Davide: «Menomale, sembra tutto tranquillo».

Michela: «Ma quei pesci perché luccicano così?»

Emma: «I denti dei tonni pinna amianto sono di acciaio inox affilato, praticamente se compri un tonno intero hai in regalo un servizio di coltelli, se invece lo compri a pezzi, un dente ogni duecento grammi...»

Michela: «Ma dai! Che figata!»

Luigi: «Aspettate! Cosa stanno facendo quei due?»

Il responsabile marketing indica un gamberetto e un tonno che, utilizzando gli affilati denti e le grosse chele, cercano di sfondare la recinzione dell'acquario marino. Il responsabile della struttura arriva di corsa e tutto trafelato.

«Se superano quella rete arrivano a mare, sono bestie pericolose per l'ecosistema e per l'uomo! Sarà un disastro!»

Emma, Davide, Luigi, Michela e tutti i dipendenti dell'allevamento-laboratorio cercano di attirare l'attenzione degli animali, lanciando oggetti nell'acqua, ma purtroppo fanno peggio: le bestie, infastidite dagli umani, si lanciano tutte insieme contro la rete di recinzione, cercando di sfondarla per fuggire in mare aperto.

Luigi: «Non abbiamo del veleno? Qualcosa per ammazzarli?!»

Emma: «Sono particolarmente resistenti, ne servirebbe troppo e comunque finirebbe in mare anche quello, danneggiando l'ecosistema».

Michela: «Forse dovremmo chiamare le forze dell'ordine, avvertire del pericolo».

Davide: «Se escono da lì, vent'anni di galera per disastro ambientale non ce li toglie nessuno...»

Emma: «Aspettate, ho un'idea. Penso di sapere cosa fare».

Davide: «Spiegaci...»

Emma: «Ora è troppo lunga da spiegare, c'entra con il gene che utilizziamo per la mutazione. Michela, per favore, chiama il commerciale di NaturaSì e fatti mandare dieci bancali di latte di avena».

Michela: «Latte di avena?»

Emma: «Poi vi spiego. Ora però bisogna distrarli: sono attratti dal liquido bianco che si scioglie nell'acqua, ne bastano piccole quantità per tenerli indaffarati per un po'... abbiamo del latte? Della panna? Qualcosa?»

Lo scienziato responsabile dell'impianto scuote la testa perplesso, nel frattempo la rete di ferro che divide l'acquario dal mare aperto inizia a dare segni di cedimento.

Michela: «Tra un'ora arriva il camion con il latte d'avena».

Emma: «Non c'è tempo, cazzo, non c'è tempo...»

Davide: «Possibile che non ci sia nulla che possiamo usare intanto? Cazzo! Cazzo! Cazzo!»

Luigi: «Cazzo...? Ho un'idea...»

Davide: «Non penserai di...!?»

Michela: «I dipendenti maschi!»

Emma: «Sì, potrebbe funzionare!»

Luigi e Davide convocano i dipendenti maschi in una grande sala del laboratorio e chiudono le porte. Dopo circa dieci minuti, senza nascondere la loro perplessità, gli uomini in camice bianco si preparano alle operazioni ai bordi della vasca, organizzando dei turni. A motivarli, la promessa di un ricco premio di produzione, concordato direttamente con l'amministratore delegato. Con uno spirito eroico, riescono a tenere occupati gli animali fino all'arrivo del latte d'avena. Nelle riservate circolari aziendali saranno ricordati come 'i liquidatori di Mondragone'.

Il prodotto bio, una volta scaricato, viene versato nell'acqua in grandi quantità: dopo circa venti minuti gli animali iniziano a calmarsi, fino a rimanere quasi tramortiti.

Emma: «Ora possono essere trasportati nelle vasche interne senza pericolo, per loro il latte d'avena è come una droga: li calma e, soprattutto, pensano che sia la cosa più buona del mondo».

Michela: «Menomale, abbiamo sfiorato il disastro...»

Davide: «Quante emozioni in uno stesso giorno... Comunque il latte d'avena è una schifezza».

Luigi: «Vabbe', dai, è finita bene. Ora torniamo a Roma. Durante il viaggio magari organizziamo il vostro addio al celibato e al nubilato!»

Qualche giorno dopo, la coppia invita tutti i lavoratori dell'azienda, tutti i fornitori e i dipendenti dei laboratori di ricerca affiliati, all'Olimpo Club, la più grande discoteca scambista del centro-sud. I social celebrano l'evento con l'hashtag #NaturaNoSwingParty, utilizzato da migliaia di utenti sui social e secondo nelle tendenze al solo #RenziFaiSchifo. Dopo una sontuosa cena accompagnata dallo spettacolo di una nota pornostar, decine di coppie entrano nell'area a loro dedicata, divisa da quella dei maschi single da delle sbarre. Tempo qualche minuto e le donne iniziano a spogliarsi, guidando i loro uomini in un'enorme orgia che si svolge sui grandi letti tondi del club privé, in uno stanzone illuminato da una luce soffusa prodotta da faretti rossi: il groviglio di corpi è ammirato dai single che possono solo osservare da dietro le sbarre, come se stessero guardando un video hard. La divisione sociale tra scapoli e ammogliati è evidente, quasi spietata. Nel letto centrale, i due festeggiati fanno sesso insieme ai rispettivi amanti, che saranno anche i loro testimoni di nozze, ma non disdegnano le attenzioni di altri avventori. Dopo quasi due ore di sano sesso, la coppia si ricompone e supera il groviglio di corpi per andare a bere un drink e farsi un selfie da mettere sulle pagine social condivise. Dall'altra parte delle sbarre, il capo del laboratorio-allevamento di Mondragone li saluta; anche Emma lo saluta divertita.

«Menomale che non ci sono i gamberetti di Fukushima e i tonni pinna amianto... hahahahaha!»

«È vero! Farebbero una strage! Hahahahaha! Senti, una cosa che non c'entra nulla: quando hai previsto la presentazione dei tonni?»

«Pensavo con calma, dopo il matrimonio. E poi dobbiamo capire cosa fare con quei cazzo di animalisti. Chiedono di ritirare i gamberetti di Fukushima dagli scaffali prima ancora che ci arrivino».

«Potremmo anche dargliela vinta, sai? Allevare quegli affari sta diventando complicato: stanno evolvendo, diventano ogni giorno più intelligenti. E poi prima dell'estate abbiamo anche il lancio delle zucchine di mare, è già pronta l'etichetta con la faccia di Giorgia Meloni!»

«È vero! Mah, forse è meglio toglierli di mezzo... Un po' mi dispiace fermare la produzione e darla vinta a quegli invasati: devono spiegarmi perché l'occhio del gamberetto di Fukushima morto gli fa tanta pena e quello di un gamberetto normale grande come un'unghia del mignolo no...»

La settimana dopo, sotto un tiepido sole di fine marzo, Emma e Davide si sposano. Il matrimonio, laico, viene celebrato in una bellissima villa sul Gianicolo e l'evento è così seguito sui social da oscurare l'uscita del nuovo sandaletto di gomma rosa sfoggiato dalla famiglia Ferragnez al completo, da portare ovviamente con calzino bianco di spugna. Durante la cerimonia, come nella scena di una serie prodotta da Rai Fiction con budget limitato, Davide abbraccia Emma su una balconata; di fronte a loro un panorama mozzafiato: Roma è lì, ai loro piedi.

«Ne abbiamo passate tante, due settimane fa per poco non ci lasciavamo...»

«Io almeno sono entrata in casa vestita, tu eri nel pieno dell'opera».

«Eh già. Però è andata bene lo stesso, dai».

«È vero, non avremmo scoperto un nuovo mondo».

«Volevo chiederti una cosa...»

«Be', dopo un sì così impegnativo, ogni domanda che potrai farmi sarà una passeggiata oggi... Sentiamo...»

«Se ti chiedessi se vuoi avere un figlio, come il primo giorno che ci siamo visti, adesso cosa mi diresti?»

«In questa tua nuova veste potrei anche risponderti senza minacciare di andarmene, è un tuo diritto chiedermelo».

«Non mi hai detto cosa risponderesti però».

«Ti risponderei che non ci penso nemmeno, che il mio obiettivo è far carriera e nel tempo libero voglio divertirmi. Avevi dubbi?»

«No, no, solo curiosità, come allora».

«Tu piuttosto: sei sicuro di voler andare a fare il viaggio di nozze a Cap d'Agde? Tre settimane a scopare con la qualunque possono diventare noiose, sai?»

«Hai ragione, magari ci andiamo a fare una settimana

a fine estate con calma. Il mio sogno era la Russia, ma con quel pazzo criminale è impossibile...»

«È vero, che peccato. Vabbe', ci sono tanti posti, abbiamo qualche settimana per decidere. Senti ma... quel tuo amico che lavora ai NAS, cosa voleva? Ci sei stato un'ora al telefono l'altro giorno».

«Mah, nulla di che, è solo un vecchio amico. Siccome non ci sentiamo spesso, quando succede ci facciamo lunghe telefonate per aggiornarci».

Qualche giorno dopo, sulle rive di un fiume, due loschi figuri si preparano ad aprire il rubinetto di un camion cisterna per versare del liquido nell'acqua. Dietro il camion, dei segnali indicano il trasporto di sostanze velenose.

«Dici di farlo qui? Certo, è un peccato... guarda quanti bei pesci là sotto».

«Ma che te ne frega? Se ci mettiamo a pensare pure ai pesci siamo finiti».

«Sicuro che non ci sia un altro posto? Magari un modo legale?»

«E li metti tu i soldi? Su, apri quel cazzo di rubinetto e facciamo presto che se ci vedono finiamo dritti in galera».

«Aspetta! Hai sentito quel rumore? Viene da quella sterpaglia...»

«Sì, andiamo a controllare, non mi fido: se qualcuno ci vede o ci fotografa qui passiamo dei guai».

I due si allontanano e si dirigono verso la vegetazione. Dopo qualche minuto fuggono terrorizzati verso il camion.

«Scappa! Scappa! Ma che cazzo di bestie sono... scappaaaaa!»

A inseguire i loschi figuri un battaglione di almeno venti gamberetti di Fukushima vestiti con tute mimetiche fatte su misura. Quando i due arrivano al camion è troppo tardi: un'altra squadra di crostacei ha già forato i pneumatici e distrutto l'abitacolo; uno di loro porta al collo una targhetta con il volto di Cristo e la scritta 'Dio c'è'. Terrorizzati, i malviventi scappano sulla strada sterrata mentre i gamberetti di Fukushima continuano a puntarli: i grossi animali mutanti sembrano avere pessime intenzioni. A interromperli, il fischio di un uomo armato, completamente vestito di nero e con un cappuccio a coprire il viso. Sentendolo, i gamberetti interrompono la corsa lasciando perdere i fuggiaschi e gli si avvicinano lentamente; lui, dopo aver stretto la chela a uno di loro, quello con la targhetta 'Dio c'è' al collo, tira fuori da un grosso zaino dei cartoni di latte d'avena di NaturaSì; ne consegna uno a tutti i crostacei da combattimento, che nel frattempo hanno imparato anche ad aprire la confezione e a bere da soli. Dopo averli rifocillati, l'uomo indica ai gamberetti da combattimento di Fukushima un enorme camion nero in arrivo: alla guida, un altro militare incappucciato. Quando il grosso mezzo si ferma, le bestie salgono con ordine, entrando in una vasca con la scritta 'squadre anfibie': dentro il grosso acquario c'è anche un battaglione di tonni pinna amianto, con cui ormai i crostacei sembrano andare d'accordo. In lontananza, un suono di sirene lascia intendere che la corsa dei due loschi figuri sia giunta al termine.

Il riflesso dei grossi pneumatici del camion nero ci riporta sul 30 notturno: Emma e Davide si preparano a scendere alla fermata di piazza Buenos Aires, ma prima devono congedarsi da Benny il Matto che chiede loro un favore.

«Un selfie facciamo noi prima del ciao...»

«E va bene, Benny, vieni qui, mettiti in mezzo a noi e

sorridi. Ecco fatto, ora che scendiamo lo pubblichiamo su Instagram e su Facebook, contento?»

Fatta la foto, i due scendono: Benny li saluta con la mano e loro ricambiano. Quando però Davide guarda il suo iPhone 13 Pro con custodia di pelle nera, il suo sguardo cambia.

«Ehi Benny, aspetta!»

Troppo tardi, il vecchio tram è già ripartito. Ai suoi tempi non c'erano i telefoni cellulari, tantomeno i social network. E non erano certo tempi peggiori di quelli in cui viviamo.

# L'onorevole

*Compagno sì, compagno no,*
*compagno un caz...*

Ricky Gianco

Alla fermata di piazza delle Cinque Giornate sale Massimo Sartini, un parlamentare umbro del Partito Democratico. E no, non è raro vedere un onorevole su un tram o su un autobus: la leggenda metropolitana che li vuole tutti con la scorta e su lussuose auto blu è in realtà una colossale minchiata alimentata da chi fomenta il popolino sovranello. Escludendo infatti Ministri, Sottosegretari e quei pochi che sono sotto protezione perché considerati soggetti a rischio, nessun deputato ha in dotazione mezzo di trasporto e autista.

Sessant'anni, ex iscritto al PCI, Massimo è uno degli ultimi eletti ad aver fatto tutta la gavetta: inizia la sua carriera politica a metà degli anni Ottanta, in una vecchia sezione Narni e arriva in Parlamento più di vent'anni dopo, con molta esperienza come amministratore locale alle spalle, prima nel suo Comune e poi nel Consiglio regionale dell'Umbria. L'onorevole Sartini si è dato un grande obiettivo: far approvare quella che chiama una 'legge di civiltà', ovvero una norma che abolisca per sempre la Regione Molise, annettendone la metà del territorio alla Campania e l'altra metà alla Puglia. Ormai da anni il suo disegno di legge è depositato in Parlamento e sono in molti a ricordare l'accorato intervento con cui presentò la proposta nell'aula di Montecitorio.

«Onorevoli colleghi! Onorevole Presidente! È giunto finalmente il momento di affrontare una questione delicata e non più rimandabile. Inutile girarci intorno: il Molise non esiste. Parlo di quella Regione, si fa per dire, che ha meno abitanti di un quartiere di Roma e costa ai contribuenti, solo di Consiglio regionale, milioni di euro l'anno. Una Regione, si fa per dire, che succhia fondi europei che potrebbero essere destinati ad altri territori, a territori che esistono davvero. Abolire il Molise può voler dire avere più risorse per scuola, sanità, servizi sociali, sport. C'è chi sostiene che il Molise esista: che l'Italia non possa fare a meno dei cavatelli alla ventricina, della zuppa di pesce alla termolese, della scapece, dell'affuniatella, della fssrat di maiale, dei taralli di zia Concetta; sono solo goffi tentativi di giustificare l'ingiustificabile! La cucina molisana, ammesso che esista, verrà assorbita da quelle più ricche e più nutrienti di Puglia e Campania, così come il suo territorio, buttato lì, senza senso, a dar fastidio al popolo italiano sin dalle lezioni di geografia alle scuole elementari. Onorevoli colleghi! Onorevole Presidente! Parlare del Molise poteva avere senso fino al 2005, prima dell'abolizione del servizio di leva: in quegli anni in cui i tuoi coetanei, con aria depressa, ti chiedevano: 'E a te dove ti mandano?' E tu rispondevi, con aria altrettanto depressa: 'Mi mandano a Campobasso, cazzo...' [Onorevole Sartini, la prego di utilizzare un linguaggio rispettoso di quest'aula, per favore!] Mi perdoni, Presidente. Con questa legge, onorevoli colleghi e onorevole Presidente, possiamo correggere un grave errore commesso nell'ormai lontano 1970. Aboliamo il Molise per dare un futuro migliore ai nostri figli, aboliamolo per restituire dignità al Paese e a tutti noi!»

Malgrado i tanti attestati di stima dei colleghi del suo partito e di gran parte di quelli delle altre forze politiche (a eccezione della Lega che a pochi giorni dalla conferenza stampa di presentazione della proposta lancia l'hashtag #primailmolise), il disegno di legge si arena in Parlamento. Tuttavia, come spesso accade in politica, ciò che si dice non è ciò che si pensa, e sono in molti a essere convinti che dietro la crociata dell'onorevole Sartini vi sia un'antica delusione d'amore: si vocifera, infatti, che una certa Assuntina, originaria di Pizzone, un Comune di trecentoundici abitanti nella provincia di Isernia, nel 1985 abbia spezzato il cuore del giovane Massimo, segnando per sempre la sua vita e instillando in lui un odio profondo e irrazionale verso tutto ciò che è molisano.

Il deputato, come tanti della vecchia scuola, ha un pessimo rapporto con le tecnologie e con i social network: la sua rubrica telefonica è rigorosamente cartacea, così come la sua agenda. Costretto a iscriversi a Facebook da Valerio, il suo povero addetto stampa, scrive lunghi post pieni di parole forbite che leggono in quattro e raccolgono dai due ai cinque 'mi piace'; uno è sempre il suo, e quando qualcuno glielo fa notare risponde stizzito: «Se l'ho scritto è perché mi piace! Che male c'è a ribadirlo?!»

Mentre sceglie in quale posto sedersi per le poche fermate fino a viale Regina Margherita / Nomentana, non distante dalla casa che ha preso in affitto per trascorrere i giorni della settimana in cui è convocata l'aula di Montecitorio, l'onorevole, come già sappiamo, è riconosciuto da Emma e Davide, che gli esternano tutta la loro stima. A sua volta, riconosce Maria Elena Bianchi.

«Buonasera! Lei è la scrittrice, se non sbaglio».

«Buonasera, sì sono io. Lei ha un viso conosciuto...»

«Eh sì, e non solo quello ormai... sono l'onorevole Massimo Sartini, molto lieto».

«Ah, ecco chi era! Molto lieta! Complimenti per la sua battaglia e... per il suo coraggio!»

«La ringrazio e ricambio: *#RenziFaiSchifo* è davvero fantastico!»

La conversazione tra i due è ovviamente interrotta da Benny il Matto, che saltellando divertito davanti al deputato gli fa una domanda apparentemente singolare.

«La pipì tu devi fare?»

«Buonasera Benny, no, niente pipì. Qui non mi permetterei mai, tranquillo».

Maria Elena inizia a ridere, e Massimo insieme a lei. Per capire cosa ci sia di così divertente in questo siparietto dobbiamo attendere che il tram riparta, ma ciò non è ancora possibile perché Arturo Giani tarda a chiudere le porte. Su piazza delle Cinque Giornate, all'incrocio con Lungotevere delle Armi, un gruppo di artisti di strada balla sulle note di *Ballo ballo*, mandata a tutto volume da un amplificatore poggiato sul marciapiede. Al centro, una ballerina con un inconfondibile caschetto biondo guida le danze. L'esibizione contagia un po' tutti: nel giro di un minuto Emma e Davide, Maria Elena Bianchi, Massimo Sartini e ovviamente Benny il Matto sono arrivati in testa al tram per osservare la scena e dopo qualche secondo iniziano a ballare in modo abbastanza disordinato, cercando di tenere il tempo. Anche l'autista, visibilmente divertito, dopo aver tirato il freno si alza in piedi in cabina e accenna qualche passo di danza. Dopo un paio di minuti, la ballerina col caschetto biondo si sposta verso il marciapiede seguita da tutti gli altri, che liberano i binari salutando i passeggeri del tram, che smettono di dimenarsi e tornano ai loro posti.

Ora il vecchio rotabile può ripartire; alla chiusura delle porte, le lampadine a incandescenza riprendono a vibrare e così la scena cambia. Ci ritroviamo qualche tempo prima nel cuore del Parlamento italiano, nel salone del Transatlantico, durante una pausa dei lavori. Roberto, parlamentare romano autore di una dettagliata proposta di legge che ridurrebbe le Regioni italiane da venti a dodici, saluta con affetto Massimo Sartini, suo vecchio amico. Il Molise, con la legge del deputato eletto nella capitale, verrebbe smembrato e assorbito da tre macro-Regioni: quella Tirrenica, quella Adriatica e quella del Levante.

«Massimooo! Come va?»

«Bene, Roberto! Tutto bene. Ho letto il testo della tua legge, davvero ben scritta e coraggiosa!»

«Be', mi sto inimicando mezza Italia ma sarebbe una svolta: sai quanto si risparmierebbe e quanto si snellirebbe tutta la macchina?»

«Hai ragione, ma pensi sia possibile mettere d'accordo tutti? Da me in Umbria hanno subito alzato le barricate, sai?»

«Eh, posso immaginare, vi ho annesso alla Toscana e alla provincia di Viterbo, diventereste la Regione Appenninica».

«Secondo me, amico mio, bisogna andare per gradi: cominciamo con il Molise! Portiamo in aula la mia legge. Se cadrà quello, anche le altre piccole si piegheranno!»

«Non so, Massimo... Una riforma organica sarebbe più risolutiva, non pensi? Se cominciamo a fare 'na Regione alla volta finiamo tra cinquecento anni. Siamo in Italia, ricordalo...»

«Fidati, compagno, la chiave di volta è spezzare le reni ai molisani!»

«Vabbe', dai, mo' non usiamo 'ste terminologie... Ma comunque, che si voglia fare accorpandole tutte insieme o una alla volta, temo che con l'attuale Parlamento sarà impossibile, è pieno di sovranisti che con la storia della difesa dei confini faranno una battaglia contro. E poi ci sono i populisti... non credo che siano in grado di capire una riforma di questo tipo...»

«I grillini capiranno e voteranno con noi, basterà fargli scoprire quanti soldi pubblici si possono risparmiare accorpando le Regioni. Se inizieremo col Molise, saranno loro a chiederci di farlo anche con le altre...»

Non lontano dai due, al centro del 'corridoio dei passi perduti', dove un tempo figure del calibro di Aldo Moro e Enrico Berlinguer confrontavano le loro idee sul futuro del Paese, passeggia l'ex Ministro delle Infrastrutture e dei Trasporti, Danilo Toninelli. L'esponente di punta del Movimento 5 Stelle litiga con Siri: non con il senatore Armando Siri della Lega, ex Sottosegretario al Ministero delle Infrastrutture e dei Trasporti, ma con l'assistente vocale del suo iPhone.

«Ehi Siri, telefona a Paola Taverna per favore!»

*Ecco le indicazioni per La Taverna del Pescatore, via Valle Sant'Andrea 150, 03029 Veroli, Italia. È quello che cercavi?*

«No maledetta! Ti ho detto di chiamare Paola Taverna. Paola Taverna, la vicepresidente del Senato, hai capito?!»

*Mi dispiace, posso chiamare una persona alla volta. Chi vuoi chiamare?*

«Aaaaaaahh! Basta! Chiama Vito Crimi almeno!»

*Eseguo* L'incantevole Creamy, *sigla completa di Cristina D'Avena, su Spotify.*

«Nooooooo!!!»
*Pari-pam-pum, eccomi qua*
*Pari-pam-pum, ma chi lo sa*
*Se babbo, mamma e Toshio*
*Lo san che Yu son proprio io!*
*Pari-pam-pum spesso lo sai*
*Pari-pam-pum combino guai...*

Massimo è convinto che il partito lo seguirà compatto, che esista una maggioranza silenziosa in Parlamento che non vede l'ora di cancellare il Molise dalle cartine geografiche, che anche i più scettici si convinceranno della bontà della sua proposta; ma sa anche che la politica è un gioco di potere e che se riuscisse a farsi nominare dal segretario del suo partito nella nuova segreteria politica, potrebbe far valere quella posizione privilegiata nel portare avanti la sua lodevole causa. Non essendo legato a nessuna delle tante correnti del PD, inizia a tessere le tele della diplomazia per ottenere la 'poltrona' di responsabile nazionale degli affari regionali: il suo nome inizia a circolare nelle segrete stanze e sono in molti a sponsorizzarne la candidatura, non tanto per stima, ma perché un 'indipendente' che spezzi il consueto Cencelli delle spartizioni interne può aiutare a ispirare articoli di giornale. Come però accade spesso, c'è anche qualcuno che gli rema contro, e il miglior modo di bruciare una candidatura è darla in pasto alla stampa ostile. Il nome di Massimo Sartini viene così spifferato alla redazione del *Sannio Quotidiano*, che nei giorni caldi delle trattative interne titola: *Il partito di Bibbiano vuole annientare il Molise.* Nel giro di poche ore la notizia viene ripresa da altri quotidiani e da tutte le tv locali: davanti al Parlamento, per due giorni, i consiglieri di maggioranza e opposizione della Regione Molise si incatenano in segno di protesta.

«Difendono il loro stipendio, non i cittadini della loro pseudo-Regione» commenta Massimo Sartini ai telegiornali della sera. Intorno alla sua possibile nomina si apre un dibattito interno, c'è chi teme che possa costare consensi e c'è chi è convinto che puntare sulla lotta agli sprechi porterà un sacco di voti: in fondo l'immagine dei consiglieri regionali incatenati per difendere i loro stipendi ha indispettito non poco l'opinione pubblica.

Arriva il giorno delle scelte. Al Nazareno i capibastone del Partito Democratico lavorano alacremente per chiudere la lista dei membri del nuovo esecutivo che dovrà affiancare il segretario: persone su cui graverà il destino dell'Italia, dell'Europa, dell'intero pianeta e forse di tutta la Via Lattea. La scelta dei nominati, anche quando questi devono occupare ruoli simbolici o totalmente inutili all'umanità, è il momento più intenso della vita politica del 'partitone' nato dalle ceneri dei derivati del Partito Comunista Italiano e della Democrazia Cristiana. Non c'è legge o programma politico che impegni di più i militanti, i dirigenti e gli eletti. (Qualche anno fa, all'indomani dell'inchiesta 'Mondo di mezzo' che coinvolse il PD romano, Fabrizio Barca, figlio di Luciano, coniò l'espressione 'potere per il potere', una definizione assai calzante che raccontava molto della vita interna del partito).

Il posto di Massimo nel nuovo esecutivo è dato quasi per certo: entrare nel gruppo ristretto che affiancherà il leader gli consentirà di portare avanti la battaglia per la sua 'legge di civiltà'. Quel pomeriggio, il capo della più potente delle correnti dem, un ex DC in Parlamento dal 2001 e Ministro in svariate legislature, chiama il deputato umbro.

«Pronto?»

«Pronto, ciao Massimo, hai due minuti?»

«Certo Mario, ciao, dimmi tutto».

«Allora, stavamo facendo un po' di conti della serva per chiudere questo cazzo di esecutivo...»

«Non vi invidio per niente, posso immaginare... Ci vorranno stare tutti!»

«Esatto. Ti dico come siamo messi: ci sono gli ex renziani che vogliono un posto: io sono molto incazzato per questa cosa...»

«Ma se ne andassero nel loro partitino al 2%, che cazzo vogliono?»

«Dicono che la loro casa è il PD e che con *quelli lì* non si sentono da mesi, manco per gli auguri di compleanno...»

«Secondo me dopo il botto che ha fatto il libro *#RenziFaiSchifo* anche i parenti stretti si vergognano di sentirli, *quelli lì*...»

«Hahahaha! Vero! Soprattutto il babbo di Matteo...»

«Hahahaha! Giusto, soprattutto lui...»

«Comunque, un posto tocca darglielo. Abbiamo chiesto che almeno sia 'una donna'...»

«Mi pare il minimo... Già che pretendono il posto, pure uomo no eh...»

«Poi ci deve stare uno della corrente degli ex Cristiano-Sociali...»

«Ma erano in due nel 1996 e uno è morto l'anno scorso...»

«Dicono che il loro nome è Vincenzi, uno di Perugia. Lo conosci, per caso?»

«Mi pare di sì, lavorava negli uffici della Regione. Ma non era renziano pure lui?»

«Pentito, dicono, ora si è legato a loro...»

«Vabbe'...»

«Poi ovviamente tocca dare un posto ai giovani turchi,

ma per fortuna Matteo mi ha già detto che loro indicheranno 'una donna'».

«Menomale».

«Però tocca darne uno anche alla nuova componente di Claudio, che per dare contro a Matteo ha creato i giovani curdi... e lui ha solo uomini».

«No vabbe'...»

«Poi ho una richiesta di quella roba dei millemila...»

«I millemila?»

«Sì, gli invasati dei circoli online, hai presente? Quelli che vanno in giro in bicicletta e fanno le assemblee nei bar perché loro sono itineranti...»

«Però il posto lo vogliono, per quello la bicicletta la lasciano a casa...»

«Bravo. Che dobbiamo fa', sono quelli che votarono la vostra mozione Angius nel 2007, casi umani, ma sono quei pezzetti che fanno comodo ai congressi. Comunque, ho chiesto che ci indichino 'una donna', vedremo. Poi ci siamo noi con tre, due della componente di Lorenzo, che sono Cesare e 'una donna', due dei sindaci che so' tutti uomini, due di Piero che forse mette 'una donna', uno di Energia Democratica, che non so che cazzo sia, e uno della sinistra interna, che sarà Gianni perché c'è rimasto solo lui di sinistra nel PD. A questo punto resta un posto, quello che avevamo pensato per te...»

«Sì, io ovviamente non mi metto a fare questioni ma per me sarebbe importante essere lì, anche per promuovere nei territori la legge che sto portando avanti in Parlamento».

«Certo, la legge. Sarebbe utile, hai ragione. Il problema è che, così come è ora l'esecutivo, abbiamo poche donne».

«Ma tu metti tre uomini?»

«Eh, purtroppo sì. Tra Ministeri e capigruppo le donne le ho finite purtroppo...»

«E la sinistra interna non può mettere Laura?»

«Non lo farà, quelli sono due e non si sopportano».

«E te pareva! Ma quindi c'è possibilità oppure...»

«Guarda, te lo dico sinceramente. Se tu ci potessi aiutare facendo un passo indietro sull'esecutivo, dandoci la possibilità di mettere 'una donna', Enrico apprezzerebbe molto e guadagneresti un credito importante che ti sarebbe restituito al prossimo giro, su questo avresti anche la mia parola ovviamente...»

«Mario, io potrei anche essere disponibile, ma vi chiedo di fare di tutto per farmi stare dentro, se poi non ci fosse proprio possibilità... certo un po' mi roderebbe restare fuori, ci sono i Cristiano-Sociali che non esistono, i millemila, i curdi, Gesù Cristo e la Madonna...»

«Eh, purtroppo 'sto partito è morto: non c'è più politica, solo spartizioni di posti...»

«È vero, Mario, è diventato uno schifo!»

«Vabbe', dico a Enrico che tu fai il passo indietro...»

«Sì, come ti dicevo, se proprio non...»

*Tu... tu... tu...*

Prima che Massimo riesca a finire la frase, il Ministro ha già attaccato cancellando il suo nome dal foglio e rimpiazzandolo con quello di 'una donna', una a caso: sua moglie. Il giorno seguente viene annunciata la nuova segreteria politica del Partito Democratico: il ruolo di responsabile degli affari regionali è affidato a una certa Paola, nipote di un consigliere regionale molisano della corrente Energia Democratica e da un anno e mezzo sindaca del Comune di Castelverrino, centouno anime in provincia di Isernia. La sua prima dichiarazione, appena nominata, è un guanto di sfida lanciato a Sartini.

«Arrivo a Roma per portare la mia lunga esperienza di amministratrice di un piccolo Comune molisano. Contrasterò con tutte le mie forze chi vuole cancellare il nostro territorio e la nostra storia».

Massimo, leggendo le agenzie, va su tutte le furie: non solo la sua nomina è saltata all'ultimo momento per i calcoli delle solite correnti, ma chi ha preso il suo posto annuncia battaglie contro la sua 'legge di civiltà'. Prova così a richiamare Mario, per chiedere spiegazioni e soprattutto per capire come incassare il credito acquisito per aver accettato, suo malgrado, di farsi da parte. Il numero del Ministro è perennemente occupato, o meglio: dopo il primo squillo sembra cadere la linea. Il deputato, non avendo molta dimestichezza con gli strumenti tecnologici, prova a chiedere spiegazioni al suo addetto stampa. I due si incontrano nella Galleria dei Presidenti, un corridoio laterale di Montecitorio in cui gli onorevoli possono accogliere gli ospiti, i loro assistenti e i portatori di interessi.

«Valerio, ma secondo te perché quando provo a chiamare Mario cade sempre la linea? Fa uno squillo e poi... occupato».

«Ti fa sempre così? Uno squillo e poi occupato?!»

«Sì, sempre, a ogni ora. Ho provato anche di sera, perché ho pensato che di giorno fosse impegnato: stessa cosa...»

«Non vorrei darti una brutta notizia, ma penso che ti abbia bloccato».

«Ma no, che dici! È impossibile!»

«Facciamo la prova? Chiamalo ora...»

«Ok... Ecco, senti? Ha fatto lo squillo e ora è occupato».

«Bene, adesso provo io...»

Dal telefono di Valerio, al secondo squillo, Mario risponde. L'addetto stampa chiude subito la conversazione e guarda il deputato con un'aria da 'vedi? Te l'avevo detto...' A quel punto Sartini comprende l'inganno e china il capo sconsolato.

«Senti, facciamo un tweet...»

«Un tweet? Ma sono solo duecentottanta caratteri, non è da te...»

«Sì sì, non ti preoccupare, faccio una battuta secca. Scrivi: 'Fino a quando nel mio partito le donne valorizzate saranno unicamente le *mogli di* o le *nipoti di*, rimarranno solo delle quote e nulla più. Dobbiamo cambiare registro!' Quanti caratteri sono?»

«Centosettanta caratteri ma... sei sicuro? Si arrabbierà un sacco di gente!»

«Non me ne frega un cazzo! Mandalo e aggiungi tu un po' di cancelletti per farlo leggere a più gente possibile...»

«Sì, metto gli hashtag, ok...»

Il tweet di Massimo Sartini passa inosservato per un paio d'ore, poi l'irreparabile. Su segnalazione di qualcuno, lo staff di Giorgia Meloni lo rilancia aggiungendo la frase: 'Orgogliosa di essere la leader donna del più grande partito della destra italiana. Mentre a sinistra si colorano le panchine, nel nostro schieramento le donne sono al centro delle decisioni senza dover essere le marionette di qualche uomo'. Si scatena un putiferio: nel giro di poche ore nel Partito Democratico è tutti contro tutti; le 'parenti di' nominate attaccano Sartini, chiedendogli di cancellare il tweet e di scusarsi, ma sono in molte le deputate a condividerlo e a unirsi al suo appello. E così gli uomini, soprattutto quelli confluiti nel partitone da sinistra. Gli ex DC, che poi in larga parte sono parenti, mariti o amanti delle 'nominate', si cimentano in una delle loro più grandi abilità: fingersi morti. Il dibattito si allarga a macchia d'olio e nei giorni seguenti, sui principali quotidiani, i commentatori di tutte le aree politiche dicono la loro. *Libero* titola *Il partito delle consorti telecomandate*, editoriale di Vittorio Feltri: *Compagna schiava, pulisci e chiava!*. Dopo una settimana di polemiche, il segretario dem è costretto a convocare una conferenza stampa in cui, senza accennare in nessun modo al tweet di Sartini, promette che valorizzerà ancora di più le donne del partito. Ad affiancarlo, nella sala stampa del Nazareno, il vicesegretario e il responsabile organizzativo, entrambi, ovviamente, uomini.

Il giorno dopo, il deputato umbro stringe mani in Transatlantico: esponenti di tutti i partiti, compreso il suo, si congratulano per il coraggio dimostrato. Tra loro l'amico Roberto, che ne approfitta per dargli una buona notizia.

«Qualcosa si muove, Massimo! Forse ce la facciamo!»

«Cioè? Che succede, Robe'?»

«Si sta formando una commissione straordinaria per la riforma delle Regioni. Dovrà redigere un documento condiviso che servirà come base per una legge che porti all'accorpamento e alle macro-Regioni».

«Ma è fantastico! Potremo finalmente spazzare via il Molise!»

«Be' non solo... Potremo riordinare tutto il sistema e far risparmiare allo Stato ingenti risorse».

«Meraviglioso!»

«Senti, probabilmente sarò designato Presidente della commissione, ho già detto che tu ci devi essere per forza. Non penso che nessuno avrà nulla da dire, quindi scalda i motori...»

«Certo, Roberto, non vedo l'ora di iniziare!»

Quella domenica Sartini va a fare la spesa da Campagna Amica al Circo Massimo, presidio di Coldiretti e uno dei principali ritrovi dei radical chic della capitale. È sereno, l'idea di far parte della commissione che annienterà per sempre l'odiata Regione lo rende euforico. Passeggiando per gli stand, rimane affascinato da alcune forme di formaggio e chiede delucidazioni all'uomo dietro al banco, una specie di Karl Marx con un cappello di paglia.

«Buongiorno, da dove viene quello?»

«Eh, questo è 'no spettacolo: è il caciocavallo di Agnone. Una specialità».

«Ah, è molisano...»

«Bravo, ed è molto antico, sa?! Viene dalla Magna Grecia, dalla grande civiltà della transumanza. Viene stagionato in delle grotte naturali e da lì prende il suo sapore... Assaggi, assaggi...»

«Mmm... ma è buonissimo! Ne prendo una forma, non troppo grande però, perché vivo da solo...»

«Non ce l'ha 'na moglie?»

«Ehm... no, a dire il vero ho dedicato molti anni al mio lavoro e...»

«Eh immagino. Ma me dica 'na cosa... Sa... Io so' contadino e non capisco molto di cose politiche: mi spiega perché vo' toglie' di mezzo il Molise?»

«Ah, mi ha riconosciuto...»

«E certo che l'ho riconosciuta, lei è uno famoso eh...»

«Non esageriamo. Io non voglio togliere di mezzo le tradizioni del Molise, voglio solo abolirlo come Regione perché costa troppo per gli abitanti che ha... Sa che sono meno di quelli di un municipio di Roma?»

«Sì, è vero, so' pochini, ma le assicuro che so' tutte brave persone e grandi lavoratori».

«Non lo metto in dubbio ma...»

«Tenga, le regalo questo cappello di paglia, tanto a me sta stretto...»

«Ma no, non deve...»

«Non si preoccupi, non vale niente, è pure mezzo rotto, però ha 'n valore simbolico, per questo voglio regalarlo a lei...»

«E cosa simboleggia?»

«Me l'ha regalato il padrone dell'azienda agricola che fa il caciocavallo che ha preso, e ora io lo regalo a lei. È 'n pezzetto de Molise: se lo tenga in testa mentre pensa alla legge, così magari le viene meglio...»

«Va bene, va bene... accetto il regalo».

Il giorno dopo, Massimo è in buvette a fare colazione. Sul bancone, il suo caffè macchiato e una cassatina siciliana mignon della pasticceria Giolitti, fornitore del noto bar all'interno di Montecitorio. Mentre inizia a mordere il piccolo dolce, gli si avvicina la bellissima Carla, dipendente dell'ufficio legislativo del Partito Democratico. Rimasta vedova dopo la prematura morte del marito, da anni si dedica completamente al lavoro. Più di una volta Massimo Sartini è rimasto colpito dalla sua avvenenza, ma a fermare nella sua mente ogni pensiero impuro i quasi vent'anni di differenza tra loro e il luogo di nascita di lei: un paesino in provincia di Isernia di nome Frosolone, 2.985 abitanti.

«Onorevole, posso fare colazione con lei?»

«Certo, Carla, approfitto per ringraziarla per le modifiche che ha apportato alla mia mozione sul rischio idrogeologico, un lavoro preziosissimo...»

«Si figuri, onorevole, lei è uno dei pochi qua dentro che sa scriverle, ci ho messo un attimo».

«Però diamoci del tu, so che sei anche tu una compagna...»

«Grazie! Mi fa davvero piacere darci del tu. Io ti ammiro tanto, sai?»

«Anche se voglio abolire il tuo Molise?»

«Soprattutto per quello! Quella Regione è tutto uno spreco!»

«Ma è la tua Regione...»

«Allora, mettiamo i puntini sulle 'i': io so' di Frosolone, a noi se abolisci il Molise e lasci Frosolone così com'è non ci frega niente».

«No no, e chi lo tocca Frosolone...»

«Appunto. Poi una sera se vuoi ti invito a cena e ti faccio provare qualche ricetta buona delle nostre».

«Eh sì, da voi si mangia bene! Ieri ho comprato del caciocavallo di Agnone, è buonissimo!»

«Eh sì! Quello è proprio buono! Bene! Allora organizzeremo questa cena!»

«Facciamola presto, anche in questi giorni...»

«Sì, prestissimo...»

«Sììì...»

Nel preciso istante in cui i due si scoprono euforici per il loro primo appuntamento a base di ricette della tradizione molisana, entrambi arrossiscono e sentono volare le famose farfalline nello stomaco. Si salutano facendosi gli occhi dolci, così dolci da far dimenticare la cassatina mignon appena ingerita dal deputato che ancora stordito esce in Transatlantico e si dirige verso l'aula. Durante il tragitto viene però intercettato dal collega e amico Roberto, che lo costringe a un repentino cambio di umore.

«Massimo, devo dirti una cosa».

«Ciao Roberto, dimmi. Quando si insedia la nuova commissione? Abbiamo già i nomi degli altri partiti?»

«Dovremmo partire tra due settimane, ma c'è un problema...»

«Che succede?»

«Io avevo indicato il tuo nome, ma dall'esecutivo mi hanno detto che bisogna mettere 'una donna'. Io mi sono incazzato e ho minacciato di far saltare tutto e lì ho capito che su di te è stato messo un veto».

«Un veto? E da chi?»

«Penso da Mario...»

«Che merda d'uomo. Sai che mi ha pure bloccato sul telefono?»

«Non lo sapevo... E perché?»

«Quando mi hanno trombato per l'esecutivo mi aveva detto che avevo guadagnato 'un credito importante che mi sarebbe stato restituito'. Poi mi ha bloccato e ora mette addirittura un veto».

«Comunque stai tranquillo, oggi vado al Nazareno e monto un casino che non finisce più, alla fine la spunto io, altro che Mario...»

«No, Roberto, lascia perdere».

«Ma perché, Massimo? Tu qua dentro sei uno dei pochi ad avere le competenze per stare in quella commissione: certo, sei un po' ossessionato dal Molise, ma tanto lì andiamo a rivedere tutto».

«Preferisco che tu non ti esponga per me, farò in un altro modo».

Così, dopo l'ennesima delusione, Massimo Sartini decide di optare per un gesto di rottura, anche a costo di mandare alle ortiche la sua lunga carriera politica. Il pomeriggio fa spedire a Valerio, il suo addetto stampa, un comunicato in cui annuncia una diretta Facebook per la mattina seguente, uno streaming in cui dirà 'cose importanti'. L'idea fa saltare sulla sedia il giovane assistente, felice del radicale cambio di passo. Così, come da lancio, in un'assolata mattina di aprile, i due sono a piazza del

Parlamento; Sartini ha sulla testa il cappello di paglia regalatogli dal contadino di Campagna Amica, copricapo che ovviamente non c'entra nulla con l'abito grigio che porta.

«Allora Valerio, tu mi devi riprendere e seguire come un cameraman, faremo una diretta in movimento».

«Va bene. E dove andiamo?»

«Faremo il percorso da qui all'ingresso del Nazareno. Io camminerò e parlerò, tu mi riprenderai col cellulare».

«Perfetto, mi piace! Ma... quel cappello?»

«È per fare scena... Pensa, è molisano...»

«Ah, quindi devi proprio tenerlo eh...»

«Assolutamente, il cappello non si tocca. Ora però devo farti una richiesta, ascolta con attenzione».

«Certo, dimmi...»

«Non devi riprendere cose che possano far bloccare la diretta per violazione delle regole o come si chiamano...»

«Sì, gli standard della comunità. Dovrebbe essere sufficiente che tu non dica parolacce, ma non vedo il rischio... Insomma, in pubblico non le dici mai...»

«No, non parlo delle parole che dirò. Tu non riprendere cose che possano bloccare la ripresa. Ok?»

«Ma non capisco cosa potrebbe farla bloccare...»

«Tra poco capirai, inizia a riprendere».

La diretta Facebook parte e Massimo Sartini, dopo essersi aggiustato il colletto della camicia e stretto il nodo della cravatta, inizia il suo discorso camminando lentamente dalla piazza verso la sede del suo partito, che si trova a poche centinaia di metri. Valerio lo riprende soddisfatto camminando all'indietro circa a due metri da lui.

«Cari follower, utilizzo per la prima volta questo sistema per comunicare con voi, non me ne vogliate se sarò un po' impacciato. Come probabilmente saprete, la mia proposta di legge per abolire quell'aberrazione geografica chiamata Molise è ferma in Parlamento e il mio partito, il Partito Democratico, non fa nulla per promuoverla. Ho saputo che è stato messo persino un veto su di me nella scelta dei membri di una prossima commissione parlamentare che si dovrà occupare di redigere un documento per il riordino delle nostre Regioni. Per questo e per tanti altri motivi ho deciso di sensibilizzare i dirigenti, i militanti e voi elettori con un gesto politico di rottura».

Finito di pronunciare la frase, Sartini si toglie la giacca e la lascia cadere per terra, continuando a camminare verso la sede senza raccoglierla. Valerio lo guarda con aria interdetta e prova a indicargliela, ma viene freddato dallo sguardo del parlamentare che con la mano lo invita a continuare.

«Il mio partito, il Partito Democratico, ormai da molti anni non persegue più mezza idea, non ha più mezzo obiettivo, è solo una sommatoria di correnti che si contendono posti e nomine. Le donne sono emarginate e utilizzate solo come quote per riempire le caselle, i giovani sono la servitù dei capibastone. Persino noi che dovremmo rappresentarlo nelle istituzioni, ci chiediamo ogni giorno che senso abbia votarlo».

Su queste parole la faccia di Valerio si fa più preoccupata, fino a mostrare vero e proprio sconcerto quando il deputato si toglie prima la cravatta e poi la camicia, lasciandole cadere sull'asfalto di via del Corso. Ormai a torso nudo, Sartini comincia ad attirare l'attenzione di italiani e turisti, che iniziano anche loro a seguirlo riprendendolo con gli smartphone. Maria Grazia di La7 corre con la troupe a riprendere la scena, lo segue a stretto giro Andrea con le telecamere di SkyNews24; arrivano anche Lanfranco di Radio Radicale e i giornalisti di tutte le agenzie di stampa che ogni giorno informano il popolo su quello che avviene all'esterno e all'interno dei palazzi del potere. L'onorevole, che non si cura di nessuno, è ora al centro di piazza San Silvestro, e da lì continua il suo *j'accuse*.

«Diciamolo chiaramente: il Partito Democratico è stato un aborto politico. Un enorme contenitore senza contenuto utilizzato da gruppi di potere più o meno spregiudicati per le loro scalate. Quel poco che rimaneva della nostra comunità politica è stato annientato dal renzismo, da chi per arrivismo e ingordigia ha messo gli uni contro gli altri, lacerando rapporti umani e lasciando macerie. A questo proposito, consiglio a tutti di leggere il divertente libro *#RenziFaiSchifo* di una giovane scrittrice che si chiama Maria Elena Bianchi».

Mentre finisce la frase, Sartini toglie le scarpe, poi le calze, e inizia a slacciarsi la cinta. Valerio scuote la testa ma la sua reazione lascia del tutto indifferente il deputato che imbocca via del Pozzetto; ormai è a pochi passi da largo del Nazareno. A metà della strettoia che porta alla meta, si toglie i pantaloni rimanendo con degli improbabili boxer attillati con la scritta 'I love Molise' sul sedere e davanti, sul pacco, una cartina stilizzata della piccola Regione.

«E quelli dove cazzo li hai presi?»

«Li ho presi su Amazon, Valerio. Stupito eh?! Continua a riprendere e non distrarti, mi raccomando. Oggi scriviamo la storia».

«Ok ok...»

Ormai intorno al deputato si è formata una folla che lo segue, l'effetto è quello di un piccolo corteo improvvisato. Mentre si avvicina al Nazareno, i gestori dei bar e dei ristoranti escono insieme ai clienti, dalle finestre degli uffici decine di persone si affacciano per seguire la scena. C'è chi applaude, chi riprende col cellulare, chi grida all'uomo di rivestirsi.

«In questa legislatura abbiamo accettato qualsiasi cosa: penso al rifinanziamento della Guardia Costiera Libica, di quelle milizie criminali e corrotte che spediscono uomini, donne e bambini in dei lager dove patiscono la fame, la sete, le torture. Ci siamo piegati a un governo prima con i populisti del Movimento 5 Stelle, con quelli che ci chiamavano 'il partito di Bibbiano che toglie i bambini alle famiglie con l'elettroshock', e poi addirittura con la Lega. Siamo rimasti nel governo a fianco di coloro che hanno esultato per l'affossamento del DDL Zan, che hanno esultato sulla pelle delle persone discriminate, sulla pelle di chi subisce violenza di genere. Di Ius Soli non parliamo più perché non siamo in grado di spiegare alla parte meno istruita del popolo che dare la cittadinanza a chi nasce e studia in Italia non c'entra nulla con l'immigrazione clandestina, siamo psicologicamente succubi di quelle destre becere che utilizzano l'ignoranza per prendere voti!»

Sartini è ora davanti al Nazareno, intorno a lui una calca di giornalisti, fotografi, cittadini e turisti. Dalla sede esce di corsa Mario: il Ministro, fino a pochi minuti prima, era in riunione col segretario per decidere le nomine di una grande municipalizzata di Roma.

«Massimo, ma che cazzo fai?»

«Ciao Mario! È un po' che non ci si sente. Non per causa mia eh, sono settimane che provo a chiamarti ma... pare che tu mi abbia bloccato».

«Va bene, va bene, ora però entra dentro e parliamo!

Guarda che casino stai facendo! Vuoi farti espellere dal partito?»

«No Mario, oggi sono io a espellere, non un partito che non esiste».

«Ma che cazzo dici!?»

Arrivato davanti all'ingresso della sede, Massimo Sartini lascia cadere anche i boxer con la scritta 'I love Molise' sul sedere, restando completamente nudo e con il solo cappello di paglia in testa. Romana, giornalista dell'Agenzia Nova, si lascia sfuggire un entusiastico: «Anvedi che mazza l'onorevole Sartini!»

«Ora, care follower e cari follower, care compagne e cari compagni, care amiche e cari amici, per esprimere il mio profondo dissenso, depositerò la mia urina davanti alla sede del mio partito, il Partito Democratico. Che questo gesto estremo sia di monito per i dirigenti, per i militanti e per tutti i nostri elettori. È il momento di tornare a fare politica! *Torniamo a fare politica!*»

Così, nello stupore generale, Massimo Sartini fa la sua pisciata liberatoria davanti all'ingresso della sede nazionale del Partito Democratico. Mario, il capo della più potente corrente dem e Ministro di punta del governo, cade in ginocchio stremato, come atterrito da quel gesto. Giornalisti, turisti e curiosi si lasciano andare a un lungo applauso. La polizia, dopo aver avvolto il deputato con una coperta, lo allontana facendosi spazio tra i cronisti che cercano invano di estorcergli una dichiarazione. Valerio chiude la diretta e manda un comunicato stampa riportando tutti gli attacchi pronunciati da Sartini durante il tragitto e titolando: *PD, Sartini: 'Torniamo a fare politica'. E poi l'urina.* La scena passa subito su tutti i tg e sulle aperture di tutti i quotidiani online, italiani e stranieri. Poche ore dopo, con una nota, il Partito Democratico annuncia l'avvio di una procedura disciplinare contro Sartini, che ora rischia seriamente di essere espulso. Tuttavia, l'improvvida scelta della segreteria si rivela presto un boomerang. Nei giorni successivi, infatti, molti altri deputati, uomini e donne, replicano il gesto del collega umbro, denudandosi e trasformando l'ingresso della sede nazionale del loro partito in un orinatoio a cielo aperto al grido di: «*Torniamo a fare politica!*»

Walter Veltroni, sul *Corriere della Sera*, scrive un editoriale dal titolo *I sogni di una generazione affogati nell'urina.* Su *Libero*, un tagliente editoriale di Vittorio Feltri tuona *I comunisti scoprono la pioggia dorata.* Marco Travaglio esce sul *Fatto Quotidiano* con un ermetico *Barbapipì.* Urinare davanti al Nazareno diventa presto una specie di sport nazionale: cittadini giovani e meno giovani, anche senza denudarsi completamente, pisciano all'ingresso della sede urlando: «*Torniamo a fare politica!*» Arrivano anche influencer, cantanti, attori: tutti a replicare il gesto e la frase di Sartini. Le pattuglie di polizia e carabinieri non fermano nessuno, un po' per ragioni di sicurezza, un po' perché anche a loro viene comodo urinare lì, gridando l'ormai celebre frase; restano però chiusi nelle camionette perché ormai la puzza di piscio si sente lungo tutta la strada.

Dopo settimane di assedio, il segretario del Partito Democratico convoca una conferenza stampa in cui annuncia il ritiro delle azioni disciplinari contro Sartini e, al tempo stesso, la sua doppia nomina a responsabile nazionale degli affari regionali e membro della commissione parlamentare sul riordino delle Regioni italiane. Annuncia anche la convocazione di un congresso straordinario del partito. A fine conferenza, tra lo stupore generale, il leader dei dem si denuda, sale sul tavolo e urina davanti alle telecamere, pronunciando un «*Torniamo a fare politica!*» con tono pacato.

I flash dei fotografi che immortalano la storica scena ci riportano sul 30 notturno. Massimo Sartini ha già prenotato la fermata su viale Regina Margherita e si congeda affettuosamente da Benny il Matto.

«Mangiato cose buone l'onorevole ha».

«Già, Carla mi ha cucinato dei cavatelli fantastici! Domani le rispondo con gli spaghetti al rancetto, un piatto tipico delle mie parti. Ciao, compagno Benny! A presto, spero!»

Le porte del 30 notturno si aprono e l'onorevole scende, Benny lo segue con lo sguardo e lo saluta alzando il pugno sinistro. Lui accenna un sorriso e dopo essersi guardato intorno risponde con lo stesso gesto. Le porte si chiudono e il tram riparte verso quelle periferie dimenticate da una sinistra che ormai non sa più raggiungerle senza utilizzare il navigatore satellitare.

# L'idealista

*Il dosaggio dell'antibiotico*
*non lo decide il televoto.*

Roberto Burioni

Marco sale sul 30 notturno alla fermata di fronte alla Galleria Nazionale, dove si è da poco concluso un evento organizzato da alcune associazioni benefiche per finanziare la ricerca sulle malattie rare, quelle patologie che colpiscono non più di cinque persone su diecimila: le conosciute sono circa ottomila e chi ne soffre vive in una condizione di estrema difficoltà perché l'esiguo numero di casi ne rallenta incredibilmente la diagnosi e la cura.

Giovane uomo di quarantaquattro anni, fisico asciutto, qualche capello bianco e barba fintamente trascurata, Marco è decisamente un belloccio. Lavora come programmatore di siti web per una società di comunicazione. La sua libreria è piena di manuali di informatica e riviste, ma anche romanzi e raccolte di poesie. Decisamente imbranato, smanetta col suo telefono cercando il QR code del titolo di viaggio digitale acquistato con una app; lo tiene lì, a portata di click, nel caso salga un controllore, creatura leggendaria che ormai da molti anni non si vede più da queste parti.

Mentre le porte del tram si chiudono e sbattono l'una contro l'altra, le lampadine a incandescenza fanno il loro e ci portano a qualche anno prima, su una vecchia

Renault Clio grigio topo che corre su via Cristoforo Colombo, in un tardo pomeriggio di mezza estate. Marco e Sabrina, la sua compagna, tornano verso il centro, reduci da una domenica al mare.

«Sei il solito orso, potevamo anche restare a cena, siamo gli unici a essere andati via!»

«Lo so Sabri', ma domani mi devo svegliare presto, poi lo sai che col buio non mi fido a guida', mi si è abbassata la vista».

«Quant'è che ti dico di anda' dall'oculista?»

«Lo so, lo so, ma non c'ho mai tempo...»

«Il tempo si trova. Vabbe', che ce magnamo?»

«Cinese sotto casa?»

«E vabbe', però niente roba fritta che m'è venuta 'na panza orribile. Però mo' mi prometti che mercoledì andiamo al cinema che è uscito... *Attento!*»

La Renault Clio grigio topo colpisce in pieno il furgoncino Fiat Iveco che passa col rosso all'altezza del semaforo della tenuta del Presidente della Repubblica di Castel Fusano.

L'impatto è tremendo, ma l'airbag limita i danni e Marco esce stordito ma praticamente illeso dall'abitacolo. Sabrina, al contrario, viene trasportata al Policlinico Umberto I in condizioni disperate: resta in vita più per l'accanimento terapeutico dei medici che per reali possibilità di tornare a essere qualcosa di più di un vegetale. In un tema scolastico a traccia libera di qualche anno prima aveva scritto che se fosse finita in uno stato simile avrebbe voluto che la spina venisse staccata immediatamente, ma in un Paese dove la morale e le leggi sono ancora basate sulle vicende raccontate in dei celebri libri fantasy che narrano le avventure di un uomo con dei superpoteri e la sua ingiusta condanna a morte, dieci mesi attaccati alle macchine le sono inevitabili prima di poter essere libera di chiudere gli occhi per sempre.

Per quasi tutto il primo mese di ospedalizzazione non c'è giorno in cui Marco non vada a trovarla al suo capezzale, prosciugando tutte le sue ferie nella vana speranza che quegli occhi si aprano, che la sua Sabrina si svegli per rimproverarlo della sua ennesima disattenzione; ma dopo ventotto giorni gli si avvicina Sandro, il padre di Sabrina, seguito dallo sguardo minaccioso di Paola, la madre, che sembra telecomandarlo con la mente.

«Marco, dobbiamo parlare un attimo».

«Certo Sandro, dimmi pure».

«Io e Paola vorremmo che non venissi più...»

«Ma no, Sandro, a me non pesa stare qui! Mi sono preso anche le ferie a lavoro per esserci quando Sabrina si risveglierà...»

«Marco, ascolta: non credo che Sabrina si risveglierà, i medici sono stati molto chiari. La verità è che la tua presenza qui pesa a noi. Perdonaci ma ci fai ricordare il motivo per cui la nostra bambina è su quel letto attaccata a delle macchine. Cerca di capire, sei quasi un figlio per noi e non vogliamo colpevolizzarti, ma vorremmo che rispettassi il nostro dolore e non ti facessi vedere, almeno per ora. Poi col tempo, forse, passerà...»

Strana cosa il dolore, talvolta è una forma di vanità: ognuno coltiva il suo e raramente capisce e rispetta quello degli altri. Così Marco inizia a vivere nel suo immenso dolore chiudendosi in se stesso.

Per capire bene cosa ha distrutto quel terribile incidente, oltre a una vecchia Renault Clio grigio topo, bisogna tornare indietro di qualche anno. Marco e Sabrina si conoscono dai tempi del liceo, anche se la loro relazione inizia il primo anno di università: lei è iscritta alla facoltà di Giurisprudenza e lui a quella di Ingegneria, il primo bacio arriva dopo una rimpatriata con gli ex compagni del liceo Augusto e meno di un mese dopo vivono già sotto lo stesso tetto, in una casa sfitta di una anziana zia di lui, nel quartiere San Lorenzo, dove Marco abita ancora oggi. Per mantenersi fanno piccoli lavoretti che uniscono ai generosi aiuti dei loro genitori. Nella coppia, lei è decisamente la persona più razionale, lui quello più istintivo, quello che si lascia trasportare da qualsiasi cosa. Lui è quello che butta un sacco di soldi per comprare calendari, magliette, adesivi e cartoline con immagini di gattini e cagnolini per finanziare la Lega dei Muratori Antivivisezionisti Astemi (LMAA); lei è quella che va a scoprire che dietro quella strana sigla si nasconde una società a responsabilità limitata che vende calendari, magliette, adesivi e cartoline, e che l'unico animale accudito dalle donazioni di Marco e di altri ingenui suo pari è l'insopportabile chihuahua della padrona dell'azienda.

Conoscono la donna, una sessantenne sovrappeso coi capelli rosso fuoco e il piccolo cane molesto, un venerdì pomeriggio: Sabrina è riuscita a risalire all'indirizzo della sede da cui vengono smistati i materiali, venduti per strada da ragazzini sottopagati a cui viene fatto credere di essere dei volontari a rimborso spese. La location più ambita per andare a vendere gli stampati – che secondo un copione scritto da un emulo di Massimo Gramellini votato al marketing finanziano un rifugio per cani abbandonati gestito dalle mogli dei muratori astemi – è la Festa dell'Unità che si svolge all'ex mattatoio, a Testaccio: si sa, i 'compagni' sono molto sensibili quando in gioco c'è il destino di coccolosi *pet.* I giovani sfruttati possono trattenere il 10% di ogni pezzo venduto, una miseria: però vengono 'accoppiati' in modo sapiente, ovvero in modo tale che la voglia di copulare tra loro mandi in sordina la paga da fame.

Clarissa, questo il nome della sfruttatrice, vedendo Marco e Sabrina entrare nella grande sala da cui partono le 'spedizioni' quotidiane, li scambia per due aspiranti volontari ed è già pronta a munirli di pettorina bianca con faccia di Pluto (stampata di colore azzurro per non dover pagare i diritti alla Disney). A chiarire le cose ci pensa però Sabrina, che davanti a Marco e ai ragazzi pronti a partire per vendere calendari, magliette, adesivi e cartoline, inizia a urlare ai quattro venti la verità, una verità che in cuor loro tutti conoscono ma che nessuno ha il coraggio di ammettere, neanche a se stesso.

«Buonasera, signora Clarissa, mi chiamo Sabrina. Possiamo parlare un attimo?»

«Ciao Sabrina, certo che possiamo parlare. Sei qui con il tuo amico per aiutarci in questa opera di bene? Tanti nostri piccoli amici pelosetti hanno bisogno di bravi ragazzi come voi!»

«No signora, sono qui per parlare di una truffa!»

«Una truffa!? Spiegati, che è successo!?»

«È successo, ad esempio, che non c'è nessun rifugio per cuccioli abbandonati e che probabilmente in tutto l'Occidente non esistono muratori astemi!»

«Signorina, lei ci sta diffamando, sa che la potrei denunciare per quello che sta dicendo?!»

«Prego signora, mi denunci pure! Ma poi dovrà spiegare in un processo come mai suo cognato tipografo, che le stampa i materiali che fa vendere a questi ragazzi in mezzo alla strada, mi ha detto esattamente quello che le sto dicendo ora...»

«Ma lui non sa nulla, stampa e basta...»

«Bene, allora mi dica dove si trova il famoso rifugio,

così andrò a vedere con i miei occhi come vengono spesi i soldi donati dalle persone. Se ho torto verrò a scusarmi pubblicamente».

«Mi dispiace ma le mogli dei muratori astemi tengono alla loro privacy e non posso darle questa informazione».

«Ma che strano: pubblicizzate un rifugio per animali in cui è possibile richiedere di adottare i cuccioli e poi non dite alle persone dove si trova...»

«È così, noi facciamo da intermediari tra le mogli che accudiscono i cuccioli e chi li adotta».

«E come mai a chi vi chiede informazioni sulle adozioni girate il numero di telefono del canile comunale?!»

«Be', perché non sempre ci sono cuccioli nel rifugio gestito da noi...»

«Quindi ricapitoliamo: c'è un rifugio situato in un luogo top secret dove le mogli dei muratori astemi accudiscono cuccioli che non esistono?»

«Guardi, non devo dare spiegazioni a lei!»

«E a chi dovrebbe darle queste spiegazioni? Alle persone che fregate per la strada con la storia del rifugio? O magari a questi ragazzi che pensano di fare qualcosa di buono e invece portano soldi nel suo conto in banca?»

«Non le permetto di dire questo!»

«E va bene, allora mi mostri il bilancio della società o un estratto conto: ci saranno le donazioni a questo fantomatico rifugio...»

«Io non le devo mostrare proprio nulla! Se ne vada prima che chiami i carabinieri!»

«Li chiami, li chiami. Noi aspettiamo qua così ci parliamo tutti insieme».

Mentre Sabrina grida contro la pseudo-imprenditrice nella grande stanza, l'insopportabile chihuahua le abbaia contro e Marco – già turbato dall'aver scoperto che non esistono impiegati nell'edilizia che non fanno uso di alcol – frena a fatica l'istinto di annientarlo con un calcio ben piazzato. Le due arrivano quasi alle mani, ma è proprio Marco a convincere la compagna a non passare dalla parte del torto. L'accesa discussione si conclude con i due fidanzati che se ne vanno e con minacce reciproche di denunce alle autorità. Insieme a loro, vanno via i due terzi dei ragazzi sfruttati, gettando per terra le pettorine con il Pluto fasullo e minacciando a loro volta di denunciare la donna.

Usciti dall'edificio, Sabrina prende la mano di Marco, che cammina con lo sguardo basso; il ragazzo è visibilmente umiliato, ma d'un tratto la sua espressione cambia e il suo sorriso accennato lascia intendere un'intuizione: fa salire la fidanzata sulla vecchia Renault Clio grigio topo e la porta a largo Argentina, nella colonia felina più famosa di Roma, un luogo incredibile in cui dei veri volontari accudiscono gatti randagi che scorrazzano indisturbati tra i resti di quattro templi romani risalenti all'età repubblicana, attirando la curiosità di romani e turisti. Lì adottano Gastone, un gattino grigio di pochi mesi.

Non si è mai saputo chi, nei giorni seguenti, abbia segnalato alla Guardia di Finanza la truffaldina attività della signora Clarissa, quello che sappiamo è che due settimane più tardi i militari entrano in quella grande stanza e cancellano per sempre la storia del rifugio per cuccioli abbandonati gestito dalle mogli dei muratori astemi.

La storia viene ripresa dai giornali e Marco, leggendo sul letto uno degli articoli prima di coricarsi insieme a Sabrina, prova per l'ennesima volta a giustificare la sua goffa figura.

«Però era pensata bene, dai: non sono l'unico a esserci

cascato. Quella criminale aveva un giro d'affari di mezzo milione di euro l'anno».

«Non era così difficile andare a verificare. Io ci ho messo meno di due giorni a scoprire che non c'era nessun rifugio».

«Va bene, sono una pippa, mi fregheranno sempre...»

«Non dire così! Devi solo essere un po' meno ingenuo. Purtroppo c'è chi si approfitta della bontà delle persone come te, ma la bontà resta pur sempre una cosa rara e preziosa. Non starei con te se non fossi la persona che mi ha fatto scoprire come può essere bello passare l'ultimo dell'anno alla mensa della Caritas».

«Ricordi come ti sei arrabbiata quando te l'ho proposto la prima volta?»

«Certo, ma ricordo soprattutto come è stato bello scoprire di avere torto».

Marco e Sabrina sono questo: un idealista che ogni tanto ha bisogno di essere piantato con i piedi per terra e una pragmatica che ogni tanto ha bisogno di volare. I loro genitori ormai da tempo discutono del più scontato degli sbocchi della loro storia: un bel matrimonio in chiesa con tanti invitati in una villa sull'Appia Antica. Le due famiglie, fedeli alla loro natura, già fanno i conti sui costi dei coperti del ristorante, del fotografo, dei fiori, dei vestiti degli sposi, delle fedi; ma soprattutto concentrano le energie mentali su cosa consigliare ai due promessi per la lista di nozze. La *middle class* ha un innato istinto di sopravvivenza: riesce quasi sempre a non soccombere alle calamità, che si manifestino sotto forma di crisi economiche, di pandemie o di matrimoni.

Marco e Sabrina sono felici e spensierati, ma nessuno dei due in quei giorni può immaginare che la vita non è sempre lineare, che non viaggia sui binari di un vecchio tram e che talvolta i sogni si possono trasformare in terribili incubi. La morte di Sabrina trascina Marco in una specie di baratro: l'idealista si chiude in un mondo tutto suo in cui da una parte cerca disperatamente la sua metà, dall'altra si ritrova senza difese in un recinto pieno di venditrici di cartoline di cuccioli e truffatori di ogni tipo. Comincia a frequentare tantissime donne, ne incontra anche più di una nello stesso giorno, ma le sue brevi relazioni nascono già finite, perché in ogni persona che avvicina cerca lei, senza ovviamente trovarla. E così cerca ancora, in maniera sempre più ossessiva, incrociando sguardi e baciando centinaia di labbra diverse come in una caccia senza fine. Mentre fa sesso con loro pensa intensamente a Sabrina, ma finito quel momento di passione artificiale, torna ad abbracciare il cuscino su cui un tempo poggiava la testa quella donna che non c'è più, quella ragazza ibernata nella sua memoria che immagina ogni notte addormentarsi al suo fianco.

Con l'avvento dei social network, in lui si radicalizza sempre più un sentimento di rifiuto verso le autorità, verso i giornali e i giornalisti (i 'giornalai' come vengono definiti sulle chat Telegram complottiste a cui si iscrive) e soprattutto verso la scienza 'colpevole' di aver lasciato morire Sabrina. L'idealista passa ore davanti al suo smartphone alternando app di dating a video dove si raccontano storie ridicole spacciate per notizie. Attraverso un lineare percorso di rincoglionimento che dura diversi anni, entra in contatto con i canali delle teorie del complotto di Qanon, la setta digitale che diffonde bufale in tutto il pianeta. In rapida successione inizia a credere che la Terra sia piatta, che il Covid non sia mai esistito, che Donald Trump abbia vinto le elezioni contro Joe Biden, che Michelle Obama sia un transessuale sotto mentite spoglie, che il mondo intero sia governato da una setta di vampiri pedofili guidati da Hillary Clinton e George Soros, che gli affiliati alla suddetta setta di vampiri pedofili rubino bambini in tutti gli Stati e li trasportino chissà dove con dei treni che viaggiano a velocità supersonica attraverso una rete di gallerie sotterranee. Marco diventa vegano e, naturalmente, no vax: crede che il vaccino anti-Covid sia un siero sperimentale genico prodotto da Bill Gates e che al suo interno ci sia un microchip collegato alla rete 5G in grado di prendere il controllo dei corpi e delle menti di quelli che chiama 'inoculati'. L'obiettivo? Farli sfruttare a piacimento dal 'creatore' (Bill Gates...) che poi, con un semplice click, può decidere di farli esplodere alzando all'inverosimile la loro temperatura corporea.

Dopo l'ennesimo decreto del governo con le restrizioni per i non vaccinati, Marco cerca invano di acquistare un super green pass su una chat di spacciatori di certificati falsi con sede fisica in una villetta nelle campagne di Caianello: cinquecentocinquanta euro per poter andare ovunque senza doversi vaccinare. Ovviamente cade vittima dell'ennesima truffa: quando prova a entrare in un ristorante vegetariano all'Ostiense, il QR code del suo certificato linka a una pagina web con un enorme 'MINCHIONE' scritto in carattere Impact corpo settantadue. La chat di Telegram che frequenta più assiduamente è quella dei 'guerrieri ViVi', un gruppo di disagiati che hanno come riferimento culturale il film *V per vendetta.* Oltre a partecipare alle assai poco frequentate manifestazioni no vax e no green pass organizzate nelle varie città, i 'guerrieri ViVi' pensano di essere una specie di gruppo paramilitare virtuale e combattono una guerra immaginaria contro i vaccini e i governi del cosiddetto ‘nuovo ordine mondiale’. Armati di bombolette di vernice spray di colore rosso, vanno a imbrattare i gazebo dei centri vaccinali e i muri di ambulatori e ospedali con frasi deliranti, mentre in rete organizzano vere e proprie shitstorm contro politici, giornalisti e personaggi di vario tipo, colpevoli, a loro dire, di fare propaganda pro vax.

Ogni lunedì sera gli iscritti alla chat Telegram dei ‘guerrieri ViVi’ possono partecipare a una call collettiva per scambiarsi informazioni e opinioni. Marco non se ne perde una: alle ventuno in punto collega il suo smartphone (lui sì, collegato al 5G...) alle casse wi-fi, si siede sul divano di fianco a Gastone ormai diventato adulto (che lo guarda allibito) e aspetta che parta la delirante discussione. In realtà non condivide proprio tutte le minchiate colossali che vengono dette dai personaggi che intervengono durante la call, ma dopo anni passati in solitudine (dopo la morte di Sabrina ha tagliato i ponti con quasi tutti i loro amici comuni) vede in quel gruppo che unisce gli scemi del villaggio di tutto lo stivale una compagnia sempre più imprescindibile.

Tutte le chat dei gruppi no vax, compresa quella dei ‘ViVi’, sono su Telegram: il motivo? Rispetto a WhatsApp, consente all’utente di nascondere il suo numero di telefono e di utilizzare un nickname, risultando quindi anonimo. C’è da dire che non tutti ci riescono e quindi in mezzo a soprannomi e nomignoli capita spesso di trovare nomi e cognomi reali con tanto di numero di telefono del pirla convinto di non essere riconoscibile. Il nickname di Marco è @Idealista78, per scelta ha lasciato una sua foto reale come immagine del profilo. Forse inconsciamente spera un giorno di ricevere un messaggio privato da Sabrina in versione ‘guerriera ViVi’.

Dopo qualche minuto di attesa, parte la call.

@Idealista78: ‘Buonasera a tutti! Ben trovati’.

@BrucoInErezione: ‘Buonasera a te, Idealista’.

@Fatina86: ‘Ciao BELLISSIMOOOOO!’

@SaraNOGREENPASS: ‘Ciao!’

@DaniloToninelli: ‘Buonasera amici, come va?’

@InoculaStaMinchia: ‘Buonasera a lei, onorevole Toninelli, benvenuto tra noi!’

@DaniloToninelli: ‘Ci deve essere un errore, io sono Ricciolo1974...’

@InoculaStaMinchia: ‘Veramente io mentre lei parla leggo il nome Danilo Toninelli. Siamo felici che combatta insieme e noi, onorevole!’

+++ *@DaniloToninelli è uscito dal gruppo* +++

@SaraNOGREENPASS: ‘Eccoli qua i nostri rappresentanti, tutti cuor di leoni!’

@InoculaStaMinchia: ‘Che delusione...’

@Fatina86: ‘Però dai, restituiscono i soldi dello stipendio’.

@DuceAquilotto: ‘Se vabbe’! Restituiscono du’ spicci ’ste merde’.

@Idealista78: ‘Meglio perderli che trovarli, Roma dopo cinque anni di Virginia Raggi sembra Beirut...’

+++ *@Ricciolo1974 è entrato nel gruppo* +++

@BrucoInErezione: ‘Qui qualcuno ci percula...’

@SaraNOGREENPASS: ‘Ciao onorevole! Bentornato!’

@Idealista78: ‘Dani’, non è che se rientri col nickname ci dimentichiamo chi sei...’

@InoculaStaMinchia: ‘È arrivato il genio... pensa te... questo era pure Ministro... a scemoooo!’

+++ *@Ricciolo1974 è uscito dal gruppo* +++

@DuceAquilotto: ‘Quanto se caca sotto questo hahahahaha!’

@InoculaStaMinchia: 'Dai, lasciamolo perdere e cominciamo, che se no si fa tardi, alle dieci oggi si deve chiudere, non dobbiamo sforare di un minuto'.

@Idealista78: 'Come va da voi? Io per fortuna lavoro da casa ma non posso andare da nessuna parte. Ho provato a prendere una tessera nazi vax da @Patato54 sulla chat dove ci ha invitato ma è una truffa, anzi: Inocula, ti chiedo di bloccarlo!'

@InoculaStaMinchia: 'È già uscito il criminale, l'ho comprato anche io, lasciamo stare...'

@Fatina86: «Ragazzi, ieri un'amica intima di mia cugina ha partorito un bambino negro, loro sono tutti e due bianchissimi! Era stata inoculata tre volte con il maledetto siero...'

@InoculaStaMinchia: 'Maledetti! Le pagheranno tutte!'

@Idealista78: 'Speriamo che non sia malato, il colore della pelle non è un problema in fondo...'

@DuceAquilotto: 'Ma che stai a di'! Hai sentito che ha detto!? Ha spurgato un negro de merda!'

@Idealista78: 'Ti prego di non essere razzista...'

@BrucoInErezione: 'Secondo me s'è fatta inoculare da Astra Senegal hahahahaha!'

@DuceAquilotto: 'Facile hahahahaha!'

@Fatina86: 'Siete insensibili, per loro è un dramma! Non sapranno come spiegarlo alla gente...'

@InoculaStaMinchia: 'Comunque, ragazzi, dobbiamo organizzarci. Tra poco lo sperma di noi non punturati sarà molto richiesto: loro stanno diventando tutti sterili e quando riescono a fare figli hanno malformazioni come quello dell'amica di @Fatina86...'

@Fatina86: 'Inocula non è una mia amica, è un'amica intima di mia cugina'.

@InoculaStaMinchia: 'Scusa fatina, avevo capito male'.

@Idealista78: 'Scusa Inocula dov'è la malformazione?!'

@DuceAquilotto: 'È NEGROOOOOO!'

@InoculaStaMinchia: 'Idealista, vabbe' hai capito: malformazioni, cose strane... Sta di fatto che dobbiamo organizzarci per vendere il nostro seme coi bitcoin: a breve lo vorranno tutti e i prezzi saliranno alle stelle!'

@BrucoInErezione: 'Io ho cominciato, lo tengo nel congelatore di casa...'

@Fatina86: 'Scusa Bruco, come fai?'

@SaraNOGREENPASS: 'Ecco, dicci che ci interessa a tutti...'

@BrucoInErezione: 'E niente, lo metto prima in un bicchiere di vetro sterilizzato e poi lo verso dentro le confezioni di plastica delle sorprese degli ovetti Kinder, avete presente? Ovviamente prima le lavo con l'amuchina'.

@InoculaStaMinchia: 'Bruco, sicuro che funziona?'

@Fatina86: 'C'era un video del dottor Ludvic, allievo del grande Montagnier, che spiegava come conservare lo sperma di noi puri, era su YouTube ma poi l'hanno censurato...'

@BrucoInErezione: 'Rega', secondo me funziona'.

@Idealista78: 'Secondo me no. Con tutti questi passaggi gli spermatozoi muoiono'.

@BrucoInErezione: 'Vabbe', ma prima di usarlo per produrre bambini sani lo rianimano, ti pare che non hanno le tecnologie per farlo?'

@DuceAquilotto: 'Aò! Alle brutte lo metti nella cacio e pepe de qualcuno che te sta sur cazzo! Hahahahaha!'

@Fatina86: 'Hahahahahaha!'

@InoculaStaMinchia: 'Hahahahahaha!'

@Idealista78: 'Hahahahahaha!'

@SaraNOGREENPASS: 'Hahahahahaha!'

@BrucoInErezione: ‘Hahahahahaha!’

@InoculaStaMinchia: ‘Ragazzi, parliamo di cose serie, bisogna inondare la rete con la faccia di Genny, l’hanno ammazzata con il siero magico, aveva solo ventinove anni!’

@Fatina86: ‘L’ho vista! Ora hanno convinto il padre a dire che non c’è nessuna correlazione… Che merde! Chissà quanto hanno pagato quel pover’uomo…’

@BrucoInErezione: ‘Sono delle merde, mi fanno schifo! La devono pagare!’

@InoculaStaMinchia: ‘Presto ci sarà Norimberga due e finiranno tutti alla sbarra: virologi, politici, giornalai. Tutti!’

@SaraNOGREENPASS: ‘Io ho già spammato la faccia di Genny su un sacco di pagine, dopo continuo’.

@Idealista78: ‘Scusate però ho notato una cosa: Genny è morta nell’autunno del 2020, i vaccini ancora non c’erano in realtà… Forse quello che dice il povero padre non è sbagliato, forse aveva problemi cardiaci sul serio…’

@InoculaStaMinchia: ‘Idealista, ma non è così: sappiamo da fonti certe, da gente che la conosceva, che è morta poche settimane fa ed era inoculata con tre dosi’.

@SaraNOGREENPASS: ‘Idealista, svegliaaaaa!’

@Molly_90_60_90: ‘Scusate, intervengo per dire che Genny la conosceva un amico di mio zio che vive a Biella, l’hanno uccisa col siero di merda! Sicuro al cento per cento’.

@Idealista78: ‘Va bene, se me lo dite voi ci credo: certo se riescono pure a cambiare la data di morte di una persona ormai possono fare tutto…’

@InoculaStaMinchia: ‘È per questo che dobbiamo combattere, Idealista!’

@AirStudio_Catania: ‘Confermo anche io, la ragazza di Biella è stata ammazzata dai nazi vax!’

@BrucoInErezione: ‘Ehi, mi raccomando stasera tutti sulla pagina di quel giornalaio di Mentana. Abbiamo già il testo?’

@SaraNOGREENPASS: ‘Sì, l’ho scritto io, ora ve lo giro, fate copia-incolla anche dieci volte di seguito, se Facebook vi blocca perché sono commenti identici mettete qualche spazio che lo prende’.

@InoculaStaMinchia: ‘Ok, perfetto Sara. Ragazze e ragazzi, per stasera chiudiamo qui. A lunedì prossimo, sperando di essere di più!’

@Fatina86: ‘Sì, speriamo. Ciao!’

@Idealista78: ‘Ciao a tutti!’

@SaraNOGREENPASS: ‘Ciao! Buona serata!’

@BrucoInErezione: ‘Ciao belli!’

@DuceAquilotto: ‘Daje!’

+++ *@Ricciolo1974 è entrato nel gruppo* +++

@Ricciolo1974: ‘Perdonatemi, un’informazione: avete per caso il numero di telefono di @Patato54? Ho comprato una cosa da lui ma non funziona... Qualcuno lo conosce per caso?’

+++ *@InoculaStaMinchia ha bloccato @Ricciolo1974* +++.

Finita la call, Marco scorre la chat del gruppo per copiare il testo da incollare sotto i post di Facebook e Instagram del noto giornalista. Anche lui, come tutti i ‘guerrieri ViVi’, ha diversi profili falsi con il simbolo dell’esercito virtuale (due W sovrapposte all’interno di un cerchio) con cui inonda le pagine dei ‘nemici’ di commenti fotocopia. In questo caso, Mentana viene attaccato per aver diffuso un’intervista al padre di Genny, una giovane maestra morta per problemi cardiaci, in cui il pover’uomo attacca i no vax per aver strumentalizzato la morte della figlia facendo circolare la menzogna che sia stata uccisa dal vaccino, malgrado la sua morte fosse precedente all'inizio della campagna vaccinale. Il direttore del tg di La7 è particolarmente odiato dai 'guerrieri ViVi' per aver dato degli imbecilli a degli imbecilli che a Como hanno imbrattato un'ambulanza con la scritta 'il vax uccide'. Questo il testo lasciato da @SaraNOGREENPASS sulla chat Telegram dei ViVi:

'IMBECILLE BUGIARDO DI UN NAZISTA CHE NON SEI ALTRO MANIPOLATORE CRIMINALE VIOLATORE DEI DIRITTI ALTRUI. ESCREMENTO PSICOPATICO COLLABORAZIONISTA DEL NUOVO NAZISMO SANITARIO. BUFFONE DECEREBRATO TUTTI DEVONO SAPERE CHE SIETE PERSONE MESCHINE PUTRIDE DENTRO. TUTTI DEVONO SAPERE COME VOI NAZISTI SIETE CAPACI DI DIRE COSE ALLUCINANTI COME FAI TU. TU SEI PRONTO PER ESSERE IL NUOVO Reinhard Heydrich, QUELLO SEI TU! ESCREMENTO UMANO CHE NON SEI ALTRO FAI SOLO VEDERE IL TUO IMMONDO LIVELLO INUMANO DI MANCANZA DI RISPETTO PER LA VITA E LE SCELTE ALTRUI. SEI UNA MERDA NAZISTA!'

Il nome e il cognome del gerarca nazista e capo delle SS, uniche parole del testo a non essere in stampatello, suggeriscono la ricerca su Google fatta da Sara utilizzando le parole chiave 'nazista + cattivissimo'. Marco copia il testo e va con i suoi profili fake a spammarlo sulla pagina del giornalista senza cambiare una virgola: o meglio, senza aggiungerla, visto che non ce n'è neanche una. Dopo un'ora ha finito e guarda soddisfatto lo schermo del suo smartphone collegato al 5G: almeno ottanta commenti sotto i post dell'odiato giornalista provengono dai suoi profili. Finita la battaglia, legge compiaciuto le esultanze dei combattenti virtuali, felici di aver avuto la loro piccola vittoria. Ovviamente per vittoria intendono la shitstorm riuscita, poco importa che tempo poche ore i vari profili fake verranno bloccati e i commenti cancellati: a loro insindacabile giudizio è stato un successo.

Scorrendo, @Idealista78 legge un messaggio di una certa @Marta79_RM. La segue da tempo, anche lei utilizza una sua foto come immagine del profilo, foto a cui ha aggiunto in basso a destra il logo dei 'Guerrieri ViVi', proprio come ha fatto lui. @Marta79_RM somiglia incredibilmente a Sabrina, non interviene mai nelle call ma è molto attiva sulla chat testuale, dove linka articoli di Byoblu, un noto sito che diffonde fake news e altri della variegata galassia no vax. Il link postato dalla giovane donna in mezzo ai festeggiamenti per la shitstorm a Mentana porta a un video del canale YouTube 'Dentro la notizia', una pagina gestita da affiliati italiani della setta Qanon che traducono malamente i servizi già deliranti postati sui canali internazionali mettendoci dentro richiami a presunti fatti che riguardano l'Italia per ingolosire l'analfabeta funzionale nostrano. Nel video postato da @Marta79_RM, immagini dell'ex Presidente USA e di altri sconosciuti ai più:

*Sono tempi duri: tra vaccinazioni di massa e green pass per poter fare l'apericena al chiuso quando fuori piove, il Nuovo Ordine Mondiale ci sta facendo decisamente il culo: ogni giorno dobbiamo fare i conti con nuove defezioni, con sorelle e fratelli che cedono allo spritz, al concerto di Max Pezzali, alla cena con la suocera alla trattoria sotto casa. I nostri rappresentanti politici cadono come foglie sotto i colpi della campagna vaccinale orchestrata dal terribile generale col pennacchio. Dopo l'ex dj del Papeete Beach, che per brevità chiameremo Capitan Coniglio Cheerleader, che si è fatto inoculare il temuto 'siero sperimentale al 5G' per poter andare a mangiare un sauté di cozze e vongole, anche la sua nemica e alleata ha ceduto al fascino indiscreto dell'ago nel braccio. Ora anche il loro* DNA *è compromesso per sempre, sono dei 'punturtati' ed emettono pericolose radiazioni. A rappresentare noi illuminati sono rimasti la deputata Sara Cunial e soprattutto un consigliere regionale del Lazio, Davide Barillari* (uno che se dovesse cadere un meteorite sulla Terra si proteggerebbe mettendo un casco, ndr). *Quanto all'ex Presidente* USA*, il grande condottiero Donald Trump, il suo contributo alla nostra lotta in questo momento sembra molto più teorico che pratico: in questi giorni sarebbe stato avvistato a ricaricarsi nella classica posa volgarmente definita dagli infedeli 'palle all'aria', in una segretissima località protetta da migliaia di soldati scelti pronti a entrare in azione a un suo comando; un comando che però tarda ad arrivare perché il grande combattente è atteso sul Tavoliere delle Puglie per una degustazione di lampascioni e orecchiette alle cime di rapa. Lui, che ha risvegliato lo spirito del guerriero nei popoli del mondo insieme all'amico e alleato Putin, è pronto a tornare in azione dopo il meritato riposo: quando avrà finito i suoi ristori, metterà fine all'ormai noto traffico di bambini nei sotterranei del Getty Museum di Los Angeles, distruggendo il sistema di treni a levitazione magnetica che utilizzano la tecnologia del vuoto con cui vengono trasportati gli infanti. E poi si occuperà del terribile super green pass, che altro non è che il 'marchio della bestia', come è chiaramente scritto nel libro dell'Apocalisse; leggere per credere: 'Inoltre obbligò tutti, piccoli e grandi, ricchi e poveri, liberi e schiavi, a farsi mettere un marchio sulla mano destra o sulla fronte. Nessuno poteva comprare o vendere se non portava il marchio, cioè il nome della bestia o il numero che corrisponde al suo nome. Qui sta la sapienza! Chi ha intelligenza, calcoli il numero della bestia, perché è un numero d'uomo; e il suo numero è seicentosessantasei!' Insomma, come era chiaro a tutti noi illuminati, il green pass è il pass per l'inferno ed è possibile averlo solo con il* DNA *modificato dal vaccino e portando in noi* *il marchio della bestia. In molti sono caduti nell'inganno, ma non la signora Carmela da Santa Maria Capua Vetere, che dalla sua residenza estiva di Baia Domizia aspetta solo il segnale di Trump per scatenare il kraken, l'arma finale che farà trionfare la luce e vedrà soccombere i signori dell'oscurità che mettono la mozzarella di bufala nel frigorifero.*

Marco guarda il video, la sua espressione è tra l'indignato e il perplesso. È tentato di scrivere a @Marta79_RM per chiederle delucidazioni sul kraken di Trump e sulla signora Carmela da Santa Maria Capua Vetere, ma teme che farsi vivo a tarda sera possa essere sconveniente. Dopo molto tempo sente dentro di sé una tensione, un afflato, e non vuole rovinare tutto agendo troppo d'istinto. Decide così di lasciare solo un messaggio sulla chat comune.

@Idealista78: 'Grazie Marta, davvero molto interessante!'

@Marta79_RM: 'Prego Idealista, mi fa piacere che ti sia piaciuto, è illuminante!'

La risposta di @Marta79_RM fa illuminare gli occhi di Marco: ora ha un appiglio per poterle scrivere in privato e rompere il ghiaccio sfruttando gli argomenti del video del canale 'Dentro la notizia'. Decide di aspettare comunque il giorno seguente, per contattarla in un orario meno compromettente.

Tuttavia, la mattina dopo la sua mente è altrove. È il giorno dell'anniversario della morte della sua amata e lui, dopo qualche ora di lavoro, esce a piedi verso il Verano dove c'è la cappella di famiglia della sua ex compagna. Quando arriva, vede in lontananza i genitori di Sabrina a testa china davanti alla lapide e aspetta da lontano che i due vadano via. Dopo circa un quarto d'ora quelli che sarebbero dovuti essere i suoi suoceri si allontanano lentamente restando abbracciati. Sandro, che con la coda dell'occhio ha notato la presenza di Marco, si gira verso di lui e con un sorriso accennato muove la testa in direzione della cappella, come a dire: 'Vai, è il tuo turno'. Così, a passo lento, il giovane uomo arriva di fronte alla tomba della sua promessa sposa restando lì per oltre un'ora. Malgrado gli anni, il dolore è ancora potente e le lacrime continuano a scendere copiose sul suo viso.

La sua triste contemplazione viene interrotta da una notifica sul suo cellulare, è @Marta79_RM che gli ha inviato un messaggio privato su Telegram. Marco osserva l'inaspettato avviso comparso sullo schermo luminoso e non vede l'ora di leggere il messaggio, ma qualcosa lo blocca e quel qualcosa è Sabrina, che riposa lì, davanti a lui. Prima di sbloccare il telefono alza lo sguardo verso la lapide, quasi a chiedere un segno, un gesto d'approvazione. Ironia della sorte, accade qualcosa: nell'aiuola a pochi metri dalla tomba, un'anziana 'grattara' lascia carne in scatola per i tanti gatti del cimitero. I felini sbucano a decine da ogni anfratto, corrono tra lapidi e cripte per aggiudicarsi la loro quotidiana razione. A Marco quella scena ricorda quel giorno alla colonia felina di largo Argentina, dove anni prima adottò Gastone insieme a Sabrina: per lui quello è il segno che aspettava, perché ovviamente crede anche alla Cabala. Apre così il messaggio di @Marta79_RM senza sentire rimorso.

@Marta79_RM: 'Ciao! Tu sei di Roma, vero? Ci vieni sabato alla manifestazione?'

@Idealista78: 'Ciao Marta! A dire il vero non prevedevo di andarci, non sono una persona molto socievole (emoticon con faccina sorridente e goccia di sudore che scende)'.

@Marta79_RM: 'Dai, vieni, da sola non mi va di andarci e mi sa che della chat non ci sarà nessuno!'

@Idealista78: 'Va bene, dai, vengo... ci vediamo lì al Circo Massimo?'

@Marta79_RM: 'Ok! Tu sei quello della foto, vero? Io ho cambiato la tinta ai capelli e non so se mi riconoscerai...'

@Idealista78: 'Sì sono come mi vedi, a questo punto ti dico anche il mio nome, mi chiamo Marco'.

@Marta79_RM: 'Perfetto Marco, io sono Marta come nel nickname, ci vediamo sabato alle quindici davanti al ristorante, ché nel Circo Massimo saremo un milione e sarebbe impossibile beccarci'.

@Idealista78: 'Ottimo! A sabato allora!'

@Marta79_RM: 'Ciao! (emoticon con bacio e cuoricino)'.

Marco chiude Telegram raggiante, sa che per tre giorni penserà solo all'incontro con Marta. Prima di lasciare il cimitero manda un ultimo sguardo alla tomba di Sabrina, i gatti hanno finito di mangiare e sono già tornati a vegliare sui defunti.

Il sabato seguente, come da accordi, è all'entrata del ristorante davanti al Circo Massimo, in trepidante attesa sotto un tiepido sole di maggio. Quasi non gli interessa che in piazza ci siano poche decine di invasati controllati a vista da centinaia di agenti in divisa antisommossa e che la manifestazione contro i vaccini e il green pass sia un clamoroso flop; a lui interessa solo incontrare Marta. I minuti passano e la giovane donna tarda ad arrivare: alle quindici e dieci, Marco prende coraggio e apre la chat privata per avere notizie, ma il suo gesto viene interrotto da una voce spezzata dal fiatone.

«Eccomi! Perdonami per il ritardo ma stavo discutendo con un agente che mi diceva di mettermi la museruola. Piacere, Marta».

«Tranquilla, lo vedo, rompono il cazzo per le mascherine, se ne approfittano perché tanta gente è stata bloccata e non è potuta arrivare in piazza»

«È vero, dovevamo essere più di un milione, guarda qua! Che merda di dittatura! Ma la pagheranno, arriverà Norimberga due prima o poi!»

«Dai, facciamoci un selfie e diciamo agli altri che siamo qui, così facciamo sentire in colpa quelli che sono rimasti in poltrona».

«No Marco, evitiamo, con il riconoscimento facciale le nostre foto possono finire nelle mani del governo, rischiamo di essere controllati a vita e se metteranno il siero di merda obbligatorio potranno venirci a inoculare a casa con la forza».

«Hai ragione, non ci avevo pensato...»

I due fanno un giro per la minuscola manifestazione e poi iniziano a passeggiare. Marta racconta a Marco decine di storie di reazioni avverse ai vaccini, gli mostra video di persone colte da attacchi epilettici a suo dire successivi alla vaccinazione. Lui guarda interessato e risponde con altri video presi dalle varie chat complottiste, ma la donna ha un archivio nettamente più vasto e articolato. Convengono sull'esigenza di rovesciare il 'nuovo ordine mondiale', discutono di come convincere i popoli della Terra a ribellarsi alla dittatura sanitaria. Arriva ora di cena ed entrambi iniziano ad avere fame, ma c'è un piccolo problema: non avendo il green pass non possono entrare in nessun ristorante. Con un po' di timore, Marco propone a Marta di andare da lui, avvertendola che il menu offerto dalla casa sono delle lasagne vegane precotte a base di lenticchie e del tofu fritto 'insaporito' (si fa per dire) con maionese di avocado.

Marta accetta mostrando persino un certo entusiasmo

e così, dopo aver camminato per diversi chilometri, arrivano finalmente a casa di lui. La serata trascorre sulla falsa riga del pomeriggio, gli argomenti vanno dai tamponi che servirebbero ad accecare il terzo occhio al grafene contenuto nel micidiale siero sperimentale genico di Bill Gates collegato al 5G. Dopo cena, i due si siedono sul divano e continuano a dar fondo al loro gigantesco repertorio di idiozie. Mentre parlano, si avvicinano sempre di più e le ultime frasi se le sussurrano nelle rispettive orecchie.

«Senti Marta, ma... chi è davvero la signora Carmela da Santa Maria Capua Vetere?»

«Nessuno conosce la sua vera identità, sappiamo solo che dietro un'anonima casalinga della provincia di Caserta si nasconde una delle più temute spie del pianeta, una fedelissima di Donald Trump».

«Ecco, non capisco come ci potrà aiutare Trump: politicamente a me sembra un cialtrone, poi ha perso pure le elezioni...»

«Anche lui finge, Marco, di quello che fa o non fa vanno interpretati i segni: quando balla in modo goffo manda un segnale ai suoi generali, quando unisce pollice e indice durante un'intervista avverte che il momento dell'attacco sta per arrivare. La finta vittoria di Biden alle elezioni fa parte di un suo piano, un piano più grande».

«E cosa aspetta ad agire?»

«Lui sa quando arriverà il momento. Quando scoccherà l'ora fatale indicherà il cielo e la signora Carmela da Santa Maria Capua Vetere libererà Purpitiello!»

«Purpitiello?!»

«Esatto. Purpitiello è il kraken di Trump: l'arma finale che spazzerà via il nuovo ordine mondiale e porterà pace e prosperità ai popoli della Terra».

L'ultima mitragliata di puttanate sussurrate con voce suadente nel suo canale auricolare dà coraggio a Marco che bacia Marta con passione. Lei, a sua volta, abbraccia la testa di lui. Dopo un po' le loro mani iniziano a esplorare i rispettivi corpi e lui invita la donna a spostarsi in camera da letto. Con foga adolescenziale iniziano così a spogliarsi, ma lei lo ferma prima dell'atto più atteso.

«Non ti va?»

«Certo che mi va, però devo prima chiederti una cosa, per me è molto importante».

«Certo, tutto quello che vuoi!»

«Potresti farti una doccia prima? Non ho fatto nessun vaccino e non prendo medicine, quindi l'unica difesa contro le malattie per me è un'accurata igiene. Ovviamente non sto dicendo che sei sporco, ma abbiamo camminato tutto il giorno, abbiamo sudato...»

«Ma certo, hai ragione! Vieni in bagno e la facciamo insieme?»

«Vai tu, ti aspetto qua... io mi sono lavata prima di uscire».

«Ok! Dammi tre minuti!»

In verità anche Marco si era fatto la doccia prima di uscire, ma senza indugiare un attimo soddisfa la richiesta di Marta. La sua doccia dura un minuto abbondante in più di quanto promesso, per l'esattezza quattro minuti e ventisette secondi. Tornato nella stanza trova lei sorridente, nuda a parlare con Gastone, che come ogni gatto è pronto a fare il guardone da una sedia di fronte al letto.

«Ci hai messo più di tre minuti...»

«Hahahaha! Li hai contati?»

«Certo! Però sono rimasta lo stesso perché anche io oggi ho fatto tardi all'appuntamento, così siamo pari».

«Meno male allora!»

«Posso chiederti un'ultima cosa? Non prendermi per matta...»

«Certo, dimmi».

«Puoi abbassare le luci?»

«Stavo per farlo in realtà, anche a me troppa luce mette a disagio, sai?»

Finalmente le richieste di Marta finiscono e i due tornano ad abbracciarsi sul letto, i loro corpi ora sono come delle ombre cinesi. Gastone è lì sulla sedia che li fissa, i gatti vedono bene anche al buio.

Ciò che non ti aspetti avviene nel momento clou: l'ombra di Marta danza su Marco, disteso sul letto, l'immagine ricorda la prima scena di *Basic Instinct*, quella in cui Johnny Boz viene ucciso con un punteruolo da ghiaccio. Come nel celebre film, la mano di Marta prende qualcosa che aveva nascosto sotto il cuscino di Sabrina, probabilmente durante i quattro minuti e ventisette secondi in cui Marco era a fare la doccia. Così, nel pieno dell'amplesso, senza poter realizzare cosa stia accadendo, l'uomo sente un leggero fastidio all'altezza del deltoide. Prima ancora di realizzare, sente il corpo di Marta sollevarsi e a pochi secondi di distanza il rumore della porta di casa sbattere. La donna, mostrando un'agilità felina e un'invidiabile freddezza, in pochi attimi si è staccata da lui, è saltata giù dal letto, ha preso i suoi vestiti e la borsetta che aveva con sé, ed è fuggita chissà dove. Ancora stordito, Marco accende la luce e fa la più terribile delle scoperte. Sul letto, sopra il cuscino di Sabrina, un astuccio termico, una siringa e un biglietto scritto a mano.

*Ciao disagiato, benvenuto tra le persone normali. Ti ho appena inoculato, come dite voi, una dose unica di vaccino anti-Covid Johnson & Johnson: vale per due dosi. Domani ti arriverà il green pass, quando mi hai prestato la tessera sanitaria per comprare le sigarette al distributore l'ho fotografato e chi di dovere ti registrerà. Potrebbe venirti un po' di febbre, è tutto normale, dopo massimo un paio di giorni passa tutto. Ovviamente non mi vedrai mai più, non sono chi pensi e non credo a mezza delle vostre idiozie da analfabeti funzionali. Baci baci!*

Marco legge pietrificato il biglietto, lo accartoccia, lo lancia per terra e poi si sfoga emettendo un grido di rabbia. Gastone, ancora lì sulla sedia, lo osserva con uno sguardo paterno, sembra quasi dirgli: 'Sei il solito pirla'.

Marco passa l'intera domenica in catalessi, navigando sul web alla ricerca di effetti avversi del vaccino Johnson & Johnson e possibili modi di estirparlo dal suo corpo. Su una delle chat di Telegram a cui è iscritto legge che entro quarantott'ore il rimedio potrebbero essere le sanguisughe, ma abbandona la pista e si rassegna alla sua nuova vita da 'punturato'. Ovviamente il profilo di @Marta79_RM non esiste più e con lei quelle poche righe con cui la donna aveva pianificato il loro appuntamento. Il giorno dopo, come ogni lunedì, Marco entra nella call dei 'guerrieri ViVi'.

@InoculaStaMinchia: 'Buonasera a tutti, Bruco come stai?'

@BrucoInErezione: 'Ciao Inocula, ciao a tutti, per ora me la cavo. Procedo con i clisteri di candeggina'.

@SaraNOGREENPASS: 'Che succede, Bruco?!'

@BrucoInErezione: 'Ma niente, ho preso il raffreddore che chiamano virus: ho la febbre, la saturazione un po' bassa, ma procedo con le cure del dottor Rossi, uno dei pochi rimasti fedeli al Giuramento di Ippocrate'.

@Fatina86: 'Ciao Bruco! Coraggio! Quindi stai facendo i clisteri con la candeggina?'

@DuceAquilotto: 'Io uso ACE! Hahahahaha!'

@Fatina86: ‘Dai Duce non scherzare, è una cosa seria!’

@DuceAquilotto: ‘Vabbe’ scusate, me fa ride’ ’sta cosa della candeggina in culo, è più forte de me’.

@BrucoInErezione: ‘State tranquilli, va tutto bene, mi brucia solo un po’ il sedere ma penso sia normale per il tipo di cura’.

@InoculaStaMinchia: ‘Ma certo, Bruco, continua con il protocollo del dottor Rossi, tra qualche giorno starai meglio di prima. Un parente di mio cugino l’ha fatto la scorsa settimana e domani parte per una vacanza alle Maldive’.

@Idealista78: ‘Ragazze e ragazzi, mi è successa una cosa grave’.

@InoculaStaMinchia: ‘Dicci Idealista, che succede?!’

@Idealista78: ‘E niente, ricordate @Marta79_RM? Siamo andati insieme alla manifestazione di sabato...’

@BrucoInErezione: ‘Grandiiii!!! Avete fatto foto? I giornalai della stampa mainstream hanno detto che eravamo quattro gatti ma ho visto i video del Circo Massimo ed era pienissimo!’

@Idealista78: ‘Purtroppo eravamo meno di cento, il video che sta girando sulle nostre chat è la festa per lo scudetto della Roma di un po’ di anni fa...’

@DuceAquilotto: ‘Me sembrava infatti! ’Tacci loro e daa Ferilli!’

@Idealista78: ‘A parte questo, il problema è che poi siamo usciti, siamo andati a casa mia...’

@DuceAquilotto: ‘E l’hai trapanata! Grande Idealista, mo’ sì che me piaci!’

@Idealista78: ‘Duce, sai che non amo questo modo di parlare. Comunque mi ha inoculato una dose unica di vaccino Johnson & Johnson a tradimento ed è sparita. Oggi mi è arrivato anche il green pass!’

@BrucoInErezione: 'Ancora lei! Maledetta!' (Colpi di tosse)'.

@AirStudio_Catania: 'Ma come diavolo fa! Un mese fa ha inoculato due di noi a Milano'.

@Idealista78: 'Scusate, ma lei chi?!'

@Molly_90_60_90: 'Spiegate anche a me... Chi è questa mò?!'

@Fatina86: 'Anche io voglio sapere!'

@DuceAquilotto: 'Te sei fatto incula'! Hahahahahaha!'

@Idealista78: 'Mi spiegate? La conoscete? Sapete chi è?!'

@SaraNOGREENPASS: 'Inocula, spiega tu'.

@InoculaStaMinchia: 'Sì, purtroppo la conosciamo bene ma non sappiamo chi sia. Sulle nostre chat riservate, quelle dove possono accedere solo gli amministratori e pochi altri, la chiamiamo "La Mantide di Burioni". Su altri gruppi è conosciuta come "Nostra Signora di Astra Zeneca". Adesca le persone e sfrutta le loro distrazioni per inoculare il siero sperimentale genico'.

@Idealista78: 'Ma quindi è successo anche ad altri?!'

@SaraNOGREENPASS: 'Sì Idealista, più di duecento di noi sono stati resi dei punturati dalla Mantide di Burioni'.

@Idealista78: 'Ma come fa? Dove prende le dosi? Come fa a registrare le persone?'

@InoculaStaMinchia: 'Per ora abbiamo solo teorie: c'è chi giura che sia l'infermiera di un reparto Covid stanca di dover fare gli straordinari; chi è convinto che dopo aver visto entrambi i genitori morire di Covid abbia deciso di inoculare tutti, accecata dal dolore. Sappiamo che inocula e poi sparisce nel nulla: c'è chi l'ha conosciuta bionda, chi rossa, chi con gli occhi castani e chi con gli occhi verdi. Inocula da nord a sud, nelle grandi città o nei piccoli centri. Non guarda in faccia nessuno: tre mesi fa sembra che abbia inoculato un famoso deputato della Lega che sosteneva le nostre battaglie… Lui, preso dallo sconforto, ha perso la ragione e si è iscritto al Partito Democratico aderendo alla corrente dei giovani turchi di Matteo Orfini, una fine indecorosa…'

@SaraNOGREENPASS: 'Tra l'altro non è detto che sia una sola persona: abbiamo motivo di credere che non ne esista una sola e che in realtà ci siano tante "mantidi di Burioni". Delle bellissime guerriere addestrate direttamente dal Ministro della Salute, Roberto Speranza, in una "stanza rossa" sita in una località top secret, come le "vedove" in *Black Widow* della Marvel'.

@Idealista78: 'È spaventoso! E ora cosa posso fare per tirare fuori questa merda dal mio corpo?! Ho paura!'

@InoculaStaMinchia: 'Purtroppo non c'è niente da fare, avresti dovuto provare con le sanguisughe ma ormai temo sia troppo tardi'.

@SaraNOGREENPASS: 'Sì, mi spiace, purtroppo è tardi anche per tentare con l'amputazione del braccio inoculato'.

@Fatina86: 'Mi viene da piangere, è terribile…'

@BrucoInErezione: (Tosse…) 'Mi spiace, Idealista, non c'è niente da fare purtroppo. Ora sei un punturato, il tuo sangue è compromesso, il tuo seme non è più puro…'

@SaraNOGREENPASS: 'Idealista, prego per te…'

@InoculaStaMinchia: 'Anche io Idealista, mi dispiace moltissimo'.

@Idealista78: 'Continuerò a combattere con voi anche da punturato! Metterò tutti in guardia! Questa maledetta va trovata!'

@InoculaStaMinchia: 'Mi dispiace Idealista, a questo punto devo farlo…'

*+++ @InoculaStaMinchia ha bloccato @Idealista78 +++.*

La vaccinazione a tradimento costa a Marco l'espulsione dai 'guerrieri ViVi'. Nel giro di un paio d'ore il suo account viene bannato anche da tutte le altre chat Telegram dei 'no vax'. Abbandonato e ridotto ai minimi termini, l'uomo si getta sul letto e abbraccia il cuscino di Sabrina, piangendo a dirotto. Gastone, vedendolo in quello stato, gli si avvicina e comincia a strusciare la testa sul suo viso, quasi a cercare di consolarlo. Lui, d'istinto, accarezza la testa del felino che a sua volta inizia a fare le fusa e si accovaccia sul cuscino dell'ex padrona.

È in quel momento che Marco ha un'intuizione, ma questa volta la Cabala non c'entra nulla. Guardando Gastone pensa a Sabrina, prova a immaginare cosa gli avrebbe detto per consolarlo. Qualche attimo dopo il suo sguardo si sposta sul comodino dove ancora ci sono l'astuccio termico della Mantide di Burioni e la siringa. Marco realizza una cosa molto semplice: se Sabrina non fosse morta in quel maledetto incidente oggi sarebbe vaccinata e lo sarebbe anche lui. Rasserenato, si addormenta dopo pochi minuti. Nelle settimane seguenti riprende a mangiare quello che mangiano le persone normali, esce dalle chat da cui non era stato ancora bannato, si cancella dalle app di dating e richiama alcuni dei vecchi amici che aveva in comune con Sabrina, riprendendo una timida vita sociale. Contemporaneamente, il governo allenta le restrizioni e quel green pass ottenuto in maniera così insolita diventa sempre più un ricordo, uno screenshot archiviato nella gallery di uno smartphone collegato alla rete 5G.

Il tremolare delle lampadine a incandescenza del 30 notturno ci riporta al presente, proprio nell'istante in cui Maria Elena Bianchi scappa via alla fermata Liegi /

Bellini dopo aver lasciato a Marco la busta con le tre bottiglie di Brunello di Montalcino e scritto la dedica sulla sua copia delle *Poesie di Primavera.* Lui la segue con lo sguardo fino a quando le porte del tram si chiudono e lei sparisce dalla visuale; è assai stupito da un fare così inconsueto. Benny il Matto osserva la scena da lontano e quando il tram riparte si avvicina con passo felpato, sussurrando qualcosa nell'orecchio di Marco.

«Grande scrittrice è lei. Famosa e bella lei è… Il suo principe sta cercando…»

«Sì Benny, so bene chi è. Però è tutto così strano… Perché mi ha lasciato queste bottiglie di vino, secondo te?»

«Vino a essere bevuto serve! Domanda stupida la tua, è domanda da matto: ma matto è Benny, non è Marco!»

«Eh, non ne sono più così sicuro, sai?»

Ad aggiungere stupore allo stupore, la dedica lasciata dalla scrittrice sulla pagina bianca del libro. Sotto un numero, il messaggio.

*A Marco, questo è il mio numero di telefono. Se anche tu non vedi l'ora che torni la primavera e pensi che i toscani dovrebbero fare solo il vino e la finocchiona, chiamami. Quelle tre ce le beviamo insieme, se ti va. Non sai quanto mi ha fatto bene incontrarti, @meb.*

# Il professor Colesterolo

*L'Italia è questo paese che ci passi col treno ed è pieno di colline verdeggianti e di storia, di pianure, città d'arte e tradizioni, letteratura e poesia, dove però, in sostanza, ecco, a noi, soprattutto, ci piace mangiare...*

Mattia Torre, *Gola*

«Presente professor Colesterolo! Presente Benny è!»

«Ti vedo, ti vedo, Benny, però non fare troppo casino, altrimenti mi costringi a metterti un brutto voto in condotta...»

Benny il Matto sembra molto contento dell'arrivo del professor Claudio De Santis, quarantotto anni, che sale alla fermata di via dei Reti. Ha cenato da 'Pommidoro' con Dario, un collega. Dopo il lauto pasto nello storico ristorante dove un tempo si poteva incontrare Pier Paolo Pasolini, i due hanno bevuto un whisky in un pub, prima di salutarsi.

La strada che taglia il quartiere San Lorenzo è molto dissestata; il vecchio MRS balla e fa rumore. De Santis guarda la serranda ormai abbassata del Tram Tram, una trattoria dove si mangia e si beve a volontà accompagnati dal frastuono e dalle vibrazioni dei tanti rotabili che transitano là davanti e ispirano anche l'arredamento del locale. Chissà se pensa ancora a quel piatto di linguine all'isolana con filetto di cernia, capperi, olive e finocchietto selvatico, specialità della casa.

Su via dei Reti le lampadine a incandescenza del 30 notturno hanno un vibrare diverso, meno lineare del solito. E ci portano a una mattina di primavera di qualche anno prima, in una classe del liceo Mamiani, durante una delle lezioni del professor De Santis.

«Chiappaaaa! Può provare almeno a far finta di non dormire!?»

«Mi scusi, professore...»

«Mmm... ma lei non dorme la notte? Perché si assopisce così a ogni lezione?»

«Nun glielo so di', professo'... pò esse' che è il tono daa voce? Lei parla e mi pija l'abbiocco... È tipo ipnosi regressiva, c'ha presente?»

«Cioè... mo' il problema è la mia voce. Voialtri che dite? Ha ragione Chiappa? Ho una voce così soporifera?»

Lo studente assonnato è Michele Chiappa, secondo banco, ragazzo magro e introverso a cui tutti vogliono un gran bene, un po' per i tempi comici delle sue battute, un po' per quel cognome, su cui ogni tanto scherza anche lui. Il Chiappa insegue disperatamente la sufficienza in tutte le materie, è svogliato, fa fatica a ricordare qualsiasi cosa, specialmente le date; ma ha una mano fantastica, riesce a disegnare alla perfezione tutto; sia ciò che osserva sia i luoghi e i personaggi che nascono dalla sua indecifrabile immaginazione. Ogni compagno conserva a casa un proprio ritratto disegnato dal Chiappa, e persino alcuni genitori gli mandano, tramite i figli, foto da trasformare in disegni, piccoli capolavori che poi finiscono in bella vista nei loro salotti o nelle camere da letto.

Alla domanda del docente, gli studenti si guardano tra loro accennando sorrisi; quello che dice il loro compagno, che oltretutto quando parla tira fuori un romanesco da film di Verdone, è vero: la voce del loro prof di storia dell'arte, così bassa, pulita e senza acuti, unita a un modo assai accademico di spiegare la materia, risulta soporifera. Le uniche a seguirlo con attenzione sono le ragazze, ma il loro è un interesse decisamente diverso. Già, perché il professor De Santis, con il suo capello riccio brizzolato e la barba accennata, è il sogno proibito di tutte le studentesse.

Anche Silvia Mancini, ventiquattro anni, un tempo era lì, al primo banco; poi ha incontrato il suo ex prof a una mostra su Antonello da Messina alle Scuderie del Quirinale. Quel sabato pomeriggio è iniziata la loro frequentazione, che va avanti da quasi due anni. Lei, per sfotterlo sui tanti anni di differenza, lo chiama 'papi', il nomignolo reso celebre da Noemi Letizia, una delle giovani 'amiche' dell'ex Presidente del Consiglio Silvio Berlusconi.

Tornando in classe, a parlare per tutti è Barbara Conti, la classica bella secchiona un po' leccaculo, che oggi siede proprio sul posto che fu di Silvia.

«Professore, lei ha un tono molto pacato, questo può far rilassare un po', ma le sue spiegazioni sono sempre chiare, interessanti, illuminanti...»

«Va bene, Conti, apprezzo il tatto con cui mi sta dicendo che ha ragione Chiappa».

La lezione si chiude con le risate degli studenti e la campanella che suona; anche il De Santis accenna un sorriso amaro: non essere in grado di trasmettere la sua materia e, con essa, il senso e la bellezza dell'arte, lo logora dentro da tempo. Perché tutti i suoi studenti, anche i più brillanti e sensibili, non riescono a seguirlo? Dove sbaglia? È solo un problema di frequenza della voce o c'è dell'altro? Il professore se lo chiede da un po' e quel giorno 'interroga' anche a Silvia, mentre le accarezza i capelli sul letto del bed and breakfast in cui si vedono almeno due volte a settimana per le loro fughe d'amore, un monolocale in zona Policlinico interamente arredato con mobili Ikea. Quando l'anziana proprietaria lascia loro le chiavi, guarda sempre l'uomo con un'aria di disprezzo e quella classica espressione da 'potrebbe essere tua figlia, brutto maiale'.

«Eh sì papi, ha ragione il Chiappa, anche a me veniva sonno ogni tanto...»

«Sì, ma secondo te il problema è la voce o quello che dico?»

«Ma tutte e due! Dai, su... Hai una voce bella, profonda, ma unita ai pipponi sul post-impressionismo diventa una combo micidiale!»

«E di cosa dovrei parlare? Il programma è quello, non è che posso fare lezioni sul cantante che si traveste... come si chiama quello?»

«Achille Lauro! Anche quella è arte eh...»

«Sì, vabbe', arte... E comunque, anche se lo fosse non è nel programma per fortuna...»

«Prova a usare i social, posta delle foto su Instagram!»

«Ma su, dai, ti pare che mi metto a fare il pagliaccio su Instagram? Magari pure i balletti su quell'altro che mo' non mi viene...»

«TikTok! Ma mica devi fare il pagliaccio! Metti un quadro, una scultura, un affresco, e commentalo: molti tuoi studenti già ti seguono, stimola la loro curiosità... e soprattutto, metti gli hashtag, così arrivi a più gente!»

«Mah, mi pare 'na cazzata. Se non gli interessa in classe, figurati sul telefono. E poi l'ho visto cosa guardano su Instagram: una volta a ricreazione c'era Chiappa che scorreva culi e tette come se non ci fosse un domani...»

«Vabbe', quello tutti, però tentar non nuoce... Tu prova, alle brutte avrai solo messo una foto su Insta».

Il professor De Santis non è convinto, ma prova a seguire il consiglio della sua giovane amante. La mattina seguente, dopo aver fatto colazione con la moglie Lucia, prima di uscire per andare a scuola apre il suo profilo Instagram – trentanove follower – e posta la foto di un quadro di Guido Reni aggiungendo una didascalia:

Atalanta e Ippomene, *1620-1625, olio su tela, cm 192×264. Napoli, Museo Nazionale di Capodimonte. Il pittore bolognese, tra i massimi esponenti del classicismo, racconta il passo delle* Metamorfosi *di Ovidio in cui il giovane e aitante Ippomene, per vincere la sua corsa con Atlanta e conquistarla, la distrae con un trucco divino orchestrato da Afrodite. #Arte #GuidoReni #Barocco'.*

Come prevedibile, dopo qualche ora la foto si ferma a due like, uno di Silvia e l'altro di Dario, il collega che gli regge il gioco quando sta con lei. Il commento, l'unico, è di Paolo Di Canio, compagno di banco del Chiappa, media del quattro, omonimo del celebre ex calciatore con cui condivide una certa ideologia politica e la fede calcistica. Di Canio, oltre a essere un pessimo studente, è molto greve e non riesce a pronunciare una frase di senso compiuto in italiano corretto e senza colorirla con qualche volgarità.

Di Canio commenta così il celebre dipinto: 'A professo', ma che s'è magnata quella, un bue intero? Poi c'ha le bocce che me sembrano quelle della cagna obesa de mi' zio...'

La giornata del docente procede noiosa come la sua lezione, lui se ne rende conto e lascia correre quando dopo appena venti minuti a Chiappa iniziano a chiudersi le palpebre e Di Canio apre sul suo tablet un video

YouTube nascondendo l'auricolare con la mano. Al suonare dell'ultima campanella, decide di esorcizzare tutta quella noia andando a mangiare qualcosa di buono.

Vicino piazza Mazzini ha aperto un nuovo ristorante, a gestirlo è un giovane chef che propone ricette sfiziose a un prezzo ragionevole. Il De Santis è una buona forchetta, ama andare a mangiare fuori, provare piatti particolari e bere buon vino. Sfogliando il menu sceglie una carbonara destrutturata e un bicchiere di Ronchedone Ca' dei Frati, annata 2019. Quando il piatto arriva, rimane piacevolmente stupito, perché la carbonara destrutturata è una piccola opera d'arte: una grossa forchettata di spaghetti cotti al punto giusto ospita, al centro, il tuorlo d'uovo; ai lati, sottili scaglie di pecorino e pezzi di pancetta formano dei petali. Il risultato finale è un fiore fatto con gli ingredienti della carbonara, che somiglierà al piatto originale solo una volta mescolato tutto. Prima di farlo, il professor De Santis prende il suo smartphone e fotografa il piatto, inquadrando anche il bicchiere di vino; posta poi la foto su Instagram con la didascalia:

*Dispiace dover mescolare questa carbonara destrutturata, il fiore è davvero bellissimo. Si può essere artisti anche in cucina, complimenti allo chef! Ah! Il Ronchedone è un gran vino!! #carbonara #fiore #cucina #ronchedone.*

Tempo di finire il pasto e il post conta già oltre trecento like e una ventina di commenti. Oltre a Di Canio, che interviene con un 'Booooona!', altri studenti mostrano interesse per il contenuto. Ovviamente Barbara Conti non perde occasione per farsi notare: 'Professore, lei è elegante anche quando mangia (emoticon cuoricino viola)'.

Stupito per il successo, il docente chiama Silvia per renderla partecipe.

«Hai visto il post sulla carbonara? Una bomba!»

«Sììì, mi è venuta un'idea! Domani ne parliamo, ti faccio svoltare!»

Il giorno dopo, il professore e la sua ex allieva sono al solito b&b. Dopo aver fatto l'amore, lei gli spiega il suo ingegnoso piano.

«Allora, seguimi eh...»

«Ti seguo, ti seguo...»

«Tu insegni storia dell'arte: è chiaro che il tuo scopo è attrarre interesse sulle opere d'arte, sul periodo storico in cui gli artisti le hanno create, eccetera. L'obiettivo è che i tuoi studenti, loro in primis, si interessino di più alla materia e riescano a guardare oltre il tuo soporifero modo di spiegarla».

«Diciamo così...»

«Detto questo, hai anche notato che non basta mettere un dipinto su Instagram per attrarre l'attenzione su di esso...»

«Eh no, ma te lo avevo detto».

«E avevi ragione, lo ammetto. Poi però hai messo quel piatto di carbonara e ha fatto il botto, prima sono andata a vedere, ha già superato quota seicento like!»

«Vero, incredibile!»

«Ecco. La soluzione è unire le due cose».

«In che senso?»

«Su Instagram puoi mettere più foto o fare delle gallerie. Più foto metti e meglio è, perché le persone sono incuriosite dal fatto di poter scorrere. Ora senti che idea geniale: se tu vuoi far vedere un'opera d'arte, prima di quell'opera devi mettere qualcosa da mangiare».

«No, questa non l'ho capita: dici che se voglio che più persone vedano *Atalanta e Ippomene* di Guido Reni devo prima mettere un piatto di carbonara?»

«Esatto, ma deve avere un senso. Cosa avrebbe potuto mangiare Guido Reni nei giorni in cui dipingeva su quella tela? Cosa mangiavano nel Seicento?»

«Be', non tutti mangiavano le stesse cose: se eri ricco mangiavi, se eri povero – e i poveri erano tanti – facevi la fame, ma nel vero senso della parola».

«Uff! Che pesantezza... A te serve un pretesto! Ci sarà un piatto che mangiavano allora arrivato ai giorni nostri?»

«Sicuramente sì, lo storico Massimo Montanari ha scritto molto a riguardo...»

«Perfetto! Questa è la chiave. Vuoi parlare di un'opera? Prima parla di cosa mangiava chi l'ha creata, oppure cosa mangiava chi gliel'ha commissionata. Trova il collegamento, insomma».

«Praticamente devo diventare una specie di food blogger? Così si chiama?»

«Esatto! Un food blogger che parla di arte e di cibo, perché anche il cibo è cultura. Un food blogger che non bada a calorie, che non sta lì a chiedersi se una cosa fa male o fa ingrassare: basta che sia buona! Ho anche pensato un nome».

«Un nome? Io ce l'ho già un nome...»

«Eh no, devi avere un nome d'arte! Poi nella bio puoi indicare quello vero, se proprio è indispensabile».

«Vabbe', spara, come mi dovrei chiamare secondo te?»

«Tu sarai 'Il professor Colesterolo'!»

«Ma è un nome ridicolo! Mi prenderanno per il culo tutti; pensa quante pernacchie mi manderà Di Canio».

«Sbagli. Con un nome così ti avvicini al loro linguaggio, sei autoironico».

«Dici eh? Boh, proviamo...»

La mattina dopo il professor De Santis cambia il nome

del suo profilo Instagram e diventa 'Il professor Colesterolo'; sostituisce anche la foto, mettendone una di qualche mese prima: lo scatto è di sua moglie Lucia, che lo immortala davanti a un enorme piatto di cacio e pepe della trattoria Il grottino del traslocatore alla Garbatella, un locale famoso per le porzioni abbondanti. I due, sposati ormai da vent'anni, per scelta non hanno voluto figli: la donna è una delle più brave guide turistiche dei Musei Vaticani e parla quattro lingue. Anche lei è molto bella, viene spesso scambiata per l'attrice australiana Cate Blanchett.

«Claudio, ma sei sicuro di voler fare questa cosa? Da qualche tempo ti vengono delle idee stravaganti, lo sai?»

«È un tentativo, magari con questa cosa del cibo iniziano a seguire le lezioni con un po' più di interesse».

«Sì, probabilmente sarà così: ma non si corre il rischio di banalizzare l'arte? Mi spiego: una volta ogni tanto va bene, ma se diventa la norma rischi che l'opera d'arte diventi un pretesto per parlare di cibo e non il contrario. Parere mio eh...»

«Mah, non so che dirti, forse è come dici tu ma provare non costa nulla, no?»

«No, certo che non costa nulla. Al massimo non funzionerà».

Nel pomeriggio il professor Colesterolo fa il suo esordio: la prima foto della galleria è di una zuppa di ceci, la seconda una crocifissione di Giotto. Sulla didascalia presenta così il suo nuovo progetto:

*La zuppa di ceci è un piatto molto antico: la preparazione è semplice ma richiede tempo e pazienza, perché i ceci vanno tenuti in ammollo per almeno dodici ore in acqua calda. Di solito conviene lasciarli immersi una notte intera per cucinarli il giorno dopo. Dopo l'ammollo dovrete scolarli ponendoli nella cas-*

*seruola che userete per la cottura. Aggiungete farina, olio, sale e il pepe macinato, mescolate bene con un cucchiaio di legno, poi coprite tutto con acqua, con l'accortezza di tenervi due dita sopra il livello dei ceci. Quando arriva a ebollizione, togliete, di tanto in tanto, la schiuma dalla superficie, quindi abbassate la fiamma e aggiungete un rametto di rosmarino, uno di salvia e un mazzetto di prezzemolo. Continuate la cottura per circa tre ore a fuoco basso, aggiungendo altra acqua, se serve. Una volta pronta la minestra, togliete i rametti e aggiungete un filo d'olio a crudo. Chissà se Giotto, nei giorni in cui disegnava questa bellissima crocifissione, si deliziava con la buonissima zuppa, piatto tra i più diffusi al tempo: lo stupendo affresco, datato 1303-1305, fa parte del ciclo della Cappella degli Scrovegni a Padova. È compreso nelle* Storie della Passione di Gesù *del registro centrale inferiore, nella parete sinistra guardando verso l'altare. #cucina #ricette #zuppadiceci #arte #Giotto #professor-Colesterolo.*

Il post comincia subito a collezionare like, menzioni, commenti. Dopo meno di un'ora ha già mille cuoricini e decine di interventi. Gli studenti rispondono entusiasti, anche quelli di altre classi del liceo, che conoscono il De Santis solo di vista. Ovviamente, tra i tanti, ci sono quelli di Barbara Conti, la prima della classe, e Paolo Di Canio, il suo opposto.

'Professore ma che meraviglia, in un solo post è riuscito a unire due fondamentali della nostra cultura: la buona cucina e i nostri capolavori artistici. Siamo davvero fortunati ad avere lei come docente!'

'A professo', i ceci so' bboni ma fanno scureggia'! Porello quello che stava vicino a Giotto (emoticon risate con le lacrime...)'.

Nel corso della serata le interazioni continuano a salire, ma soprattutto tra i commenti si mischiano, proprio come in una zuppa, domande sulle abitudini alimentari del periodo storico e sull'opera di Giotto. Il De Santis risponde a entrambi i tipi di quesiti con la stessa minuzia, mentre già immagina quale potrebbe essere il prossimo post da proporre al suo nuovo pubblico. Nel giro di poche ore il profilo del professor Colesterolo conta già quasi duemila follower, una crescita vertiginosa e inaspettata. Il docente è così preso dal cellulare da costringere la moglie Lucia a chiamarlo per ben tre volte per la cena.

«Claudio, ti ripeto che è pronto in tavola! Capisco che a questo punto un pollo coi peperoni cucinato nel ventunesimo secolo sia una pietanza banale, però se lo fai freddare diventa di gomma».

«Hai ragione, perdonami, ma questa cosa è incredibile! Incredibile davvero!»

«Sì, lo vedo che sei felice, e mi fa piacere. Però ora vieni a mangiare».

Durante la cena il De Santis legge alla moglie alcune domande e le mostra i numeri strabilianti del post: lei lo osserva stupita, non nascondendo un certo fastidio quando il marito, tra un boccone e l'altro, prende lo smartphone per rispondere ai commenti. Risponde anche a Silvia, che su WhatsApp gli manda gli screenshot dei numeri del post con emoticon di festeggiamenti e cuoricini, minacciando al contempo di invertire le rotule a Barbara Conti.

Il docente non stacca la testa dallo schermo luminoso per tutta la serata, crollando solo alle tre e un quarto. Il giorno dopo, visibilmente assonnato, arriva in classe dove viene accolto dall'entusiasmo dei suoi studenti. Le mani alzate sono tante e le domande non sono mai banali: il Chiappa ha gli occhi spalancati e segue la lezione con un interesse mai mostrato; il De Santis lo osserva con la coda dell'occhio utilizzandolo inconsciamente come indicatore vivente del livello di interesse di tutti; quando l'attenzione del Chiappa accenna un calo, il professore mette in mezzo un piatto, un ingrediente, un tempo di cottura e lo studente si riaccende, come per magia. Mente, ovviamente, sulla paternità dell'idea.

L'ora di lezione vola e al suonare della campanella dai banchi si alza un 'Nooooo' che fa quasi commuovere l'insegnante; lui rassicura i suoi ragazzi promettendo un prossimo post che potranno poi commentare insieme. Lasciando la classe, incrocia la professoressa Concetta Fioroni, docente di matematica prossima alla pensione.

«Claudio, ho cominciato a seguirti su Instagram, ma sei bravissimo! E poi che buffo quel nome: professor Colesterolo, hahaha!»

«Eh sì, è un gioco per far avvicinare gli studenti alle opere d'arte...»

«Un'idea bellissima, complimenti! Senti: posso chiederti un favore personale?»

«Ma certo, Concetta, se posso figurati!»

«Sono anni che discuto con mia cognata sulla minestra di broccoli e arzilla, non so se la conosci».

«Certo che la conosco, era uno dei piatti forti di mia madre».

«Ecco, tua madre ci metteva la pasta, vero?»

«Ovvio, ci metteva gli avanzi di diversi tipi di pasta, spezzettati».

«E infatti si fa così! Vedi? Quella testa dura non ci mette la pasta, dice che non serve aggiungere carboidrati, sempre fissata con la dieta! Ti volevo chiedere questo: perché non ci fai un post, così magari si convince? Ho visto che ti segue anche lei e ti ha pure commentato...»

«Perché no! In fondo è un piatto storico...»

«Grazie, te ne sarei grata! Così chiudo questa discussione che non ne posso più. Ora vado che i ragazzi aspettano. A domani, carissimo!»

Il De Santis, un paio d'ore dopo, prende due piccioni con una fava, scrivendo il secondo post tanto atteso e venendo incontro alle esigenze della collega. In realtà la minestra di broccoli e arzilla si può fare sia con che senza la pasta, ma se il professor Colesterolo dirà che ci va, l'aggiunta del carboidrato, per molti, sarà la regola. Grazie a una app dal funzionamento molto intuitivo consigliata da Silvia, aggiunge alle foto una cornice personalizzata con delle frecce che indicano di scorrere per vedere gli scatti successivi. Il primo è ovviamente il gustoso piatto, il secondo un quadro di Raffaello.

*Questa è una minestra di broccoli e arzilla, un piatto della tradizione romana che ormai si può gustare solo in pochi ristoranti della Capitale. Tra questi, consiglio Da Romolo alla Mole Adriana (@daromoloallamoleadriana) a Borgo Pio. L'arzilla è la razza chiodata, un pesce della cucina povera molto comune sul litorale laziale. La preparazione è semplice: mettete l'arzilla in una casseruola con cipolla, carota e sedano tagliati a pezzi, coprite con acqua e lasciate cuocere per trenta minuti. Nel frattempo, mettete un filo d'olio in un'altra casseruola e fate soffriggere uno spicchio d'aglio schiacciato, del trito di prezzemolo, due filetti di acciuga e tre pomodori pelati a pezzetti; salate e pepate quanto basta. Aggiungete i broccoli romani al soffritto, quindi bagnateli con il brodo di cottura dell'arzilla (ovviamente dopo averlo filtrato) e fateli cuocere a fuoco basso per circa dieci minuti. Infine, aggiungete degli avanzi di pasta precedentemente spezzettati (o della pasta mista) e fateli cuocere per altri dieci minuti, unendo, se necessario, altro brodo. Completate la deliziosa minestra aggiungendo la polpa dell'arzilla scolata, altro prez-*

*zemolo e qualche cima di broccolo romano appena scottata. La minestra broccoli e arzilla, nella tradizione popolare, era il piatto del Venerdì Santo e della vigilia di Natale. A proposito di Venerdì Santo: la giornata ha ispirato innumerevoli opere d'arte. Quella che vi propongo oggi è questa splendida* Deposizione Borghese *di Raffaello Sanzio (olio su tavola, 184x176). L'opera si può ammirare alla Galleria Borghese; fu commissionata da Atalanta Baglioni in memoria del figlio Grifonetto che, dopo aver ucciso quasi tutti i suoi parenti maschi nel sonno durante una faida per il controllo della signoria di Perugia, fu fatto assassinare a sua volta da Giampaolo Baglioni, scampato alla mattanza. Un'ultima curiosità sulla minestra broccoli e arzilla; all'antica ricetta, l'attore Aldo Fabrizi dedicò questa poesia:*

*Sta minestra barsamica de pesce, specie si er brodo è fatto co' l'arzilla, ve basta solo d'assaggia' 'na stilla pe' di': «Mo' panza mia poi pure cresce!» È peggio de 'na droga sconosciuta che intossica er palato e nun dà tregue: tutti li venerdì, 'na ricaduta.*

*Non mi resta che augurare a tutti buon appetito.*

*#cucina #ricette #minestrabroccoliearzilla #cucinaromana #zuppe #arte #Raffaello #GalleriaBorghese #AldoFabrizi #professorColesterolo.*

Il post sulla minestra di broccoli e arzilla ha un successo strepitoso, in poche ore supera i cinquemila cuoricini e accumula centinaia di commenti. E con le interazioni aumentano anche i seguaci del professor Colesterolo: in pochi giorni superano la soglia dei diecimila e la curva si impenna sempre più ogni ora che passa; l'unico defollow è quello della nuora della professoressa Fioroni, ferita dalla storia della pasta nella minestra broccoli e arzilla.

Il fenomeno social non passa inosservato e ispira i primi articoli sul nuovo influencer. Il De Santis viene contattato da una collaboratrice di *Roma Today* a cui racconta dell'inaspettato successo dell'iniziativa. Qualche sera dopo, il professore è a cena, insieme alla moglie, da Romolo alla Mole Adriana: il proprietario del ristorante, per ringraziarlo della menzione, non gli fa pagare il conto, mettendolo in imbarazzo. Tempo un mese e il professor Colesterolo, che nel frattempo ha pubblicato un post al giorno, è già ospite fisso di una celebre trasmissione televisiva in cui racconta, in collegamento dall'aula professori del Mamiani, la ricetta del giorno e l'opera d'arte collegata a essa. Silvia lo aiuta nella preparazione dei post e nella ricerca degli argomenti, imponendogli però di mollare lo smartphone mentre sono insieme nella loro alcova arredata con mobili Ikea. La proprietaria del bed and breakfast continua a guardarlo male, ma un po' meno di prima perché ora lo vede anche in televisione.

«Papi, stai diventando una star! Ti rendi conto?»

«Non l'avrei mai detto... ormai non pago più al ristorante, c'è gente che mi riconosce per strada, sono quasi stordito».

«E ci credo! Stai a quasi duecentomila seguaci, profilo verificato, invitate fisse in tv!»

«Hai notato che quando inverto gli argomenti, mettendo prima la foto dell'opera d'arte e poi del piatto consigliato, faccio le stesse interazioni?»

«È normale, il tuo pubblico ormai è fidelizzato, sa che se c'è l'arte, c'è anche il cibo e viceversa. Fossi in te lascerei la scuola e mi dedicherei solo a questo».

«No, non se ne parla. Io amo insegnare, è la mia vita. Anzi, ti anticipo che sabato e domenica non pubblicherò nulla, sono con la classe a Napoli, ho organizzato una visita a base di opere d'arte e pizzerie storiche!»

«Papi, tu non hai più una vita sola, per l'esattezza ne

hai tre: ma tu sei uno... A un certo punto dovrai scegliere chi vuoi essere e chi vorrai al tuo fianco».

Le parole di Silvia risuonano nella testa di Claudio De Santis per tutta la sera: per la prima volta dopo mesi di cene al ristorante, lui e Lucia cenano a casa, rinunciando all'invito di un noto chef stellato che un giorno a settimana dedica una parte del suo menu a una rivisitazione delle ricette del professor Colesterolo. Per tutta la durata del pasto non tocca lo smartphone, generando anche una certa apprensione tra i follower più affezionati che aspettano risposte su ingredienti, tempi di cottura, chiese barocche e velature.

Nel giro di poco tempo quel docente prima ignorato, e osservato solo per il suo bell'aspetto dalle studentesse, ha ottenuto l'attenzione e la stima di tutti e nessuno trova più soporifera la sua voce: neanche il Chiappa, autore del bellissimo ritratto che il professor Colesterolo utilizza subito come nuova immagine del profilo. Nel disegno, il viso del docente appare all'interno di una specie di stemma; alla base di esso, una carota incrocia un pennello.

Dopo cena, il De Santis passeggia per il salotto fermandosi ogni tanto a consultare alcuni dei tanti volumi d'arte ordinati nella grande libreria di legno che occupa quasi tutta la stanza: è fatta su misura e una scala collegata a un binario permette di raggiungere i tomi posizionati più in alto.

A riportarlo al presente, Lucia, che gli porge il suo smartphone.

«Lo hai lasciato in cucina, ti stanno arrivando centinaia di notifiche, ci metterai tutta la notte a rispondere a tutti».

«Stasera non ho voglia di rispondere a nessuno, sono stanco».

«Sai, in questo periodo non ti ho detto nulla, ti ho visto così felice e ho mandato giù tante cose, persino le tante cene in compagnia del tuo telefono...»

«Sì, hai ragione, mi dispiace, mi sono lasciato trasportare troppo».

«Il punto non è questo, Claudio; ci sta che questa tua nuova attività ti prenda del tempo. E sai, mi sono dovuta ricredere: non pensavo che qualcuno potesse avvicinarsi a un'opera d'arte dopo aver letto la ricetta della cacio e pepe, invece ci sei riuscito ed è giusto che tu ora ti viva questo successo. Da qualche giorno però ti vedo stanco, meno entusiasta».

«Non lo so, forse avevi ragione tu. Forse sto banalizzando l'arte, la sto persino umiliando».

«Ora non esagerare, addirittura umiliare l'arte? L'arte non si lascia umiliare da nessuno. Hai trovato una strada che ha i suoi pro e i suoi contro, e forse sei arrivato semplicemente a un bivio: devi scegliere come continuare il tuo percorso. Rifletti, ma senza angosciarti troppo. Ora però vado a letto che domani mattina presto mi arriva una comitiva di tedeschi. Ah! Tra le tante notifiche mi è parso di vedere qualche messaggio della tua giovane social media manager: magari a lei rispondi che stasera non si dà pace...»

Il sorriso accennato da Lucia su quell'ultima frase risuona nella testa di Claudio De Santis come una di quelle carezze che da bambino riceveva dai suoi genitori dopo una sculacciata. E il non detto somiglia molto a quello della proprietaria del bed and breakfast, ma con un tono decisamente meno accusatorio: 'Potrebbe essere nostra figlia. Sorvolando sull'evidenza che sei un porco, ti prego di non farla soffrire'. Prima di seguire la moglie in camera da letto, il De Santis risponde a Silvia, scusandosi per il black out di qualche ora e augurandole la buonanotte; lei risponde con un: 'Tranquillo, riposati, scrivimi domani mentre sei in viaggio per Napoli, non vedo l'ora di tornare insieme al museo di Capodimonte (tre cuoricini colorati)'.

La mattina dopo è sul pullman con i suoi studenti e la professoressa Fioroni, ancora tronfia per aver sconfitto la nuora nella battaglia della minestra broccoli e arzilla. Durante il viaggio, nella veste di professor Colesterolo, pubblica l'ennesimo post. Nell'unica foto, un quadro datato 1810, opera del pittore toscano Nicola Monti.

Francesca da Rimini nell'Inferno dantesco*, un olio su tela (168 x 21 cm).*

A differenza degli altri post, questo riceve poche decine di cuoricini e molte critiche dagli utenti che lamentano l'assenza del cibo, chiedendo spiegazioni e scrivendo persino degli insulti.

Paolo Di Canio, dai sedili in fondo, urla tutta la sua disapprovazione: «A professo', manca la ciccia!»

Tra le risate generali, il De Santis prende il microfono del bus e spiega agli studenti che ogni tanto si può anche parlare di arte senza mettere in mezzo il cibo, ma nessuno, a parte Barbara Conti che annuisce con la testa, sembra convinto. Non sembra convinto nemmeno il Chiappa, che infilando una delle sue battute riesce a far ridere l'intero bus.

«Professo', qui però era pure facile: ce metteva un bel piatto de pasta alla puttanesca e aveva risolto!»

E non tarda ad arrivare il messaggio di Silvia, che su WhatsApp lo ammonisce per il grossolano errore.

'Be'? Non avevi voglia? Che post hai fatto?'

'Ma nulla, ho provato a mettere un quadro di Nicola Monti senza ricetta annessa... Non ha funzionato'.

'Normale... Non è un contenuto che piace alla tua bolla!'

'Mo' cos'è la bolla?'

'Te lo spiego così: tu non paghi per stare sui social network, perché il prodotto sei tu. E siccome sei un prodotto, l'algoritmo fa in modo che le persone che la pensano come te, che guardano quello che guardi tu, che mangiano quello che mangi tu, seguano te, che sei simile a loro'.

'Il trionfo del consumismo... e quindi?'

'E quindi chi ti segue si aspetta da te che insieme al quadro ci sia il buon cibo. Senza il cibo è come se non fossi tu...'

'Bella schifezza!'

La giornata prevede una visita al museo di Capodimonte, che ospita una parte delle opere della mostra itinerante *Caravaggio Napoli*: in vari luoghi della città, i capolavori del grande artista raccontano i diciotto mesi in cui ha vissuto all'ombra del Vesuvio. Gli studenti sono entusiasti della breve gita con il loro prof ormai famoso. Tra le altre cose, su proposta della preside e del consiglio di istituto, il professor De Santis ha scelto personalmente i ristoranti in cui far mangiare la comitiva. A onor del vero, in questo caso, il collegamento con l'arte risulta molto debole: il docente ha preferito far provare ai ragazzi i piatti tipici della cucina partenopea senza tediarli troppo.

La sera cenano sulla terrazza di Reginella a Posillipo, ristorante con una vista strepitosa sul golfo. Piatto forte della serata, paccheri al coccio e pomodorini del piennolo. De Santis e la collega discutono di ricette, mentre gli studenti esagerano col limoncello fatto in casa uscendo decisamente alticci dal locale. I proprietari, prima di salutarli, si fanno una foto col professor Colesterolo da aggiungere a quelle con attori, cantanti e altri personaggi famosi passati tra quei tavoli. La sera, complice la fama del docente, la classe alloggia in un hotel su via Caracciolo che per l'occasione ha offerto il soggiorno alla comitiva a un prezzo stracciato; le camere affacciano tutte sul mare e i ragazzi, aprendo le tende, restano senza fiato: Roma è stupenda, è quanto di più bello sia stato costruito dall'uomo su tutto il pianeta, ma Napoli è qualcosa che va oltre le umane possibilità, è qualcosa che prende l'anima, è qualcosa che si respira, è qualcosa che ti entra dentro e non esce mai più.

A tarda notte il De Santis, smarrito nei meandri dei suoi dubbi, osserva il raggio della luna piena che riflette sul mare, quando qualcuno bussa alla porta della sua stanza. Stupito dall'orario, apre lentamente per non far rumore, rimanendo impietrito per qualche attimo. Davanti a lui, con una camicia da notte trasparente che non lascia nulla alla fantasia, c'è Barbara Conti, la prima della classe.

«Professore, posso entrare un attimo?»

«Ma Conti, sono le due passate, cosa fai sveglia a quest'ora? È successo qualcosa?»

«Non so come dirglielo e mi vergogno tanto, ma... mi piacerebbe poter passare questa notte insieme a lei».

«Ma cosa dice, Conti, si rende conto di cosa mi sta proponendo?»

«Io soffro da morire, Claudio! Penso intensamente a te ogni momento della mia vita».

«Conti, ma potrei essere suo padre...»

«Non lo saprà nessuno, sarà il nostro segreto: ti prego, fammi stare con te, solo per questa notte».

Barbara Conti abbraccia il professor De Santis entrando dentro la stanza: lo stringe e il suo corpo aderisce a quello dell'uomo che rimane pietrificato e interdetto. Dopo qualche secondo muove la mano destra sul fianco di lui. È qui che il De Santis si ridesta e con la delicatezza di un padre la allontana lentamente. Lei ha gli occhi gonfi di lacrime e inizia a singhiozzare.

«Barbara, quello che pensi di provare è un'illusione, è qualcosa di virtuale, come il professor Colesterolo, non esiste».

«Non è così, io mi sento un peso nel petto…»

«Quel peso lo senti perché sei una ragazza sensibile, perché sei viva. E presto sentirai quello stesso peso per qualcuno che potrà renderti felice, non per un uomo che potrebbe essere tuo padre…»

Il De Santis asciuga le lacrime della studentessa e la congeda con un sorriso, chiudendo la porta della sua stanza con la stessa leggerezza con cui l'aveva aperta.

Il programma del giorno dopo prevede una visita al Pio Monte della Misericordia, un pranzo nella più famosa pizzeria dei Tribunali e la partenza per Roma. Il Pio Monte della Misericordia è un'istituzione nata nel 1602 per volontà di sette giovani nobili napoletani che donarono parte dei loro averi per il sostegno dei più bisognosi e da oltre quattro secoli svolge tale attività. Sull'altare della cappella al centro dell'edificio, uno dei più bei dipinti del Caravaggio. In alto, quasi ad abbracciare la scena, la Madonna di misericordia col bambino vola sorretta da due angeli, mentre nella parte bassa del dipinto le figure simboleggiano le sette opere di Misericordia. Cimone è in carcere e Pero, sua figlia, lo allatta attraverso le sbarre della sua cella donando, con un sol gesto, una visita a un carcerato e del cibo a un affamato; dietro l'angolo un becchino e un sacerdote trasportano un morto, per dargli sepoltura; sul lato opposto, San Martino divide il suo mantello con un povero e cammina verso un infermo; di fianco a lui c'è un pellegrino San Giacomo di Compostela, che è accolto da un uomo. A concludere la scena, in fondo, Sansone beve dalla mascella d'asino, descrivendo l'opera di dar da bere agli assetati.

Il De Santis racconta l'opera ai suoi studenti che lo ascoltano in religioso silenzio, finita la spiegazione li lascia liberi di osservare il resto della chiesa chiedendo loro di non fare rumore. Mentre si guarda intorno, il suo sguardo si ferma su Michele Chiappa, rimasto immobile a contemplare il dipinto. Incuriosito, si avvicina al ragazzo e nota con stupore che sul suo viso scorrono delle lacrime.

«Che succede, Chiappa? Qualcosa non va?»

«Nun lo so, professo', nun lo so...»

«Qualcuno ti ha detto qualcosa? Ti hanno offeso?»

«No, nessuno m'ha detto niente».

«E allora che ti prende? Tra poco ci saranno pizza e fritti in quantità! E poi siamo a giugno, stanno per iniziare le vacanze. Non sei contento?»

«C'ho lo stomaco chiuso, nun c'ho fame, professo'. Ce crede?»

«Ora mi fai preoccupare però... Mi dici che hai? Ti senti male?»

«Quella luce, professo', è quella luce che me fa sta' male».

«Quale luce?»

«Nel quadro... 'a vede 'a luce?»

«Nei dipinti del Caravaggio buio e luce si completano a vicenda. E la luce rivela i dettagli, le forme, il sacro, il profano...»

«... 'a verità...»

«Esatto, Michele, la verità. E la verità non sempre... non sempre...»

«Professo', sta a piagne' pure lei. 'O vede che fa piagne' 'sta cazzo de luce de Caravaggio?»

Il De Santis poggia una mano sulla spalla di Michele Chiappa, in segno di semi-approvazione. Entrambi a pranzo mangiano poco e per tutto il viaggio di ritorno rimangono in silenzio.

Il giorno dopo, il docente esce a testa bassa dal solito bed and breakfast. All'interno della stanza, seduta ai piedi del letto, Silvia singhiozza in silenzio; dopo un po' entra nella stanza la padrona e, vedendola così, le si siede a fianco e l'abbraccia accarezzandole la testa, scatenando nella giovane un pianto disperato.

Qualche ora più tardi, il profilo del professor Colesterolo scompare da Instagram, per sempre.

Il 30 notturno si avvicina alla fermata Labicana / Porta Maggiore, le lampadine a incandescenza vibrano e il professor Claudio De Santis si prepara a scendere: quando le porte si aprono, accenna un sorriso osservando il cartellone dell'ultima edizione del Festival del Fumetto. L'immagine scelta dai pubblicitari per promuovere la rassegna è di MiKiappa, nome d'arte di Michele Chiappa, il più grande fumettista italiano.

# Il sognatore

*So' tutti froci cor culo dell'altri.*
Proverbio romano

«A presto, Omar! *Hasta la Victoria!*»

«*Siempre*, Umberto, *siempre!*»

I protagonisti del triste congedo da almanacco del Partito Comunista Italiano dell'anno 1977 sono Omar, trentasei anni, pizzaiolo un po' tarchiato nato in Tunisia ma residente in Italia da quando era bambino, e Umberto, un metro e settanta, quarantadue anni, sei chili sopra il peso forma secondo la bilancia elettronica della farmacia di piazza Vittorio, capelli corti e folte sopracciglia, bandana di stoffa con stampata una serigrafia di Mao Tse-tung presa chissà dove. Umberto, che di mestiere fa l'assicuratore, sale sul 30 notturno a Porta Maggiore, reduce, insieme all'amico, da una cena di sottoscrizione organizzata dalla federazione romana di Potere al Popolo, il partito di estrema sinistra nel quale milita da poche settimane. Arriverà fino al capolinea di piazza dei Gerani, ma il suo percorso più tortuoso lo svela il motore elettrico del 30 notturno e il tremolare delle lampadine a incandescenza che sfuma sulla sua storia...

«Qui in Italia dovete seguire le nostre tradizioni, altrimenti tornatevene a casa vostra!»

Così tuona qualche tempo prima Umberto Bossolo contro una giovane donna con il chador durante un volantinaggio organizzato dal circolo 'Prenestino-Pigneto' del partito in cui militava in precedenza, la Lega / Salvini Premier.

«Che cazzo voi, che c'hai da di'?!»

«Ma che parli italiano? Pensavo che eri tipo de Kabul...»

«A deficiente, io so' de Centocelle, so' più romana de te».

«Pure io so' de Centocelle, ma perché ti vesti da araba?»

«Ma saranno cazzi mia come me vesto? I miei so' nati in Marocco, mbe'?!»

«Eeeeeh, 'o vedi che nun sei italiana? C'avevo ragione io!»

«Aò, a testa de cazzo, io so' italiana, figlia de du' gran lavoratori e c'ho pure la cittadinanza. I volantini cor faccione de quella mmerda arrotolateli bene e infilateli dove sai. E mo' me ne vado, che me fate tutti ribrezzo».

«Vabbe' mo' stai calma... Mi scuso se t'ho offesa... Come te chiami?»

«Me chiamo Aisha, c'hai da di' pure su quello!?»

«No no, che sei matta? E chi te sente poi... Ciao eh...»

Mentre la ragazza si allontana mostrando il dito medio al leghista, lui si gira verso i colleghi di partito farfugliando qualcosa.

Quella sera Umberto non riesce a prendere sonno, nella sua testa risuonano quegli insulti, l'immagine dei volantini con la faccia del 'capitano' utilizzati in quel modo improprio. Barbara, la sua dolce metà, una romana verace con la passione per i tatuaggi con fatine e folletti, dipendente di un'impresa di pulizie, percependo la sua inquietudine lo invita con tono garbato a rasserenarsi: «Se nun riesci a prenne' sonno, pijate 'na camomilla, pijate quaranta gocce de Tavor, pijate qualcosa. Però levate dalle palle e vattene sur divano, che se continui a riggiratte nel letto come 'na cotoletta nun dormo manco io che me devo sveja' alle cinque de mattina!»

«Ammazza oh, oggi tutte contro de me... Ma che è la giornata della violenza contro il maschio?»

Lasciata malvolentieri la camera da letto, Umberto segue il consiglio della fidanzata e, dopo aver sciolto venti gocce di Tavor in una tazza di camomilla Bonomelli, si accascia sul divano. Dieci minuti dopo è già tra le braccia di Morfeo. Umberto prende sonno alle ventitré e quarantaquattro di una grigia serata d'autunno e inizia a sognare: si ritrova così in una grande stanza con le pareti rosso pompeiano e giganteschi lampadari di cristallo; sul soffitto enormi affreschi raffiguranti scene di sesso tra figure mitologiche vagamente somiglianti ad alcuni noti politici di destra. Nel suo sogno è scalzo, vestito solo con una lunga camicia da notte bianca abbottonata dal collo alle ginocchia. Al centro della stanza, un enorme letto bianco con baldacchino, una sorta di isola di luce in mezzo a tutto quel colore. D'un tratto, l'uomo sente una presenza alle sue spalle e voltandosi ha un fremito: il suo punto di riferimento umano, politico ed enogastronomico è lì, in piedi, davanti a lui.

«Capitano! Non posso crederci... è proprio lei?»

«Buona giornata, mio dolce Umbertolo. Ti prego, dammi del tu e chiamami Teo...»

«Che emozione! Io sarei Umberto all'anagrafe, ma se vuoi chiamami pure Umbertolo, suona bene. Dove siamo, capit... cioè... Teo?»

Il leader si avvicina al militante e con la mano destra gli accarezza la guancia sinistra. Umbertolo, a quel tocco così delicato sulla pelle, ruvida per la ricrescita della barba, sente un brivido scorrergli lungo la schiena.

«Non lo vedi, mio dolce Umbertolo? Siamo in una bellissima stanza che ci accoglie con il suo calore. Ora alza la testa, guarda quei due guerrieri lassù: sono Borghezius Fascius e il suo giovane allievo, Trotus d'Albania».

«Quelli lì, dici? Somigliano a qualcuno che ho già visto: ma... ma... Teo, guarda cosa stanno facendo! Se lo stanno a butta' ar cu... Cioè... sono due uomini che si stanno accoppiando contro natura! Quei disegni osceni vanno cancellati! Se per caso li vedessero dei bambini, cosa penserebbero!? I bambini non si toccano!»

«Mio dolce Umbertolo, ti prego, non ti appenare. Vieni, dammi la mano, seguimi».

Umberto porge con timidezza la destra a Teo, che lo prende e lo accompagna lentamente verso l'enorme letto col baldacchino. Arrivati sul bordo del materasso, il leader si mette davanti all'uomo e inizia a sbottonargli la camicia da notte.

«Teo, ma... cosa fai?»

«Ti sto liberando dal peso della quotidianità, mio dolce Umbertolo. Ecco, togliamo questa veste opprimente».

«Ma no, aspetta... sotto so' tutto nudo, me vergogno».

«Rilassati, mio dolce Umbertolo, lasciati cadere su questo morbido materasso prodotto da una fabbrica piemontese solo con materiali italiani di primissima scelta».

Nel giro di pochi secondi, Umbertolo è disteso sul letto, completamente nudo, con le gambe fuori dal materasso prodotto in Piemonte solo con materiali italiani di primissima scelta. Teo è ora inginocchiato davanti a lui, ai piedi del letto. E dopo avergli allargato le gambe si piega con la testa all'altezza della zona pelvica con fare assai poco equivocabile. Il tesserato del Carroccio è pietrificato, non riesce a muoversi né a proferire parola. L'unica cosa che riesce a fare è chiudere gli occhi, memore di una frase molto in voga negli spogliatoi dei campi di calcetto di Roma sud: 'Se chiudi gli occhi e nun ce pensi, 'na bocca è sempre 'na bocca'. In realtà, quel giorno Umbertolo scopre che non è proprio così, almeno non quando intorno alla bocca c'è una folta barba.

Mentre è steso, a occhi chiusi, con la testa dell'immagine onirica del suo leader in mezzo alle gambe, ha una visione: si ritrova di colpo in bianco e nero a piazza Venezia, nel 1940, in mezzo alla folla festante. È vestito con pantaloncini corti da balilla stretti in vita e una felpa con la scritta 'No green pass', cosa che attira gli sguardi curiosi degli italiani del 1940 intorno a lui. Come da documento dell'Istituto Luce, dal fatal balconcino esce Benito Mussolini, che nella sua inconfondibile posa inizia il suo discorso.

«Combattenti di terra, di mare e dell'aria! Camicie nere della rivoluzione e delle legioni! Uomini e donne d'Italia, dell'impero e del regno d'Albania! Ascoltate! In questa ora segnata dal destino che batte nel cielo della nostra patria, la bocca si muoverà sull'italico membro. Dalla fonte, sgorgherà, copioso… il seme della vittoria!»

Applausi della piazza.

Umberto si sveglia sul divano con un forte mal di testa; il sole è già alto e Barbara è uscita da diverse ore. Si guarda nei pantaloni del pigiama; sulla sua faccia si disegna un'espressione di disgusto: il suo corpo ha risposto in maniera del tutto inaspettata alle attenzioni di Teo. Si getta sotto la doccia e si prepara per uscire, pronto per una nuova giornata di attivismo politico al gazebo della Lega / Salvini Premier. Rovistando nell'armadio per scegliere cosa mettere, gli capita la felpa 'No green pass' indossata durante l'ultima manifestazione contro il governo: la fissa per qualche secondo, ma poi la copre con altri vestiti.

Durante il volantinaggio al gazebo, vede passare Aisha, la donna con il chador del giorno prima, e le accenna un saluto; ma un altro militante, un coetaneo di nome Luca, amministratore della pagina Facebook del circolo 'Prenestino-Pigneto' (dodicimila like...), inizia a darle contro.

«Ancora co' quello scafandro in testa?! Te lo devi da leva'!»

Senza neanche pensarci, Umberto lascia cadere i volantini e si avvicina a brutto muso al collega.

«Ma saranno cazzi suoi come se veste!?»

«Aò ma che t'è preso? Quella magari sotto è piena de tritolo, so' tutti terroristi dell'Isis quelli!»

«Ma nun di' cazzate, è una de Centocelle. Lasciala perdere ok?»

«Vabbe'... però me pari matto, mo' pure co' le beduine dovemo fa' i tolleranti? Ma io boh...»

Umberto raccoglie i volantini e ricomincia a distribuirli. Alzando lo sguardo, incrocia quello di Aisha che si era fermata per assistere al litigio fra i due leghisti. La ragazza, dopo aver annuito con la testa, lo saluta con la mano e accenna un sorriso.

Quella sera, tornato a casa, Umberto trova Barbara vestita con un baby doll di pizzo che cela ben poco delle sue grazie: la fatina dei boschi tatuata sulla natica sinistra è quasi del tutto scoperta. La donna palesa subito le proprie intenzioni, cominciando a spogliare il compagno. Dopo avergli abbassato i pantaloni e le mutande, lo fa sedere sul divano spingendolo con forza, poi si inginocchia e gli mette la testa in mezzo alle gambe. Dopo qualche minuto si solleva e con la consueta grazia esprime un leggero disappunto.

«Perché nun te tira? Co' chi sei stato oggi?»

«Co' chi so' stato... Con nessuno, sarò stanco...»

«Stanco de che? Tu il sabato manco lavori, non hai fatto 'n cazzo tutto er giorno, mo' che è 'sta novità?»

«Ma niente, può capitare a tutti una défaillance!»

«Vabbe', vedi che sia la prima e l'ultima defaglianza ch'io quando voglio scopa' scopo, chi c'è c'è...»

Quella sera, Barbara esce con le sue amiche e Umberto resta a casa a guardare la televisione. Durante la puntata di *Ballando con le stelle*, all'ennesimo delirante show di Morgan, Selvaggia Lucarelli si alza senza scomporsi, si avvicina con calma biblica al cantante e lo stende con un destro che gli rompe il setto nasale: in sala tutti in piedi (con l'eccezione della nipote del Duce) ad applaudire; anche dalle case del quartiere si sentono urla e festeggiamenti come avesse segnato la Nazionale. La giornalista, tornata dietro il banco, premia con un nove l'esibizione messa in scena dall'uomo appena percosso e della sua maestra di ballo, mostrando a milioni di telespettatori la differenza tra un giudizio umano e un giudizio professionale.

Mentre i sanitari rianimano Morgan, Umberto si addormenta. Torna così nel mondo dei sogni; è di nuovo vestito con la vestaglia bianca, ma questa volta si ritrova nella sala da ballo di un castello scozzese. Al centro della stanza, l'enorme letto con baldacchino bianco e a pochi metri una poltrona di pelle verde su cui è seduto uno strano personaggio sulla cinquantina, testa pelata, piedi scalzi e lunghissimi baffi alla Salvador Dalí; la nuova comparsa del suo mondo inconscio è vestita con un kilt, una camicia bianca e un cravattino intonato al tradizionale gonnellino. Umbertolo gli si avvicina e nota subito che l'uomo, pur essendo in carne e ossa, sembra una statua di cera: ghigno fisso alla Joker, occhi spalancati e nessun battito di ciglia. Osservandolo attentamente, nota anche una forte somiglianza con un celebre senatore della Repubblica italiana.

«Ma lei è il senatore Simone Pill...»

Prima che riesca a finire la frase, una voce si sovrappone alla sua.

«Lui, mio dolce Umbertolo, è Lord Simon Butterfly».

Umbertolo si gira; dietro di lui c'è Teo: anche lui è scalzo, 'vestito' con un kilt e una maglietta bianca di parecchie misure più piccola, così attillata e corta sopra l'ombelico da sembrare un top, con la scritta 'parlateci di Bibbiano'.

«Teo ma... cosa ci fa qui questo Lord Simon Butterfly? E perché sembra imbalsamato?»

«Mio dolce Umbertolo, il nobiluomo è qui per officiare l'unione delle nostre carni: sarà testimone silente del festoso mescolamento dei nostri umori».

«Ehm... Aspetta Teo... L'altra volta non ti ho detto che a me piacciono le donne... Francamente pensavo piacessero anche a te... Ora tu vuoi unire le carni, mescolare roba... E poi il nobiluomo sembra tanto un senatore che dice sempre che quelli che fanno certe cose sono contro natura...»

«Mio dolce Umbertolo, non farti attraversare da pensieri impuri. Ora fa' come dice Teo: mettiti al centro del nostro caldo giaciglio nella posizione tipica della pecorella del presepe, simbolo delle nostre radici cristiane».

Umbertolo esegue l'ordine senza dire nulla, il suo corpo si muove da solo, come controllato da una forza superiore, e anche la sua volontà sembra incerta. Da un lato è paralizzato, raggelato, come nel sogno precedente; dall'altro sente un desiderio crescergli dentro. Senza neanche farselo chiedere, ha tirato su la vestaglia ed è pronto a ricevere Teo, che nel frattempo è già dietro di lui e ha scostato il kilt. Lord Simon Butterfly li fissa con il suo ghigno impassibile.

«Ma lui ce deve guarda' pe' forza? Non possiamo girare la poltrona?»

«Mio dolce Umbertolo, lui prende parte alla nostra unione con la sua soave presenza».

«Va bene, Teo, ora però ti prego di non farmi male... Sai, per me è la prima volta...»

«Mio dolce Umbertolo, sai che non ti farei mai del male. E ora amami! Amami, Umbertolo!»

«Sì, Teo ti sto amando! Ti sto amando da morire!»

Umberto si sveglia di colpo ancora sul divano alle sette del mattino. Su Rai1 stanno trasmettendo *Uno Mattina in famiglia.* Si guarda dentro i pantaloni del pigiama e sul suo viso compare nuovamente l'espressione di disgusto. Barbara è a trafficare in cucina, vestita identica a come è uscita la sera prima, con una gonna nera e una camicia viola assai scollata. È evidente sia rientrata da poco.

«Quanto russavi... Ma te poi addormenta' mentre guardi la televisione?»

«Ero stanco, 'sti giorni sto così... stranito. Ma tu a che ora sei tornata? Che hai passato la nottata fuori?»

«Stavo da Suellen, s'è mollata cor fidanzato, 'a dovevo consola'...»

«Vabbe'...»

Mentre Barbara armeggia vicino al lavello, Umberto le si avvicina e comincia a toccarla. Poi le solleva la gonna e si tira giù i pantaloni. La donna non gli fa mancare parole dolci come il miele.

«T'è resuscitato l'uccello? Meno male va', me stavo a preoccupa'...»

Dopo meno di due minuti, il metaforico volatile non

riesce a entrare nel caldo nido e l'uomo si allontana avvilito dalla compagna. Lei, ricomponendosi, dispensa parole di conforto.

«Mo' me so' rotta il cazzo... Se già te serve er Viagra trovate 'n'ottantenne. Sai che faccio io? Me ne vado qualche giorno da mamma. Tu ripijate e poi me chiami, ok?!»

Mentre Umberto è seduto su una sedia, guardando fisso il pavimento, Barbara prepara un piccolo trolley con un po' di trucchi e di vestiti. Non si salutano neanche. Quando lui sente sbattere la porta di casa, alza lo sguardo e resta pensieroso. Dopo circa un'ora, si alza dalla sedia e va nello studio: risveglia il computer dallo stato di standby e digita su Google 'sessuologo + problemi erezione'. Il primo risultato della ricerca è 'Dottoressa Victoria's Secret, psichiatra e sessuologa di fama mondiale, specializzata nell'innovativa tecnica dell'ascolto non ragionato'.

«Questa se chiama come un negozio de mutande» sussurra Umberto sbuffando, ma contemporaneamente clicca sul link e si appunta l'indirizzo. Il giorno dopo è già lì, all'ingresso di un palazzo signorile in zona Prati. Una volta arrivato nell'androne, gli viene incontro un nano vestito da folletto.

«Buongiorno, posso aiutarla?»

«E te chi sei? Il nanetto dei boschi?»

«Non sia scortese... sono il portiere di questo stabile».

«E perché, se sei il portiere, te vesti così?»

«Così come, scusi?»

«Vabbe', lasciamo perdere... sto cercando la sessuologa».

«Ah, poteva dirlo subito. Scala A, primo piano; prima porta a sinistra».

Umberto sale le scale e si trova davanti al portone di Victoria's Secret. All'ingresso dello studio c'è uno zerbino luminoso con la scritta rossa 'Welcome' lampeggiante; un pelliciotto sintetico arancione copre il pomello della porta.

Il militante della Lega / Salvini Premier suona il campanello, ma, invece del classico *drin*, parte *A far l'amore comincia tu* di Raffaella Carrà. Dopo circa trenta secondi, la porta si apre e gli appare davanti una drag queen con un vestito dorato, una parrucca verde e scarpe rosse col tacco a spillo. L'uomo sgrana gli occhi e rimane interdetto per alcuni secondi, per cercare poi una exit strategy.

«Mi scusi, devo aver sbagliato».

«Buonasera, chi stai cercando?»

«Starei cercando la sessuologa, ma non credo che mi possa aiutare...»

«Sono io la sessuologa, hai preso per caso appuntamento?»

«Lei... Lei... è la sessuologa famosa?»

«Certo che sono io, non so quanto famosa ma sì, sono la sessuologa. E tu chi sei?»

«Io sarei Umberto Bossolo, ma...»

«Entra, Umberto. Oggi è il tuo giorno fortunato: mi hanno appena disdetto un appuntamento e posso dedicarmi a te».

Umberto entra e attraversa il lungo corridoio buio che porta verso lo studio di Victoria's Secret. La grande stanza che si presenta ai suoi occhi sembra più il magazzino di una sartoria teatrale che lo studio di una psichiatra. Le pareti sono completamente ricoperte di abiti coloratissimi, maschere veneziane e mensole con oggetti di ogni tipo: tra gli altri, nota una frusta a nove code e una collezione di manette ricoperte da finta pelliccia rosa. A illuminare la stanza, faretti colorati e al centro del soffitto un'enorme sfera da discoteca rotante.

Victoria's Secret si siede dietro la sua scrivania, composta da due statue di marmo raffiguranti un uomo e una donna nudi e inginocchiati a reggere una lastra di vetro; indica a Umberto il lettino dove stendersi: una lunga lingua imbottita che fuoriesce da una testa dai lineamenti appena abbozzati, tanto da rendere impossibile decifrare se rappresenti un volto maschile o femminile.

«Allora, Umberto, dimmi cosa ti ha spinto a rivolgerti a me».

«È iniziato tutto qualche giorno fa, una sera mi sono addormentato e ho sognato Matteo Salv...»

«Ha visto l'ultimo post su Instagram del professor Colesterolo? Ha trovato un ristorante su via Appia Antica che cucina le focacce di ricotta su foglie d'alloro, sembra che gli antichi Romani ne andassero ghiotti...»

«Ehm, ma scusi, dottoressa Secret, cosa c'entrano le focacce di ricotta con il mio sogno inquietante?»

«La povera Flavia Vento per cinque mesi ha pensato di chattare con Tom Cruise, poi l'impostore che faceva finta di essere il famoso attore le ha chiesto dei soldi. Poveretta...»

«Sì, ma io le vorrei raccontare dei miei sogni bagnati con il capitano, da quando li ho fatti non riesco più a fare l'amore con la mia compagna. Ora lei è andata via di casa, sono disperato!»

«Bene, come prima seduta può andare, ci vediamo tra una settimana, stesso orario. Può lasciare i centoquaranta euro qui sulla scrivania».

Umberto la fissa incredulo, vorrebbe contestarle qualcosa ma la psichiatra è già impegnata a passarsi dello smalto rosso fuoco sulle unghie dei piedi. Lascia i centoquaranta euro sul tavolo e se ne va. Mentre attraversa il corridoio buio sussurra tra sé e sé: «Che imbecille, cor cazzo che ce ritorno da questa, che poi è questo. 'Sti cazzo de froci, so' pure ladri...»

La giornata dell'uomo prosegue con qualche appuntamento di lavoro e un passaggio al solito banchetto della Lega. Durante il volantinaggio, mentre è assorto nei suoi pensieri, sente il militante con cui aveva discusso qualche giorno prima inveire contro due ragazze che si baciano con passione su una panchina poco distante.

«Me fate schifo! Siete scherzi daa natura! Vergognateve!!! Me fate vomita'!!! Annate a casa vostra a fa' le pervertite!»

Umberto lo fissa, le sue urla gli entrano nel cervello producendo un incredibile fastidio. Posa i volantini con il faccione di Matteo Salvini sul banchetto e, con calma biblica, si avvicina a Luca e lo stende con un destro. Arrivano di corsa altri due leghisti, sconvolti per l'accaduto. Uno dei due si rivolge a Umberto.

«Aò, ma che t'è preso?»

«L'ho visto fa' in televisione...»

Andandosene, strappa la sua tessera della Lega / Salvini Premier e la getta in un cestino. Arrivato a casa, si butta sul divano e si accuccia, fissando il vuoto.

Il silenzio è interrotto da alcuni suoni provenienti dal computer, rimasto acceso nello studio. Umberto si avvicina alla scrivania per spegnerlo, ma è incuriosito da una serie di messaggi privati che arrivano sul profilo Facebook di Barbara, lasciato inavvertitamente aperto dalla donna prima di andarsene. Scorrendo le chat, scopre che la sua compagna lo tradisce da due anni con Ambrogio, cinquantatré anni. È uno dei cinque milanesi emigrati a Roma e fa l'insegnante di pilates. I due si vedono quasi ogni giorno, approfittando degli impegni di lavoro di Umberto e delle tante ore che dedica alla militanza politica. Producono anche dei video, dove spesso lo irridono mentre fanno sesso. In uno degli ultimi, si fa persino riferimento alla sua prima défaillance.

«All'Umberto non gli tira più, trucidona mia?»

«No, secondo me è diventato pure frocio oltre che cornuto! Oggi glie devi da' dentro pe' tutti e due. Meno male che c'ho te, er toro dei Navigli!»

Umberto spegne il computer e torna sul divano, rannicchiandosi nella stessa posizione in cui si trovava prima della scoperta, ma questa volta delle lacrime iniziano a scendergli lungo il viso. Il giorno dopo decide di fare la prova del nove. Si ritrova così davanti all'ingresso dell'Adam, una delle saune gay più frequentate di Roma. Dopo qualche minuto di attesa prende coraggio ed entra. Nello spogliatoio, uomini di tutti i tipi, giovani e meno giovani. Dopo un drink nella zona comune, arriva in una sala con una grande piscina idromassaggio illuminata con luci soffuse. Si toglie l'asciugamano ed entra in acqua, sedendosi a una certa distanza dagli altri uomini che lo scrutano in modo indiscreto, facendogli occhiolini e lanciando sorrisi. Chiude gli occhi e si rilassa, pensando che forse, come primo impatto con la sua nuova presunta sessualità, un bagno in compagnia possa essere più che sufficiente. D'un tratto sente però un tocco sulla gamba sinistra, una carezza lieve, quasi impercettibile. Si gira di colpo stupito: di fianco a lui c'è Luca, sul viso porta i segni della percossa. Quando l'uomo riconosce a sua volta Umberto rimane raggelato e la sua mano si ferma per qualche minuto. I due si fissano a lungo, senza proferire parola: all'evidente imbarazzo, si uniscono i ricordi di tutte quelle volte in cui hanno gridato parole di disprezzo contro omosessuali, lesbiche, transessuali. E poi quel pugno, quell'addio così violento.

Il militante leghista riprende ad accarezzare la gamba di Umberto, che lo lascia fare. La mano sale pian piano sull'interno coscia, quasi timorosa, prima di arrivare nella zona dove abita il desiderio maschile. È lì che Umberto sobbalza, il suo cuore batte fortissimo: fissa il volto timoroso di Luca, si gira leggermente e, con calma biblica, lo colpisce con un secondo destro, forse ancor più forte del primo, per poi saltare fuori dalla vasca. Gli altri uomini corrono in soccorso di Luca, alcuni urlano a squarciagola, altri si coprono il volto per non guardare; due di loro lo sollevano, per evitare che muoia affogato; un altro si rivolge a Umberto, che nel frattempo si è rimesso l'asciugamano e si sta dirigendo a passo lento verso gli spogliatoi.

«Aò, ma che t'è preso?»

«L'ho visto fa' in televisione...»

Ormai depresso e confuso, Umberto quella sera torna a casa quasi rassegnato a non poter avere più una vita sessuale, una compagna o un compagno, se non nel mondo dei sogni. Steso sul divano, esausto nella mente e nello spirito, si addormenta dopo pochi minuti. Si risveglia la mattina seguente ancora più depresso, perché per la seconda notte di seguito non ha sognato nulla, o almeno si sveglia senza ricordare cosa abbia prodotto la sua mente durante il sonno. Vuole tornare da Victoria's Secret, investendo la psichiatra drag queen delle sue ultime flebili speranze di riavere una vita normale. Arrivato nell'androne del palazzo signorile, incontra nuovamente il portiere, questa volta vestito da Cappuccetto Rosso, con tanto di cestino in vimini tra le mani.

«Perché oggi vestito così?»

«Mi perdoni, ma così come?»

«Lasci stare, vado dalla dottoressa...»

«Ecco, bravo, vada dalla dottoressa che le farà bene».

«Senti chi parla...»

Salite le scale, arriva davanti al portone dello studio. La psichiatra si presenta vestita di piume di pavone, una parrucca rosa intonata con i tacchi a spillo, rossetto e smalto di color verde pisello. Stavolta Umberto quasi non ci fa caso, attraversa il lungo corridoio buio, entra nella stanza e senza neanche aspettare le istruzioni della drag queen si stende sul divanetto a forma di lingua.

«Allora Umberto, com'è andata questa settimana?»

«Eh, è andata decisamente di merda. Ho scoperto che la mia donna mi tradisce da due anni con un insegnante di pilates milanese. Cioè uno de Milano che viene a Roma pe' lavora' in una palestra a Centocelle... Vabbe'... Poi ho provato a fare il frocio anche nella vita reale, andando in una sauna gay, e mi ha fatto schifo solo l'idea. Ah! Ho pure preso a pugni un leghista gay sotto mentite spoglie per la seconda volta e...»

«Hai visto che storia Morgan? Il pugno di Selvaggia Lucarelli gli ha modificato qualcosa nella faccia: ora ha una bellissima voce ed è persino diventato intonato. Ha fatto un video su Instagram per ringraziarla, che carino...»

È in quel momento che Umberto, fissando la palla stroboscopica sul soffitto, ha un'intuizione: ha finalmente capito l'innovativa tecnica di 'ascolto non ragionato' di Victoria's Secret e decide di assecondare il lavoro della psichiatra.

«Pensi che dopo aver visto quel pugno in diretta mi addormentai e feci il secondo sogno, quello in cui il capitano mi fece mettere in ginocchio come una pecorella del presepe (simbolo delle radici cristiane d'Europa) e mi sodomizzò davanti al senatore Pill...»

«E come ti sentivi nel sogno? Eri turbato? Eccitato? L'idea che qualcuno stesse guardando quella scena cosa ti comunicava?»

«In un primo momento mi disgustava, poi dopo un po' quasi mi pia...»

«Conosci la storia di Lucy Salani? È la transessuale più anziana d'Italia, ha novantasei anni. La sua vita incredibile è stata raccontata in un documentario».

«Lo guarderò con molto interesse, in fondo in questo momento della mia vita sento venire meno molte delle mie convinzioni. Sa quelle idee che uno segue spesso senza manco sape' perché? Quelle cose che te dicono e tu te convinci che so' vere e poi magari così vere non sono...»

«Hai cercato di tornare nel sogno per fare l'amore con l'ex Ministro dell'Interno?»

«Sì, anche la scorsa notte, ma non ho sognato nulla... Secondo te perché?»

«Lucy Salani continua a sognare a occhi aperti il campo di Dachau, i corpi di esseri umani gettati nei forni crematori: alcuni di loro erano ancora vivi. Quando è stato affossato il DDL Zan, gli applausi di quei senatori sono stati un insulto alla memoria di quei morti e di tutti quelli che oggi soffrono perché sono discriminati. Alcuni volevano 'mediare', diciamo così, escludendo le persone come Lucy dalla protezione che avrebbe dato la legge. 'Meglio di niente' avrebbero detto poi, 'sono stati concessi dei diritti grazie a noi' avrebbero fatto credere. Per oggi abbiamo finito, Umberto, ci vediamo la prossima settimana. Lascia i centoquaranta euro qui sulla scrivania, io vado di là a farmi una lampada total body».

Umberto lascia i soldi e questa volta se ne va soddisfatto. Le ombre nella sua mente iniziano a diradarsi, o quantomeno la confusione è ora più comprensibile. La sera, arrivato a casa, si corica e si addormenta, per la prima volta dopo molti giorni, con un'espressione serena. Quella notte torna nel sogno, che questa volta è ambientato in un meraviglioso riad. Al centro della corte, il consueto letto bianco con baldacchino, sulle tre balconate decine di donne e di uomini nudi, con il viso celato da meravigliose maschere veneziane molto simili a quelle appese nello studio della sua psicologa. Vicino al letto, lo aspetta Teo con una veste marocchina: mentre Umbertolo si avvicina al centro della scena, Teo recita delle frasi incomprensibili in arabo, seguendolo con lo sguardo. Arrivato a pochi passi dal giaciglio, l'ex militante della Lega / Salvini Premier nota una figura femminile distesa sotto la sottile coperta di seta bianca. I suoi occhi si riempiono di stupore quando la donna si mette in ginocchio al centro del letto facendo scivolare la seta e svelando le sue nudità, ma soprattutto il suo volto minaccioso, che lo fissa con grandi occhi spiritati.

«Ma non posso crederci... Tu... tu sei...»

*«Io... Sono Giorgia! Sono una donna! Sono una madre! Sono cristiana! Sono italiana!»*

Umbertolo arretra di qualche passo, le urla della donna lo hanno spaventato. Si gira verso Teo, che lo fissa con la stessa soddisfazione con cui il personaggio del mondo reale, di cui è onirica proiezione, fissa solitamente un lonzino affumicato o un caciocavallo stagionato.

«Teo, a me questa fa un po' paura...»

«Mio dolce Umbertolo, lei è la Diva Giorgia, oggi uniremo le nostre carni e le nostre anime in un concerto di sensi che ci svelerà la via della salvezza...»

«Cioè mo' famo 'n'orgia co' la Melo... cioè, con la Diva Giorgia?»

«Mio dolce Umbertolo, unisciti a me e alla Diva Giorgia, seguici sulla via dell'illuminazione».

Sotto gli occhi di decine di maschere attente e silenziose, Teo, Umbertolo e la Diva Giorgia consumano la loro unione carnale. L'atto è molto lungo e Umberto, per la prima volta, riesce a muovere autonomamente Umbertolo: ne ha il totale controllo. Finita l'orgia, la Diva Giorgia si distende esausta e si ricopre con la coperta di seta, girandosi di spalle: subito dopo si smaterializza e la coperta cade svuotata del suo contenuto. Umbertolo e Teo sono in ginocchio, nudi, uno di fronte all'altro.

«È stato meraviglioso, Teo...»

«Sì, mio dolce Umbertolo, finalmente hai trovato la tua strada».

«Teo, ma questo vuol dire che...»

«Sì, mio dolce Umbertolo, la mia missione finisce qui. Ormai è luglio inoltrato, il Papeete Beach mi aspetta. Ah! Per uscire dovrai mostrarmi a quella celebre maschera che vigila su questo luogo magico».

«In che senso mostrarti?»

Umbertolo si volta e vede un Pulcinella fisso davanti all'ingresso del riad. Si gira di nuovo verso Teo, ma il suo ex punto di riferimento umano, politico ed enogastronomico, si è ormai smaterializzato. Al suo posto un foglio di carta con stampato il suo nome nel mondo reale e un QR code. Sì, Teo si è trasformato nel green pass di Umberto Bossolo. Umberto, ormai unito al suo personaggio onirico, mostra il green pass al Pulcinella, che lo valida con lo smartphone.

Si sveglia col sole già alto, sereno e felice. A turbare la sua estasi, dei rumori provenienti dalla cucina: Barbara sta bevendo un caffè appena fatto con la moka.

«Ah, sei tornata...»

«So' tornata, so' tornata, 'ndo vai senza de me? Te sei ripreso?»

«Mah, mica lo so...»

«Famme vede' se te sei ripreso va'...»

La donna accarezza dolcemente il viso del compagno, poi gli prende la mano e lo accompagna nella camera da letto: si spogliano a vicenda e fanno sesso con foga adolescenziale. Alla fine rimangono distesi, uno di fronte all'altra, stremati dal lungo amplesso.

«Be', te sei ripreso alla grande eh! Un po' de strizza t'ha fatto bene!»

«È stata la nostra ultima volta, Barbara. Ho voluto che fosse bella...»

«Ma che stai a di', Umbe'?»

«Sto a di' che ora te vesti, te ne vai e non ce sentiamo mai più. Ah, salutame er toro dei Navigli».

Barbara rimane in silenzio, si riveste tra le lacrime e si avvicina alla porta d'ingresso. Prima di uscire, si gira verso Umberto, che la segue con lo sguardo.

«Me dispiace, Umbe'...»

«Meglio così, fidate. Le cose tue le puoi porta' via con calma, non c'è fretta».

Umberto fissa per qualche istante la porta e poi va a fare la doccia. Il pomeriggio torna all'Adam. Entrando nella sala con la grande piscina idromassaggio, rivede tutti gli avventori della volta precedente, che lo osservano con sguardi stupiti e timorosi, confabulando tra loro. In un angolo, lontano da tutti, c'è Luca con il volto ancora gonfio: quando vede Umberto arrivare, si spaventa e mette un braccio sul bordo della vasca, pronto a scattare per fuggire.

Umberto gli fa un cenno con la mano, come a dire: 'Calmo, non ho cattive intenzioni'. L'ex militante della Lega / Salvini Premier entra nella vasca, si avvicina all'uomo che ha più volte picchiato e comincia ad accarezzarlo, prima sul viso, poi giù sul petto e infine sulle parti intime. Iniziano a baciarsi e a darsi piacere nella vasca, davanti agli sguardi compiaciuti e ormai rilassati degli altri, che a loro volta li seguono. Ne viene fuori un'orgia acquatica assai avvincente, 'silenziata' negli urli di piacere da un *Va' pensiero* sparato al massimo del volume dal gestore della sauna. Dopo il rapporto, i due rimangono abbracciati per un po', poi Umberto lascia la sauna con la consapevolezza che non ci entrerà mai più.

Qualche giorno dopo, torna nel palazzo signorile di Prati per la seduta con Victoria's Secret. All'ingresso trova il portiere nano con dei jeans e una camicia bianca, impegnato a spazzare l'androne.

«Oggi è vestito normale, come mai?»

«Mi spiega una volta per tutte cosa le importa di come mi vesto io? Sto forse io a giudicare come si veste lei?»

«Ha ragione, ha ragione... Vado su dalla dottoressa».

«Vada, vada...»

Davanti alla porta dello studio, nota subito che non c'è più lo zerbino luminoso con la scritta rossa 'Welcome' lampeggiante, è sparito anche il pellicciotto sintetico arancione a ricoprire il pomello. Suona il campanello, che fa un banalissimo *drin*. Gli apre la porta una donna sulla quarantina, sguardo rassicurante, lunghi capelli rossi.

«Mi scusi, devo aver sbagliato...»

«Buonasera signor Umberto, bentornato...»

«Ma lei è la dottoressa...»

«Certo che sono io, sono la dottoressa Vittoria Segre, non mi riconosce? Sono solo stata dal parrucchiere; non le piace il nuovo taglio forse?»

Umberto sorride e segue la sessuologa lungo il corridoio luminoso che porta fino al grande studio. Alle pareti, i tanti attestati della specialista, di fianco a due enormi librerie con testi scientifici. In alto, un grande lampadario di cristallo.

Senza aspettare che la dottoressa dica nulla, l'uomo è già disteso sul lettino di pelle nera.

«Allora, Umberto, come sta oggi?»

«Sto molto bene, dottoressa Segre, penso di aver chiarito dentro di me molte cose».

«Cosa ha chiarito? Mi racconti...»

«Barbara è tornata, abbiamo fatto sesso e poi l'ho lasciata. Mi è dispiaciuto ma ho pensato che fosse la cosa più giusta da fare, sia per me che per lei».

«Se è quello che sentiva di fare, è stata la scelta giusta. Si sente più sereno ora?»

«Molto. Nel pomeriggio sono tornato nella sauna, ho rincontrato Luca, il ragazzo che avevo picchiato due volte. Abbiamo fatto sesso e mi è piaciuto, è stato molto dolce... Ora però sto cercando di capire se sono etero o gay».

«Forse lei è semplicemente bisessuale... o magari gender fluid...»

«Gender fluid?»

«Le persone gender fluid non si fanno etichettare in nessuno schema sessuale, si sentono completamente libere di essere ciò che vogliono e quando vogliono».

«Bello! Libertà totale, nessuno schema...»

«Proprio così, Umberto».

«E mi dica, dottoressa, anche il fatto che non senta più rabbia e disprezzo per i gay, ma anche per le persone straniere o che professano altre religioni, è una specie di gender fluid?»

«Ha mai pensato di non essere una persona razzista,

intollerante, omofoba? Sa, a volte è facile che i bassi istinti presenti in ognuno di noi vengano fomentati dalla propaganda e da personaggi travestiti da 'uomini forti' che mettono delle maschere per coprire la loro inconsistenza e magari le loro tante debolezze. Personalità che ieri come oggi creano finti problemi e illusioni per dare la percezione di minacce che non esistono. Se poi l'inganno per qualche motivo si svela, se le maschere cadono, chi è stato plagiato da quelle illusioni può entrare in confusione».

«E cosa ha svelato l'inganno?»

«Questo può saperlo solo lei, Umberto. Per oggi abbiamo finito, ci vediamo la prossima settimana».

Umberto lascia i centoquaranta euro sulla scrivania di mogano della dottoressa Vittoria Segre e attraversa il corridoio luminoso che sfuma sulle lampadine a incandescenza del 30 notturno.

Sui palazzi di via Prenestina qualche luce ancora accesa svela attimi di vita delle case. Umberto le osserva incuriosito, magari nella speranza di scorgere qualche uomo o qualche donna in abiti discinti. A distrarre i suoi intenti voyeuristici, la voce di Benny.

«Dove tu vai?»

«Ciao Benny! Stai sempre qua eh...»

«Sempre sul 30 notturno Benny è. Solo sul 30 notturno Benny è».

«Sto andando a casa, si è fatto tardi e Aisha mi aspetta».

«Con Aisha l'amore tu fai».

«Certo che ci faccio l'amore, è la mia fidanzata».

«Sotto il velo molto bella Aisha è».

«Aisha è bellissima, Benny».

«Sotto il velo come un sogno Aisha è».

«Bravo Benny, è bella proprio come un sogno».

# Don Giulio

*Il mondo ha fretta, continua a cambiare,*
*chi vuol restare a galla si deve aggiornare.*

Giorgio Gaber, *La Chiesa si rinnova*

Ed ecco salire un prete, un bel prete di quarantacinque anni: capello biondo d'ordinanza, carnagione chiara, occhi azzurri, talare nera, una borsa con due cambi. Don Giulio è un parroco che ha fatto una scelta: sale sul 30 notturno alla fermata Labicano / Porta Maggiore, non lontana dalla sua parrocchia; accanto a lui si siede Benny il Matto, che dopo essersi tolto la bombetta gli si rivolge con tono incredibilmente serio.

«Ancora nel tuo Signore tu credi».

«Ma certo, Benny, la mia fede resterà sempre intatta».

«Con l'uomo è ora il tuo problema?»

«Non più, penso di aver risolto ogni problema, almeno spero...»

Il vecchio tram tarda a ripartire. Arturo Giani, dalla cabina, impreca ad alta voce e grida qualcosa a qualcuno. Sui binari una dozzina di cinghiali di varie dimensioni attraversano lentamente la strada. L'autista, per mettere fretta agli animali, inizia a suonare l'inconfondibile *dong*, ma i mammiferi non sembrano intenzionati a darsi una mossa. La scena incuriosisce Benny che si allontana da Don Giulio e saltella verso la cabina.

«Levateve da lì! Che cazzo de città de merda! Non se ne po' più! Solo i cinghiali ce mancavano stanotte...»

«Magico il suono di questi violini, sublime la musica del maestro è».

«Benny, ma che stai a di'? Dove senti la musica? Ce so' i cinghiali, mica l'orchestrali!»

«L'era della conoscenza il maestro canta...»

«Eh?!»

Lo sguardo di Benny il Matto ora è fisso su uno degli animali, un enorme cinghiale albino che a sua volta lo fissa. I due sembrano comunicare con la mente, Arturo Giani osserva la scena quasi intimorito dal muto dialogo. Ora sembra sentire anche lui quei violini. L'enorme animale è l'ultimo a liberare i binari: dopo aver staccato gli occhi da Benny, raggiunge il gruppo che continua indisturbato il suo tour per il centro della capitale. Anche il Matto stacca lo sguardo dalla strada e torna in coda al tram, come se nulla fosse accaduto.

Ora il 30 notturno può continuare la sua corsa. Le porte finalmente si chiudono, le lampadine vibrano con la stessa frequenza del suono di un antico organo, quello che suona Don Giulio qualche tempo prima, durante un corso di canto organizzato per i suoi fedeli. Il sacerdote, che racconta il Vangelo in una storica chiesa romana all'ombra dell'imponente basilica di San Giovanni in Laterano, è molto amato dai parrocchiani, di cui in molti casi è anche amico e confidente. Tante le attività che organizza per farli socializzare, dai corsi di canto sopracitati a quelli di teatro, dalla ginnastica alle gite organizzate nei luoghi della cristianità. Durante una di queste, sul pullman, Don Giulio conversa con la signora Luisa.

«Padre, ti posso parlare di un problema che riguarda mia figlia?»

«Ma certo, Luisa, cosa succede?»

«Maria Elena, sono preoccupata per lei. È un sacco di tempo che non ha un fidanzato; sull'ultimo calo un velo pietoso altrimenti direi delle cose brutte e poi dovrei chiederti di confessarmi. Insomma, ho paura che resti sola, mentre io la vorrei felice, vorrei che mettesse su famiglia, che facesse dei figli».

«Forse Maria Elena pensa che non sia il momento, è una persona adulta, poi sinceramente la conosco poco: l'ho vista l'ultima volta un paio di anni fa quando ti accompagnò alla messa di Natale...»

«Hai ragione, sono anni che provo a farla avvicinare di più alla parrocchia... che ti devo dire... Ma al di là di questo, secondo me, ha paura degli uomini. Se mio marito fosse ancora vivo, forse riuscirebbe a tranquillizzarla, cosa che io non so fare. C'era un rapporto molto simbiotico tra loro».

«Quindi avete provato a parlarne...»

«Sì, diverse volte, ma appena tocco l'argomento si arrabbia e diventa aggressiva».

«Forse pensa che sia un'invasione di campo? Un entrare troppo nella sua vita sentimentale?»

«È quello che mi dice: non vuole che me ne interessi. Però... ti faccio un esempio. Lei lavora nello studio di Massimo Ceccarelli, hai presente no?»

«Certo! Il dottor Massimo è una bravissima persona».

«È un angelo, era molto amico di Pietro, mio marito. Ecco: il figlio di Massimo, Luca, stravede per Maria Elena. È un ragazzo d'oro, lo vedrai spesso a messa...»

«Sì, certo! Viene praticamente ogni domenica».

«Ecco. Lei non lo guarda, non ne vuole sapere di lui. Invece io penso che sarebbero una coppia perfetta, non credi?»

«Sai Luisa, spesso quando vogliamo molto bene alle persone tendiamo a immaginare quale potrebbe essere la vita migliore per loro, ma non è detto che quella vita che immaginiamo sia la stessa che vorrebbero loro. Maria Elena, quando troverà l'uomo giusto, saprà sicuramente cosa fare. E quando questo avverrà, sempre se lei vorrà, sarò felice di celebrare il suo matrimonio e magari, chissà, anche qualche battesimo più in là...»

«Grazie Don Giulio, le tue parole sono sempre di conforto. Un'altra cosa: come faremo ora che la maestra di ginnastica è andata in maternità? Hai già trovato una sostituta?»

«In realtà no, pensavo di proporvi un nuovo corso in attesa che lei ritorni, ma non è facile trovare insegnanti che abbiano del tempo libero e accettino il piccolo rimborso spese che può offrire la parrocchia...»

«Sono certa che troverai la soluzione migliore, tu ne sai sempre una più del diavolo! Ops, che ho detto! Hahaha!»

Don Giulio è un prete modello, si fa voler bene dai fedeli ed è molto stimato dalle gerarchie vaticane. È amico del Papa, che inizia a frequentare nel 2005 nei giorni precedenti il concistoro che elesse Benedetto XVI, suo predecessore. In quel periodo nasce un'amicizia molto forte: quando l'ex cardinale argentino è in Italia, Don Giulio è il primo ad accoglierlo. Dopo l'elezione del 13 marzo del 2013, per ovvie ragioni, gli incontri diventano meno frequenti, ma i due si sentono al telefono almeno una volta al mese.

«Resti in attesa, stiamo trasferendo la telefonata».

«Sì, grazie».

«Pronto Giulio, ci sei?»

«Sì, Jorge, ci sono».

«Noia mortale queste procedure, prima bastava alzare telefono e comporre numero... Ora sembra la NASA! Hihihi!»

«È vero, ci vuole sempre un sacco di tempo; ma sento un rumore strano in sottofondo, chissà cosa sarà...»

«Sono io, sono io, sto facendo funzionare robot aspirapolvere».

«Perché, il Papa ha un robot aspirapolvere?»

«Perché Papa non dovrebbe avere robot aspirapolvere? Papa è Papa, mica monaco di Monte Athos... e poi ti confesso, Giulio: mi annoio tanto a fare Papa, sai?»

«Ah... Senti, Jorge, ho bisogno di un piccolo consiglio: sai che per me sei un maestro in tutto, non solo su questioni teologiche...»

«Non esagerare, amico, sono tante cose che non so... ma se posso, dimmi pure...»

«Clara, la maestra di ginnastica, è andata in maternità, per qualche mese non ci sarà e volevo approfittarne per proporre ai parrocchiani qualcosa di più moderno».

«Bravo! Ottima idea! Perché non organizzi corso di pilates?»

«Pilates?»

«Certo! Pilates fa benissimo sai? Molto meglio di solita ginnastica! Dove vai tu!? Fermati!! Suor Annaaa! La prego, può fermare robot?!»

«Jorge, che succede?»

«Ti devo salutare, amico. C'è piccolo problema con robot aspirapolvere. Mi raccomando, fai pilates! È bello e fa bene. Ciao!»

Don Giulio chiude la conversazione col Santo Padre un po' perplesso, ma poco dopo va a cercare informazioni sul pilates. La disciplina prende il nome da Joseph Pilates, suo creatore, e consiste in un insieme di esercizi pensati per lavorare sulla correzione posturale, la flessibilità articolare, la tonicità e l'elasticità muscolare, senza che chi pratichi corra il rischio di farsi male.

Dopo aver letto le informazioni e guardato qualche video, decide di affiggere sulla bacheca esterna della parrocchia un annuncio: 'Cercasi maestra o maestro di pilates per attività della parrocchia. Si offre rimborso spese'. È convinto che nessuno risponderà, nessuno lavora per la gloria, neanche per quella dei cieli. Viene però smentito due giorni dopo quando Pablo, un bellissimo uomo sulla quarantina nato da madre argentina e padre italiano, si presenta in sagrestia. Fisico palestrato quanto basta, pelle olivastra, capelli corti, saluta Don Giulio con un sorriso solare, ricambiato dal parroco, che non riesce a staccargli gli occhi di dosso, tradendo non poco una natura sacrificata sull'altare della vocazione religiosa.

«Allora, Pablo, sono davvero felice che tu abbia risposto all'annuncio. Ti confesso: non speravo che qualcuno si facesse vivo, purtroppo come hai letto possiamo offrire solo un rimborso spese».

«Non c'è problema, padre, lavoro già per una palestra e mi fa piacere dedicare qualche ora alla parrocchia. Sa, mia madre era molto religiosa».

«Ti prego, diamoci del tu: lo faccio con tutti, il 'lei' mi mette in imbarazzo...»

«Anche a me, lo sai? Allora ti posso dare del tu. Come ti dicevo, mia madre era credente e...»

«Non c'è più? Mi dispiace».

«Purtroppo un brutto male se l'è portata via».

«E tuo padre?»

«Lui dopo qualche anno è andato a vivere con un'altra donna: ci vediamo poco, si è ricostruito una sua vita e non ha molto piacere a vedermi».

«E come mai? È tuo padre...»

«Be', il motivo è che... sono omosessuale. Spero non sia un problema per il corso, ti prometto che non lo dirò a nessuno».

«Ah, be' no... che problema c'è? Come sai la Chiesa ha una posizione molto chiara su questo, ma non c'è scritto da nessuna parte che per tenere un corso di pilates... Insomma...»

«Ti ringrazio, Don Giulio! Spero che il corso piacerà ai parrocchiani!»

«Ne sono sicuro, amano tantissimo queste attività».

Qualche giorno dopo, in una sala adibita a palestra, i fedeli sono lì, con i loro tappetini e le loro tutine da ginnastica, a farsi guidare da Pablo nei movimenti del pilates. Il corso, inizialmente frequentato dalle stesse persone che seguivano quello di ginnastica, conta ogni giorno nuovi iscritti, tanto da costringere Don Giulio a chiedere all'istruttore, per la stessa cifra simbolica, di aumentare le lezioni per dare la possibilità a tutti di partecipare. Lui accetta con quel sorriso che continua a provocare nel giovane parroco una sensazione di stordimento paragonabile, per intensità, a un'apparizione della Madonna di Medjugorje in costume da bagno leopardato. Anche i parrocchiani sono entusiasti di Pablo, dopo le prime lezioni tutti sentono i benefici degli esercizi.

«Don Giulio! Che bella idea questa del pilates! Mi sento davvero rinata, lo sai?»

«Mi fa piacere, Luisa, me lo state dicendo tutti! Pablo è una bellissima scoperta».

«Bellissima sì... Non dovrei dirlo perché potrei essere la sua mamma, però è davvero un bel fusto. Secondo me piacerebbe anche a Maria Elena, mia figlia, ma temo che lui... insomma... non apprezzi il genere...»

«Luisa, Luisa, non facciamo pettegolezzi...»

«Hai ragione Don Giulio, però certo, che peccato... A proposito di Maria Elena, guarda cosa ti ho portato. C'è pure la dedica!»

«Ah! *#RenziFaiSchifo*! Ne parlano tutti, lo leggerò con molto piacere. Complimenti a Maria Elena, sbaglio o voleva fare proprio la scrittrice?»

«Assolutamente sì! Sta coronando il suo sogno e ne sono davvero felice: speriamo che ora trovi un bravo ragazzo per mettere su famiglia...»

«Arriverà anche quello, Luisa, arriverà anche quello».

I mesi passano e tutto procede per il meglio. In una calda sera di agosto Don Giulio si trattiene in chiesa a raccogliere le offerte e a mettere le nuove candele nel votivo. In altre parrocchie utilizzano già da tempo quelli elettrici, ma lui preferisce la luce tremolante delle fiammelle. In una delle cappelle laterali, un quadro raffigurante il martirio di San Sebastiano: la tela, opera di un anonimo del Settecento, è stata recentemente resa celebre da un post del professor Colesterolo. Il noto food blogger, con l'occasione, ha invitato i suoi follower a cenare Dar Bruttone, un ristorante a pochi metri dalla parrocchia, famoso per i bucatini alla amatriciana. Il prete contempla spesso il quadro quando rimane da solo: la perfezione del corpo del santo, prima martorizzato e poi flagellato su ordine di Diocleziano, rafforza in lui la fede nella Chiesa, diciamo così.

Proprio durante la contemplazione dell'opera d'arte, Don Giulio sente una presenza alle sue spalle.

«È meraviglioso. Chi è l'artista?»

«Ciao Pablo! Hai fatto tardi oggi, perdonami per gli straordinari che ti sto facendo fare, non so davvero come sdebitarmi».

«Non ti preoccupare, mi fa davvero piacere essere qui. Sono in ritardo perché ho fatto una lunga doccia, non riuscivo più a uscire, una goduria...»

«Ah... Ehm... Allora... il dipinto in realtà non è firmato ma è della prima metà del Settecento. Per certi versi è un bene, sai? Non sarebbe qui se si conoscesse il nome dell'autore, sarebbe in parrocchie più 'blasonate', diciamo».

«Ma questa è una parrocchia bellissima, Giulio, e tu sei fantastico!»

«Ti... ti... ringrazio Pablo...»

I due sono vicini, troppo vicini, e per giunta l'istruttore mette una mano sulla spalla del prete che immediatamente arrossisce e inizia ad avere i brividi. San Sebastiano, con gli occhi rivolti al cielo, sembra già chiedere al suo principale l'indulgenza per i due. La tensione ora è fortissima, il parroco gira lentamente la testa verso Pablo e i loro sguardi si incrociano. A spezzare la magia l'eco del ticchettio dei tacchi delle scarpe di una giovane donna.

«Buonasera Don Giulio, posso rubarle qualche minuto?»

«Certo signorina, dove ci siamo già visti?»

«Sono Maria Elena, la figlia della signora Luisa».

«Ma sì! Come non riconoscerti! Ormai sei una scrittrice famosissima. Ti prego, dammi del tu».

«Grazie, Don Giulio. Ti disturbo per una cosa che riguarda appunto mia madre».

«Certo, dimmi tutto».

«Ecco... lei ti tiene molto in considerazione, parla in continuazione di quello che fate in parrocchia, dei corsi, ora va matta del pilates ad esempio...»

«Sì, il corso è piaciuto tantissimo, a proposito: lui è Pablo, il nostro istruttore».

«Piacere».

«Piacere mio».

«Allora, Don Giulio, il punto è questo. Penso che mia madre abbia bisogno di distrarsi. Le cose stanno cambiando velocemente; io sto cercando un po' più di indipendenza, soprattutto psicologica, e lei deve superare il lutto di mio padre».

«Capisco, ma io cosa posso fare per aiutarvi?»

«Le ho prenotato un viaggio che durerà qualche mese, una specie di giro del mondo a tappe. Conoscerà persone nuove, vedrà posti che non ha mai visto...»

«Ma è un regalo bellissimo».

«Temo che lei possa però viverlo come un metterla da parte, come un allontanamento forzato, capisci?»

«In effetti potrebbe accadere, lei è molto protettiva. Vuoi che provi a parlarci?»

«Sarebbe fantastico. Tanto verrà lei a dirtelo».

«Farò quello che posso, Maria Elena».

«Grazie, Don Giulio, grazie davvero».

Prima di andarsene, la giovane scrittrice sorride al parroco e all'istruttore di pilates. È in quel momento che le viene il dubbio di aver interrotto qualcosa e la sua espressione muta in imbarazzo.

«Ehm... allora io andrei... Buona serata, Don Giulio. Buona serata Pablo».

«Buona serata, Maria Elena».

«Buona serata!»

I due osservano la donna allontanarsi ma i loro sguardi si concentrano sull'inconfondibile suola rossa delle scarpe, delle meravigliose Christian Louboutin, nuova collezione. La porta della chiesa si chiude e i due si voltano di nuovo verso il San Sebastiano, che ora sembra discutere di scarpe con il suo principale.

«Che bel regalo, la madre sarà felice».

«Non lo so, in realtà il suo sogno è diventare nonna, la scomparsa del marito l'ha resa particolarmente dipendente da sua figlia e penso che anche Maria Elena lo sia. Un po' di distacco farà bene a entrambe».

«A volte le famiglie sono delle prigioni».

«Perché dici questo?»

«Dopo la morte di mia madre, mio padre ha deciso di non volermi più vedere. Per lui sono sbagliato, mi chiama invertito. Però penso che mi voglia ancora bene, anche se non riesce ad accettarmi per quello che sono».

«E questo ti fa soffrire...»

«Mi fa soffrire molto, ma non voglio impormi nella sua vita. Ora ha una nuova compagna, una donna divorziata. La aiuta a crescere i suoi figli: una volta mi ha detto: 'Loro sono normali, mica come te'. È l'ultima volta che abbiamo parlato».

«Mi dispiace, è tutto così incomprensibile. Un padre dovrebbe amare il proprio figlio a prescindere. È anche colpa di una parte della chiesa, me ne rendo conto. Sono passati dei messaggi sbagliati. Il Santo Padre sta provando a correggere la rotta, per quanto possibile».

«E tu, Giulio? Che rapporto hai con i tuoi genitori?»

«I miei non ci sono più, purtroppo, ma preferirei non parlarne. Però posso dirti che anche io ho subito qualcosa di simile...»

«È per questo che ti sei ritirato qui, tra queste mura? In questo silenzio illuminato dalla luce delle candele?»

«Ritirato? Che vuoi dir...»

Prima che Don Giulio riesca a finire la frase, le labbra di Pablo sono già incollate alle sue. I due si disinteressano di ciò che accade intorno a loro: la chiesa è ancora aperta, in qualsiasi momento potrebbe entrare qualcuno. Il bacio è lunghissimo, i loro corpi si avvicinano e le loro mani iniziano a sfiorare le schiene, i fianchi. San Sebastiano è sempre lì e ora sembra dire al suo principale 'non ti preoccupare… lasciali perdere… continuiamo a parlare di scarpe…' C'è qualcosa di atavico e affascinante nel modo con cui le persone si riconoscono tra simili: è la dimostrazione che nessun rapporto è contro natura perché è proprio la natura a suggerirci chi siamo e chi è come noi: il resto sono congetture, nuclei sociali imposti, quelli sì, innaturali. Giulio e Pablo si riconoscono: entrambi sono stati emarginati dalle loro famigerate 'famiglie tradizionali'. Il primo, per cercare di farsi accettare, trova rifugio nella Chiesa; il secondo non si nasconde e subisce il distacco. Dopo diversi minuti si staccano, gli occhi del parroco sono gonfi di lacrime.

«Io non posso, ho fatto una promessa!»

«Giulio, non puoi mantenerla e lo sai. Perché devi farti del male?»

«Ho fatto una promessa…»

Prima che Pablo possa replicare, Don Giulio è già corso via, ha chiuso a chiave la porta laterale che conduce alla sagrestia ed è sparito dietro di essa. Dopo qualche minuto, l'insegnante di pilates lascia la chiesa e si avvia a piedi verso casa, un piccolo appartamento in un piano rialzato vicino largo Preneste, a mezz'ora a piedi da lì.

Il giorno dopo, è di nuovo nella sala adibita a palestra a mostrare i movimenti del pilates ai fedeli; Don Giulio lo osserva da lontano, in attesa che finisca la lezione. Quando tutti lasciano la stanza, il prete si avvicina con passo timido all'istruttore.

«Giulio, mi dispiace per ieri, davvero…»

«Ma no Pablo, cosa dici? Sono io che ti chiedo scusa per la mia reazione. Sai, hai detto una cosa molto vera. La mia vocazione è stata un po' condizionata…»

«C'è sempre tempo per tornare indietro».

«E come faccio? Non mi vedi? Sono un prete. È una cosa che ho voluto e che mi fa sentire utile agli altri. E poi, malgrado tutto, io credo nella Chiesa, credo nella mia comunità...»

«Nessuno ti dice di non crederci più. Vabbe', stasera mangiamo qualcosa fuori?»

«Ehm... Ok, perché no. Non c'è niente di male... Dopo la messa delle sette però».

«Certo, dopo la messa».

Terminata l'ultima funzione, come da accordi, Pablo aspetta Don Giulio fuori dalla chiesa; il parroco lo raggiunge e i due iniziano la loro serata insieme. Il luogo scelto per la cena è il Gatsby Cafè, un delizioso bistrot su tre piani che si trova sotto i portici di piazza Vittorio: il Gatsby ha contribuito a riqualificare la bellissima piazza ridando vita ai locali che un tempo ospitavano l'antica cappelleria Venturini, è frequentato da giovani e meno giovani. L'insolita coppia ci passa diverse ore, bevendo e mangiando salumi e formaggi con sottofondo di musica jazz.

«Ma quello lì nell'angolo non è il giornalista... Aspe', come si chiama?»

«Sì, è vero! È quello lì, non ricordo il nome...»

«Neanche io, ce l'ho sulla punta della lingua... Comincia per 's', mi pare, ha un cognome strano...»

«Sì sì, ora non mi viene. Secondo te perché ogni tanto ci guarda?»

«Non lo so. Ci guarda e poi scrive al computer».

«Strano. Comunque non sembra dei 'nostri'».

«Eh no, non sembra neanche a me...»

«Si è fatto un po' tardi, ti va di passare da me?»

«Ehm, da te... Io non...»

«Dai! Abito vicino largo Preneste. Non è lontano dalla parrocchia».

«Va bene, ma non facciamo tardi ok? Alle otto domani devo dire messa».

«Promesso!»

Come assai prevedibile, la promessa dell'insegnante di pilates italo-argentino non viene mantenuta. Varcata la soglia di casa, i due si lasciano trasportare dalla passione. Per Giulio è la prima volta, ma il prete non si tira indietro su nulla; si lascia completamente guidare da Pablo restando in estasi di fronte al suo fisico perfetto, ai muscoli così simili a quelli del San Sebastiano. Il quadro dipinto da un anonimo del Settecento, reso celebre dal professor Colesterolo, è sempre lì, illuminato dalla luce delle candele; con gli occhi sempre fissi verso il cielo, sembra dire al suo principale: 'E non guardarli così, che staranno mai facendo di male? A proposito: tra qualche giorno comincia la Milano Fashion Week, guarda che ti interrogo eh!'

I due amanti fanno l'amore per ore, per poi addormentarsi abbracciati. La mattina seguente, all'alba, Don Giulio si sveglia e si riveste cercando di non fare rumore, per non svegliare Pablo. Ovviamente non ci riesce e i due si salutano con un bacio appassionato, dandosi appuntamento alla sera, sempre a casa dell'insegnante di pilates.

Tra alti e bassi, la relazione clandestina tra i due prosegue per diversi mesi: qualche fedele comincia a notare la loro complicità ma fa finta di nulla, perché Don Giulio e Pablo sono amati da tutti e il fatto che possano amarsi tra loro non sconvolge più di tanto, anzi, viene quasi dato per scontato. Il prete, che fuori dalla parrocchia aveva una vita sociale pressoché nulla, ora conosce tutti gli amici di

Pablo, la grande famiglia LGBTQ+ da cui si fa volentieri adottare. Tra loro c'è Victoria's Secret, una psichiatra transessuale famosa per avere in cura molti personaggi noti. Durante una delle tante feste organizzate a casa di lei, il prete le si avvicina per chiederle un consiglio.

«Dimmi Giulio, come posso aiutarti?»

«Vorrei chiederti delle cose, ma forse sono fuori luogo...»

«Fuori luogo? E perché mai?»

«Be', è il tuo lavoro, in teoria non dovrei approfittare...»

«Ma non dire sciocchezze, non ti prenderei mai come paziente, sei il fidanzato di Pablo, i miei metodi non andrebbero bene, ecco».

«Ok, mi sento più sollevato. Quello che volevo chiederti è cosa dovrei fare, secondo te, della mia vita».

«Che domanda impegnativa, Giulio. Solo tu puoi rispondere...»

«Con Pablo ho ritrovato me stesso, siamo felici e ci amiamo: ma dentro di me c'è un forte conflitto».

«Ci sono Don Giulio da una parte e Giulio dall'altra».

«È proprio così. Mi sento in colpa per questa felicità...»

«Tu non hai bisogno di una psichiatra, hai bisogno di liberarti di questo peso perché hai già scelto la tua strada, sai cosa vuoi, cosa è giusto per te, cosa è giusto per tutti».

«Ma ho paura, Victoria, ho paura di deludere tutti».

«Be', i tuoi colleghi non salteranno certo di gioia, ma se ti amano davvero capiranno e ti lasceranno libero di fare le tue scelte senza giudicarti. Prova a parlare con il tuo padre spirituale, so che tutti voi ne avete uno. Anche tu ce l'hai, vero?»

«Ehm, sì certo, uno ci sarebbe».

«Ottimo, allora parla con lui, apriti...»

Un paio di settimane dopo, Don Giulio riesce miracolosamente a ottenere un incontro privato con il suo padre spirituale. Su piazza San Pietro, tante famiglie incantate dalle luci colorate del gigantesco abete di Natale e del presepe con i personaggi a grandezza naturale. Il parroco entra in una grande sala affrescata, le finestre danno sul colonnato del Bernini. Al centro della stanza, due poltrone in pelle rossa e un tavolino che guardano a una grande porta ornata; l'alto prelato che lo ha accompagnato lo invita a sedersi e poi lo saluta prendendo una delle uscite laterali. Dopo qualche minuto la grande porta viene aperta da due guardie svizzere e si palesa lui, il suo vecchio amico oggi a capo della Santa Romana Chiesa. Il Pontefice gli si avvicina con un sorriso sornione e prima di sedersi poggia un libro di preghiere e un iPad Pro di ultima generazione sul tavolino.

«Giulio! Finalmente ci si rivede in carne e ossa! Come stai, amico mio?»

«Io bene, Jorge, e tu? Come mai qui e non a Casa Santa Marta? Non sono mica un capo di Stato!»

«Verità è che Suor Anna è un po' arrabbiata questi giorni, quindi vengo qui fino a quando non passa arrabbiatura...»

«Che è successo?»

«Ma niente di grave, ho rotto vetro antico di una finestra...»

«Ah, che peccato! Ma come hai fatto?»

«Hai presente drone? Quella specie di piccolo elicottero con quattro eliche telecomandato? Stavo provando a far volare per stanze collegandolo a questo iPad, vedi?... A un certo punto è come impazzito! È volato da solo prima su lampadario e dopo su finestra, rompendo vetro antico. Ora suor Anna è tanto arrabbiata con me».

«E ci credo! Vabbe', le passerà. Per il resto? Ti trovo bene».

«Mah, che ti dico, veste bianca come sai mi riempie di responsabilità, ma sono sempre lo stesso, sai? Ascolto musica, faccio ginnastica... Non dire a nessuno ma ultimamente esco anche la sera a passeggiare a Borgo Pio... Mi travesto un po', così non riconosce nessuno – hihihi! – sono specie di uomo mascherato... Di giorno Papa, di notte vecchietto che passeggia».

«Sei sempre stato un uomo straordinario».

«Allora, Giulio, cosa racconti? Come va la parrocchia? Hai fatto il pilates?»

«Va molto bene in verità, la comunità cresce e i fedeli sono entusiasti delle nuove attività. Soprattutto del... ehm... sì del pilates...»

«Vedi? Avevo detto che sarebbe piaciuto a tutti! Giulio tu sei sempre... sto pensando parola adatta... ecco, sei sempre... grande motivatore: sei tra i pochi – purtroppo sì, siete pochini – che riescono a far sentire le persone parte di qualcosa di più grande, di qualcosa di bello. E sai perché riesci? Perché entri in empatia con loro, perché provi tanto amore».

«Ecco Jorge, ho chiesto di essere ricevuto da te proprio per parlarti di questo in realtà...»

«Per parlare di amore? Hai fatto benissimo, in fondo è mio lavoro. E dimmi: ti fa stare bene il tuo ragazzo? Se devi rinunciare a voti deve valerne la pena... o deve valere il... hihihi! Niente, sono Papa e non posso dire battuta se no si arrabbiano tanto con scemo che ha scritto libro... mi sa che lo hai visto in locale tempo fa...»

«Ma... Jorge!! Ma poi come fai a sapere che...»

«Hihihi! Come tutte persone buone sei anche ingenuo amico mio. Se sei venuto da me a parlare di amore è perché hai preso decisione sofferta. E per un prete, in questi casi, decisione sofferta è divorziare da matrimonio precedente, diciamo… Il fatto che lui sia ragazzo… Be', ti conosco da anni e non vivo su albero di pero… Mica sono Papa per come cucino crostate di crema! E sia chiaro: mie crostate di crema fatte con Bimby sono buonissime, hihihi!»

«Quindi mi stai dicendo che approvi la mia decisione?»

«Approvo, non approvo… Chi sono io per giudicare?»

«Be', saresti il Papa. E su questo la nostra posizione è molto chiara in realtà».

«È vero, infatti Papa dice che non approva: ma Papa a volte è distratto e poi mica può mettere sempre bocca su tutto no? Già ha dovuto dire quella cosa su animali domestici che sostituiscono figli… Lasciamo stare…»

«Sì, ne abbiamo parlato in parrocchia, una fedele si è un po' risentita perché è tra quelle persone che umanizza il cagnolino, però il tema del crollo delle nascite è molto sentito».

«Io ho dovuto spiegare a suor Anna che non ce l'avevo con suo gatto! Che poi lei è suora, non può fare figli… sempre arrabbiata!»

«Pero Jorge, al di là di tutte le paure che mi stanno logorando, resto molto legato alla nostra comunità, alla nostra grande famiglia. Il mio timore è che i fedeli possano sentirsi traditi: sarà uno scandalo, ne parleranno i giornali… In fondo non sono un pretino di campagna ma di un'importante parrocchia romana».

«Amico mio, vedi persone lì in piazza? Se pensi siano lì per Nostro Signore sei purtroppo vittima di brutta illusione. Albero e presepe per bambini di famiglie nate in parte ricca del mondo sono gran festa, per i genitori ottima scusa per tenere pargoli impegnati e far dimenticare asfissianti richieste di caramelle, cioccolatini e giocattoli. Insomma, è specie di giostra».

«Sì questo è vero, ma in fondo è sempre stato così. Abbiamo attirato i fedeli, perdonami il termine, raggirandoli un po' con dei simboli; talvolta dando loro anche gioco, intrattenimento...»

«È questo il punto, caro Giulio: una volta era qualcosa di più, 'benefit' si direbbe oggi. Problema è che fedeli sono sempre meno e maggior parte di quelli che ci sono tengono più a forma che a sostanza, più a giostra che a percorso spirituale. E molti veri cristiani ci lasciano, non si fidano più di noi».

«È un'affermazione pesante, Jorge».

«Purtroppo è verità, amico mio. Ti dico qualche numero. Donazioni otto per mille. Aspetta che metto occhiali e apro file excel su iPad Pro. Ecco, senti qua:

2015: 18.929.936;
2016: 18.817.796;
2017: 18.688.601;
2018: 17.777.621;
2019: 17.592.274;
2020: 17.357.043;
2021: 17.223.272.

Ora smetto se no mi arrabbio troppo...»

«Pensi che dipenda dagli scandali? Anche il mio sarà uno scandalo...»

«Ma su, Giulio, non dire sciocchezze. Chiesa ha tanti limiti e sono stati commessi tanti errori. Da quando ho detto che renderemo giustizia a bambini vittime di abusi nella Diocesi di Monaco... quella di chi sappiamo noi... è scoppiato putiferio qua dentro!»

«Posso immaginare».

«Ecco, non ti preoccupare. Se uscirà notizia su di te dopo un mese nessuno ricorderà nulla».

«Mi dispiace solo per i fedeli, molti di loro ci resteranno male».

«Ancora con questi fedeli? Fedeli come quelli laggiù, che portano bambini a vedere presepe e poi quando vedono altre madri, altri padri e altri figli affogare in mare o morire di freddo in boschi di Polonia, sono contenti perché dicono che altri sono invasori? Di quei fedeli parli?»

«Noi dovremmo insegnare loro l'accoglienza. Stiamo fallendo forse?»

«Certo che stiamo fallendo. E stiamo fallendo perché diamo loro solo giostra: nessun dovere, nessun valore, nessuna regola. Anzi, sai che faccio ora?»

«Che fai, Jorge?»

«Ricordi che mi piace fare scherzi? Hihihi!»

«Certo che ricordo ma...»

«Guarda che faccio eh... Alexa, spegni albero di Natale e presepe in piazza!»

«Ok, spengo albero di Natale e presepe in piazza»

«Ma... Jorge!»

«Hihihi! Ora ti lascio, Giulio, tra poco mi devo collegare con Denise».

«E mo' chi è Denise?!»

«È mia insegnante di zumba! Ho comprato quindici lezioni online, ovviamente in incognito eh. Ti saluto, amico mio, ti auguro tanta felicità. Ah, mio nickname su Telegram è SantoPadre_36: mi sa che qui non ti faranno entrare più, ma quando vuoi scrivi lì che non legge nessuno, così ci vediamo qualche sera a Borgo Pio e facciamo panino e birretta da zozzone come ai bei tempi, hihihi! Ciao Ciao!»

Con un'espressione tra il felice e l'allibito, Don Giulio segue con lo sguardo il Papa, che toccando appena la grande porta ornata ordina alle due guardie svizzere rimaste in piedi, come statue, dall'altra parte, di aprirla. Quando si richiude, come in una specie di automatismo, ricompare l'alto prelato che accompagna Don Giulio verso l'uscita. In sottofondo si sentono i pianti disperati dei bambini e i mugugni di delusione dei genitori provenire dalla piazza.

«Il Santo Padre tiene tanto a lei, è lui che ha chiesto di anticipare il vostro incontro, altrimenti ci sarebbero voluti mesi».

«Ci vogliamo bene, lui è la mia guida».

Il giorno seguente, prima di avviare le pratiche per la dimissione dallo stato clericale, Don Giulio decide di scrivere una lettera ai suoi fedeli in cui scusandosi con loro annuncia il proprio addio alla Chiesa. È qualcosa che sente dentro e malgrado le parole del suo amico Jorge si sente in debito di riconoscenza con quelle persone. Per sondare il clima, decide di sentire una delle parrocchiane a lui più affezionate, la signora Luisa. Sapendola in viaggio, le fa una videochiamata su WhatsApp.

«Don Giulio! Che piacere vederti!»

«Ciao Luisa! Dove sei di bello?»

«Ora sono a Khajuraho, in India! Penso che resterò qui per un po'...»

«Davvero? Ti è piaciuta così tanto da decidere di fermarti?»

«Sì, poi ho trovato la mia essenza: non fraintenda eh, credo sempre in Dio ma... sto facendo un percorso tantrico!»

«Un percorso tantrico?»

«Esatto! È bellissimo sai? A proposito: Kalidou! Vieni a conoscere Don Giulio, ti ho parlato tanto di lui. Saluta! Don Giulio, lui è Kalidou, parla poco italiano ma tra noi non c'è bisogno di tante parole...»

«Ah, ciao Kalidou!»

«A proposito: come va con Pablo? Siete così belli insieme...»

«Luisa, ma come fai a... vabbe', come non detto. Con Pablo... è un po' per questo che ti avevo chiamata...»

«Giulio, sai che ti vorrà sempre bene. Non c'è bisogno che tu mi dica altro. Se tu sei felice, sono felice anche io e saranno felici tutti quelli che ti amano. Anzi: perché non venite qua a trovarci? Potreste fare anche voi un percorso tantrico!»

«Ehm, forse è prematuro, però mai dire mai! Ciao Luisa».

Ormai in pace con se stesso e convinto della propria scelta, Don Giulio decide di utilizzare per l'ultima volta l'abito talare, che non fa il monaco ma può aiutare in certe situazioni. Quando suona al cancello di una villetta a Fregene il suo cuore batte molto forte. Dopo qualche secondo, un uomo apre.

«Buona giornata padre, a cosa dobbiamo la sua visita? Non è periodo di benedizioni o sbaglio?»

«No, in effetti non sono qui per benedire la casa. Lei è il signor Ludovico, vero? Sono Don Giulio, piacere».

«Sì, sono io, piacere».

«Sono venuto per parlare di Pablo, suo figlio».

«Pablo? Che altro ha combinato?»

«Non ha combinato nulla, ma gli manca suo padre».

«E manda un prete a dirmelo? Assurdo... Lo sa cos'è mio figlio?»

«No, non lo so, me lo dica lei...»

«È... be', non vorrei essere volgare davanti a lei...»

«È un frocio di merda? Un invertito? Un culattone? Utilizzi il termine che ritiene più adatto...»

«È... Sì è quello che dice lei, ma un prete può usare questo linguaggio?»

«Bene, si dà il caso che di fronte a lei ci sia il fidanzato di suo figlio».

«Padre, sta scherzando vero? È una di quelle metafore che usate voi per...»

«No no, sono proprio il fidanzato, quale metafora...»

«Ma lei è un prete!»

«Ancora per poco. E grazie a Pablo. Siamo innamorati, siamo felici; ma gli manca suo padre, e questo è un problema serio».

«Anche a me manca Pablo, ma non posso accettare le sue perversioni... E mi sembra assurdo che lei... Io sono credente, sa?»

«Bene, se entro stasera non fa pace con Pablo e ci invita domenica a un bel pranzo in famiglia la faccio scomunicare, posso ancora farlo».

«No, lei non può...»

«Certo che posso, ho amici importanti, molto importanti. Pensi, possono scomunicarla con un click».

(In Vaticano, in quello stesso momento, Jorge scarta felice la sua nuova PlayStation mentre suor Anna lo guarda desolata...)

«Ma è un ricatto!»

«Un tempo vendevamo le indulgenze, faccia un po' lei... E mi raccomando: noi non ci siamo mai incontrati. Ci vediamo domenica!»

Il tiepido sole invernale sfuma sul lampeggiare della 'fermata prenotata' del 30 notturno e sul vibrare delle lampadine a incandescenza. Don Giulio si prepara a scendere all'inizio di via Prenestina. Prima che il tram si fermi, legge quasi divertito un messaggio di Pablo.

'Ehi! Quanto ci metti a tornare? Fai presto che ti devo raccontare una cosa incredibile. Mi ha scritto mio padre! Vuole organizzare un pranzo domenica, dice che posso portare chi voglio! Mi sa che non ti potrai vestire da prete però, se no si ammazza...'

Le porte si aprono e Don Giulio scende: Pablo lo aspetta a casa, è felice. Benny il Matto lo osserva e quando le porte si chiudono saluta l'uscita del parroco con un 'amen!'

# La sindaca

*L'obiettivo non è solo quello di rifare bene e velocemente il ponte Morandi, ma di renderlo un luogo vivibile, un luogo di incontro in cui le persone si ritrovano, in cui le persone possono vivere, possono giocare, possono mangiare...*

Danilo Toninelli, ex Ministro
delle Infrastrutture e dei Trasporti

Flaminia sale sul 30 notturno in prossimità di piazzale Prenestino. Quarantatré anni, fisico asciutto, capelli neri legati, occhiali scuri e sciarpa nera a coprire quasi interamente il viso, non si sa come abbia trascorso la serata: forse torna da una riunione politica, forse è stata in compagnia di un uomo che non rivedrà mai più.

La giovane donna osserva con uno sguardo malinconico un cassonetto rovesciato su via Prenestina: una famiglia di ratti sta rosicchiando gli avanzi di cibo che escono dalle buste della spazzatura e lei li guarda divertita, come se al posto di quei roditori ci fossero dei teneri gattini a giocare con dei gomitoli di lana. Da cosa si nasconde Flaminia? Da chi non vuole farsi riconoscere? Probabilmente, dal mondo intero: la sua faccia è passata per giorni sui telegiornali e la rete è piena di articoli che parlano di lei. Tuttavia, da tutti può nascondersi meno che da Benny il Matto, che le si siede accanto e le sussurra qualcosa.

«Uno come uno più non vale Flaminia».

«No Benny, non è così! Abbiamo avuto tutti contro, tutti!»

«Primi a essere contro voi stessi eravate voi. Tutto voi avete sbagliato: da vostra casa scappati voi siete, ma cosa seria politica è».

«Comunque Benny, per me la politica è acqua passata, continuerò a sostenere il Movimento, ma ora ho bisogno di riprendermi la mia vita».

Dopo aver lasciato di stucco Flaminia, il Matto si allontana di corsa e come di consueto le lampadine a incandescenza del 30 notturno ci fanno cambiare scena, riportandoci a più di cinque anni prima. Flaminia è consigliera comunale in un piccolo centro nei dintorni della capitale, ai Castelli Romani, un Comune che resterà anonimo per rispetto di una cittadinanza già vessata e ridicolizzata per anni al cospetto dell'intera nazione. Siamo nel pieno dell'avanzata del Movimento 5 Stelle, che raccoglie valanghe di voti, forte della debolezza dei vecchi partiti e dei tanti scandali in cui sono coinvolti molti loro esponenti nazionali e locali. Nel piccolo centro, già da molti anni, i governanti hanno offerto uno spettacolo penoso: parlamentari e consiglieri comunali eletti sembravano caricature di boss della malavita, maestri del voto di scambio incapaci di scrivere e pronunciare mezza frase in un italiano corretto. Il sindaco uscente, sostenuto da una lista civica con dentro tutto, da Fratelli d'Italia a LeU, si era dovuto dimettere dopo aver utilizzato fondi pubblici per finanziare cene elettorali in un noto ristorante appena fuori città. Flaminia è la più scaltra dei grillini della zona, ha voglia di emergere. Una sua diretta Facebook dal ristorante incriminato diventa virale.

«Care cittadine e cari cittadini, siamo qui nel luogo

dello scandalo. Migliaia di euro di soldi nostri sono stati spesi qui, nel ristorante La Selva, per offrire cene in cambio di voti ai signori delle preferenze del PD e degli altri vecchi partiti che ci fanno vivere nel degrado. Soldi nostri per pagare i loro banchetti luculliani, soldi nostri per bagnare di champagne i loro sporchi inciuci con imprenditori chiacchierati e pregiudicati. È ora di dire basta con questo schifo! Alle prossime elezioni votate il Movimento 5 Stelle, l'unica speranza per la nostra città e per l'Italia!»

La grillina sa parlare, ma anche lei ha qualche scheletro nell'armadio: da anni lavora nello studio di un certo Mario Elfi, un commercialista conosciuto in città per aver finanziato le campagne elettorali di un noto politico di destra. Nel suo stesso movimento c'è chi sospetta che ci sia proprio lui dietro l'astro nascente, che la voglia utilizzare per mantenere il controllo della città facendo eleggere una sua persona di fiducia con i voti di protesta. A chi le fa notare la cosa, Flaminia risponde con tono risoluto: «A differenza dei politici di professione, io ho un lavoro. E comunque lì faccio solo le fotocopie, non mi occupo di altro. Questi pettegolezzi stupidi non fermeranno il vento del cambiamento, rassegnatevi!»

C'è poi un'altra questione che preoccupa soprattutto i suoi colleghi di partito: la giovane donna sembra infatti avere una vita intima molto particolare e da tempo, sul suo conto, fioccano i pettegolezzi. Si dice che il marito Paolo, edicolante del paese, sia andato via di casa dopo aver trovato un uomo nudo legato e bendato in una branda nella cantina della loro villetta unifamiliare. Sembra che il povero malcapitato, titolare di una piccola agenzia immobiliare, abbia confessato al marito furibondo di essere da tempo lo *slave* di Flaminia e che Paolo, non nuovo ai tradimenti della moglie, abbia deciso di mettere un punto di fronte all'ennesima umiliazione. La ricostruzione è però smentita dalla coppia, che con un comunicato congiunto pubblicato sulla stampa locale dichiara che la separazione consensuale è causata da semplici incomprensioni, non certo da scene da film porno come vorrebbe una certa stampa asservita ai 'poteri forti'.

«Flaminia, ho firmato il comunicato, però è l'ultima volta che mi umilio per te».

«Hai deciso di andartene, quello che accadrà in futuro non è più affar tuo, Paolo».

«Lo so, ma ti consiglio di essere più cauta, specialmente se diventerai sindaca avrai i riflettori puntati addosso. E se io per anni ho fatto finta di non vedere, quelli là fuori non vedono l'ora di affossarti».

«Non ti preoccupare per me, è una mia battaglia. Tu pensa a rifarti una vita e lasciami in pace».

Malgrado i tanti dubbi, Flaminia viene candidata dal Movimento che punta alla conquista del Comune; per i vertici, una vittoria in un piccolo centro salito alla ribalta per un così grave caso di corruzione può creare un effetto domino. Cavalli di battaglia della sua campagna elettorale sono la lotta alla corruzione e al nepotismo, ma soprattutto la costruzione di una seggiovia per i pendolari che ogni giorno devono 'scendere' nella capitale. Inutili i tentativi di dissuaderla da parte di molti esperti che giudicano infattibile l'opera e persino una nota del primario dell'ospedale che mette in guardia dal freddo e dalle intemperie a cui verrebbero esposti i passeggeri nei mesi invernali. La seggiovia è sulla bocca di tutti, insieme all'altra grande opera promessa dalla candidata sindaca: una fontana. Il piccolo Comune, infatti, è l'unico di tutto il circondario a non avere una fontana nella piazza che ospita la chiesa e il palazzo del municipio, e il tema è molto sentito dalla cittadinanza, affetta da una sorta di complesso di inferiorità.

Come ampiamente previsto dai sondaggi, Flaminia stravince con l'80%, forte di quello che lei definisce 'vento del cambiamento' e complice la candidatura fatiscente che le viene opposta dal Partito Democratico, quella di un deputato che occupa da sette legislature uno scranno di Montecitorio. Ex radicale, è noto più per i suoi scioperi della fame su questioni che non interessano neanche i suoi parenti stretti che per la sua reale utilità al genere umano. Il pover'uomo, dopo una delirante campagna elettorale che convince gli ultimi indecisi a votare per la candidata del Movimento 5 Stelle, se ne torna felice nel Palazzo, pronto per nuove entusiasmanti diete. Una volta insediata, Flaminia prende in mano le redini dell'amministrazione stringendo un rapporto stretto con Carmine Ponzi, capo della polizia municipale e marito di Concetta, la parrucchiera sul corso. L'uomo è il sosia di Giancarlo Magalli e spesso viene scambiato, da chi non lo conosce, proprio per il noto presentatore televisivo. La simpatia tra i due si trasforma presto in altro e dopo le prime uscite clandestine, rigorosamente lontane da occhi discreti, l'uomo sperimenta sulla sua pelle i gusti particolari della nuova sindaca.

«Ahi! Ahi! Ahi! Piano padrona, così è troppo forte!»

«Zitto, verme! Mentre ti frusto non devi proferire parola, hai capito!?»

«Va bene, va bene, ma...»

«Da domani voglio un autovelox fisso all'ingresso della città, dopo la curva: deve spuntare all'improvviso e cogliere tutti impreparati! I romani devono pagare a caro prezzo il loro vile passaggio. Ci chiamano burini, poi vengono qui per le loro scampagnate a portare caos, sporcizia, inciviltà... e a mangiare la nostra buonissima porchetta. Da oggi capiranno chi comanda: le loro contravvenzioni pagheranno cavi, seggiolini...»

«'A seggiovia... sì padrona!»

«Sì, la seggiovia e poi la fontana. Il Movimento porterà il benessere e l'onestà in questo luogo corrotto! E da qui partirà la rivoluzione dei cittadini onesti! Hai capito, verme?!»

«Ahi! Ahi! Ahi! Sì padrona! Ahi! Ahi! Ahi!»

Il rumore delle frustate sulla pelle del povero Carmine Ponzi ci porta al giorno dell'Immacolata: la sindaca si appresta a festeggiare il suo primo Natale da prima cittadina. Causa inefficienza degli uffici comunali – questa la motivazione ufficiale – l'abete al centro della piazza, dove il Movimento e la sua sindaca assicurano che presto sorgerà la bellissima fontana, sembra una specie di salice piangente: a guardarlo fa una pena tremenda, sembra deceduto da settimane. Le palline, acquistate di corsa e a una cifra folle, pesano pericolosamente sui rami; l'illuminazione, per evitare ulteriori spese, è allestita a tempo di record e a titolo gratuito da Lucio, l'elettrauto del paese. Prima che Flaminia inizi a parlare per presentare il fatiscente addobbo, una pallina cade e si distrugge alle sue spalle. Lei osserva i cocci e poi fulmina con uno sguardo gli impiegati comunali, quasi a incolparli dell'accaduto.

«Cittadine e cittadini, oggi accendiamo il primo albero del cambiamento. So che vi aspettavate qualcosa di più, qualcosa di più simile agli sfarzosi alberi del passato, ma questo è un albero onesto, lo abbiamo preparato a tempo di record senza affidamenti diretti agli amici degli amici, senza sprecare i soldi di voi cittadini. A chi ci critica diciamo: 'È finita la mangiatoia!' Invece di pensare all'albero, chiedete scusa per i soldi che avete rubato!»

Dalla piazza partono applausi ma c'è anche qualcuno che fischia. Dopo qualche secondo Flaminia, con un cenno, ordina l'accensione delle luci e fa calare un silenzio irreale, perché l'illuminazione è davvero la cosa più squallida di tutte: a un cavo nero sono collegate delle lampadine di varia forma, intensità e dimensione, recuperate dal povero elettrauto presso uno sfasciacarrozze di Roma dove lavora un suo amico d'infanzia. I cittadini lo guardano allibiti, molti convengono sul fatto che 'Spelacchio', il tanto contestato albero di Natale installato a Roma dall'amministrazione di Virginia Raggi, sia molto più dignitoso di quello voluto da Flaminia. Su *Repubblica*, una pagina intera della Cronaca è dedicata al raffronto tra i due orribili addobbi e sul sito del giornale un sondaggio decreta definitivamente che l'albero di Flaminia fa più schifo di quello di Virginia. Nei giorni successivi si dimettono l'assessore al Bilancio e quello ai Rifiuti. A ogni colpo di vento la decadente pianta perde una costosa pallina che cadendo va in frantumi: di notte il suono rimbomba per le strade vuote contribuendo a rendere spettrale l'atmosfera.

Dal suo studio che guarda la piazza, Flaminia osserva spesso l'abete dalla finestra, quasi compiaciuta. Mancano tre giorni al Santo Natale, la stanza della sindaca è illuminata da una grande candela, quella che sta utilizzando per versare cera bollente sul corpo nudo di Carmine Ponzi, legato mani e piedi a una pesante scrivania di legno.

«*Aaahhh!*»

«Smettila di urlare, verme!»

«Mi perdoni, mia padrona...»

«Cosa avrà mai quell'albero! Che pretendono? E poi per festeggiare cosa? La festa del consumismo? Dei regali inutili?! Eh, ma non hanno capito il vento è cambiato! Il tempo degli alberi di Natale è finito!»

«*Ahhh!* Hai ragione, mia padrona! Basta co' sto Natale de merda, basta co' le cene co' le suocere, 'sti cazzo de regali a tutti... *Ahhh!*»

«Zitto, verme! Ti ho detto che non puoi parlare. Ora dobbiamo trovare i nuovi assessori, quei codardi sono scappati! Sapevo che non erano degni del Movimento. Quell'incapace di Elisabetta non è riuscita a chiudere la convenzione con la discarica di Fiumicino e non sappiamo più dove mandare la spazzatura! Quell'altro imbecille di Sandro ha fatto arrivare la Guardia di Finanza per la fattura delle palline di quel cazzo di albero!»

«No, lì no, padrona, lì noooo! *Ahhh!*»

«Ti ho detto che devi tacere, verme!»

«*Ahhh!*»

Mentre Flaminia versa cera bollente su altre palline, scatenando le urla di dolore del povero capo dei vigili, dei rumori provenienti dalla piazza la interrompono. La sindaca lascia l'uomo a lamentarsi sulla scrivania e corre verso la finestra. L'albero di Natale è ora un enorme falò; evidentemente la precaria illuminazione ha fatto corto circuito appiccando l'incendio. Dopo qualche secondo di contemplazione delle fiamme, la prima cittadina slega il capo dei vigili e gli ordina di andare di corsa a chiamare i pompieri.

La mattina dopo, dalla stessa finestra, Flaminia osserva ciò che resta dell'addobbo natalizio con un sorriso diabolico stampato sul volto. Intorno al tizzone ancora fumante, delimitato da transenne e nastri di plastica messi lì a evitare che qualcuno si avvicini, una folla di cittadini infreddoliti e demoralizzati. Don Clemente, il parroco, prova a consolarli con scarsi risultati. Sul comunicato ufficiale si accusa del rogo un gruppo di vandali, probabilmente vicini ai partiti di opposizione, che sarebbero stati visti allontanarsi da Carmine Ponzi, accorso subito sul luogo.

Un anno dopo, la sindaca è sempre più al centro delle polemiche: la città è completamente ricoperta dalla spazzatura, è invasa da enormi ratti e da gabbiani grandi come aquile reali, che planano alla ricerca di cibo strappando panini con la porchetta dalle mani delle persone. I roditori sono ovunque, nelle case, nelle scuole e persino negli uffici del municipio, dove non mancano le scene di panico. Tante le segnalazioni dei cittadini che lamentano un anno di non-amministrazione che sta trascinando la città nel degrado. Gli assessori continuano a dimettersi e, quando non sono loro a lasciare, è la sindaca che li caccia. I consiglieri comunali vorrebbero andare dal notaio e mettere fine al disastro, ma i vertici del Movimento 5 Stelle chiedono loro di stringere i denti, di aspettare la fine del mandato. Flaminia, nel suo studio, divide un tramezzino con un enorme ratto, che rosicchia con gusto del prosciutto cotto bagnato con maionese. Carmine Ponzi è legato come un salame e penzola dal soffitto.

«Non trovi che siano degli animali deliziosi, brutto verme?»

«'Nsomma padrona, tutta 'sta bellezza nun me pare... Ma quando me libera? Sono quasi le otto, mi' moglie sarà preoccupata, e dovrei pure andare al bagno, sto quassù da stamattina...»

«Ogni cosa a suo tempo, verme. Il popolino sovranello si lamenta, ma non capisce che anche questo sopportabile disagio è una grande opportunità per la nostra piccola città...»

«'A monnezza?»

«Certo, verme. Vengono da tutta la Regione a vedere le nostre bellissime montagne di spazzatura, i gabbiani grandi come aquile che arrivano fin qui per mangiare i nostri avanzi, i bellissimi ratti che scorrazzano indisturbati per le strade. Neanche Virginia è riuscita a rendere la capitale così poco accogliente. È la decrescita felice! Sai che molti turisti prendono l'autobus da Roma per venire a farsi i selfie davanti ai nostri rifiuti?»

«Bella cosa, ora però me po' libera'? C'ho pure freddo...»

«Come sei limitato, verme».

Più passa il tempo e più la popolarità di Flaminia crolla ai minimi termini. Chi prima l'aveva sostenuta contro tutto e contro tutti ora tace per la vergogna. Al posto della sede locale del Movimento 5 Stelle apre un distributore automatico di sex toys. In città la prima cittadina non si vede quasi mai e le sue uscite pubbliche sono praticamente nulle. Le strade, dopo oltre due anni di incuria, sono devastate e piene di buche. Dalle fontanelle non esce più acqua e la metà dei lampioni sono fulminati, rendendo pericoloso passeggiare la sera. Il verde pubblico? Un disastro: i rami degli alberi non potati si spezzano e distruggono le macchine parcheggiate, le aiuole sono piene di ortiche e neanche i cani le utilizzano più per i loro bisogni. La sindaca passa intere giornate nel suo studio a torturare il suo *slave* e le voci su una loro relazione diventano sempre più insistenti, tanto da spingere Concetta la parrucchiera a cacciare il marito da casa. L'uomo viene ospitato proprio dalla sindaca, che però non rende ufficiale il loro rapporto: lo fa vivere nella cantina (sala torture) della sua villetta unifamiliare, e non gli concede di accedere al resto dell'abitazione.

Durante il terzo anno di mandato, un altro fatto increscioso compromette ulteriormente la carriera politica di Flaminia. Accade questo: su decisione della Pro loco, si sceglie di intitolare il malandato campo sportivo a Giorgio Chinaglia, indimenticabile stella della s.s. Lazio, squadra che sta a cuore alla quasi totalità della cittadinanza. Il Comune, già sotto accusa per aver mandato in malora il vecchio stadio, si occupa di commissionare e installare la targa. Davanti al piccolo impianto, per assistere all'inaugurazione, un centinaio di persone. A presiedere arriva la sindaca che, prima di far cadere il telo e annunciare la nuova denominazione, tiene un breve discorso.

«Cittadine e cittadini, sono orgogliosa di essere qui con voi a rendere omaggio, con questo gesto simbolico, a un grande campione che ha fatto sognare generazioni di tifosi. Prometto che di questa bellissima struttura, abbandonata dalle amministrazioni precedenti, non rimarrà solo la targa che stiamo per scoprire. È già pronta una delibera e presto inizieranno i lavori di ristrutturazione. Il vento del cambiamento soffierà anche tra queste tribune».

Purtroppo per Flaminia, un colpo di vento del cambiamento fa cadere anzitempo il telo che copre la targa, svelando la scritta 'Campo sportivo Francesco Totti'. A farle notare il terribile errore, le urla e gli insulti a lei rivolti dai tifosi.

«C'è stato l'ennesimo sabotaggio dei soliti noti. Non vi preoccupate, faremo immediatamente sostituire la targa con quella giusta. Non fermeranno il vento del cambiamento con questi trucchetti!»

A commettere il grave errore, una dipendente comunale che non capendo nulla di calcio confonde il giocatore simbolo della Lazio con il giocatore simbolo della Roma. Il problema è che dirigenti e sindaca firmano il foglio senza neanche leggere cosa c'è scritto, dando forse per scontato che su qualcosa di così semplice non fosse possibile commettere errori. La targa, nel giro di poche ore, viene divelta da un gruppo di cittadini inferociti e ovviamente non viene più sostituita. Il giorno dopo, la notizia è su tutti i principali siti e sui social non si parla di altro. Ad aggravare la posizione della sindaca, una storia su Instagram di Francesco Totti che ringrazia la città per l'intitolazione dell'impianto scatenando le ire della curva della Lazio e del Presidente della società, Claudio Lotito, che con un comunicato attacca l'ex calciatore della Roma e la povera Flaminia, definendola un'incapace. Lei decide di sparire per un po' in attesa che si calmino le acque, partendo per una decina di giorni in un resort in Val Badia, sulle Dolomiti, aggiungendo a disastro altro disastro. La sindaca, nella fretta, dimentica infatti di liberare il suo povero *slave*, Carmine Ponzi, che viene ritrovato legato, bendato e imbavagliato nella stanza delle torture. L'uomo, liberato dai vigili del fuoco su segnalazione dei vicini che avevano sentito delle urla, viene trasportato in ospedale in stato di disidratazione: per quasi tre giorni ha patito la fame e la sete. Su tutti i tg nazionali passano le immagini dell'ambulanza che parte dalla villetta unifamiliare di Flaminia e il racconto della vicina di casa.

«Io e mi' marito abbiamo iniziato a senti' dei lamenti e ce siamo preoccupati: all'inizio pensavamo fosse 'n cane, poi abbiamo chiamato i vigili perché questo continuava, continuava... Sentivamo 'Huuuuu! Huuuuu!' e io dicevo: 'Guarda questa come fa vive' 'sta povera bestia'. Alla fine so' arrivati li pompieri, che so' entrati insieme ai vigili… E niente, hanno trovato er collega loro che stava attaccato a 'na specie de croce de legno tipo Gesù Cristo…»

Flaminia apprende la notizia guardando il telegiornale dalla lussuosa stanza del resort, durante un bagno in Jacuzzi. Osservando le immagini non si scompone più di tanto, ma porta la mano destra sulla fronte e sussurra con tono annoiato: «Cazzo, mi sono dimenticata di liberare il verme…»

La vicenda rimane al centro delle cronache nazionali e la notizia del ritrovamento del povero vigile viene ripresa anche dalla CNN e da altre emittenti straniere: la cittadina laziale viene raccontata come un luogo di perdizione e di degrado negli articoli dei commentatori; in un fondo sul *Corriere della Sera* dal titolo *Il lato oscuro della provincia dell'anima,* Walter Veltroni scrive:

*'Chissà cosa ha pensato Flaminia, donna di potere provinciale, quando si è voltata per l'ultima volta a guardare Carmine, prima di partire verso quelle cime meravigliose. Chissà come la sua mente ha elaborato quel corpo martoriato; nudo, legato, bendato e zittito con una museruola di lattice. A me piace pensare che in quel corpo abbia visto dell'altro, che quella sofferenza l'abbia riportata alla sua infanzia: alle carezze del nonno di Heidi, ma anche alla sua pecorella, Fiocco di neve…'*

Il fatto non ha conseguenze dal punto di vista legale perché Carmine Ponzi non sporge denuncia contro la sindaca, descrivendo l'accaduto come un gioco erotico tra persone consenzienti. Una spiegazione che viene però contestata da sua moglie Concetta, la parrucchiera sul corso, che in un'intervista a *Repubblica* parla di un uomo plagiato, completamente succube della prima cittadina. Ci vogliono mesi perché si spengano i riflettori sul piccolo Comune, perché le troupe televisive abbandonino la piazza restituendo un minimo di tranquillità alla cittadinanza.

Un periodo di calma apparente ci accompagna così nel pieno dell'ultimo anno di mandato in cui Flaminia deve fare i conti con i definitivi no dell'ufficio tecnico del municipio e di quello della Regione Lazio per la costruzione della seggiovia: la sua principale promessa elettorale tramonta definitivamente. I cittadini apprendono la notizia senza troppo stupore, dopo quattro anni disastrosi si aspettano solo le elezioni per mandare a casa la sindaca e la sua banda di incapaci. Mario Elfi, il commercialista da cui Flaminia lavorava prima della sua ascesa politica, è già di fatto il prossimo sindaco: le persone che lo incontrano sul corso gli elencano i tanti problemi che dovrà risolvere una volta eletto.

In quei giorni la donna, chiusa nel suo studio, cammina avanti e indietro tenendo al guinzaglio Carmine Ponzi, che gattona completamente nudo con la bocca coperta dalla museruola di lattice.

«Maledetti bastardi! Pensano ancora di poter fermare il vento del cambiamento. Pensano che io sia così stupida da non avere un asso nella manica. Che idioti...»

«Hmmmmm! Hmmmmm!»

«Sì hai capito bene, verme! Stupirò tutti! Tutti vedranno di che pasta sono fatta!»

«Hmmmmm! Hmmmmm!»

«Abbiamo commissionato a Benjamin Schmid, un famoso scultore tedesco, la fontana da mettere al centro della piazza. I lavori cominceranno nei prossimi giorni. L'opera sarà pronta due settimane esatte prima delle elezioni».

«Hmmmmm! Hmmmmm!»

«No, non ho visto il progetto, non si può vedere. L'artista, dopo aver incassato la cifra richiesta, lavora dietro un'impalcatura che nasconde i lavori, poi smonta l'impalcatura e lascia solo un enorme panno a coprirla. A quel punto va via e sparisce, lasciando alle autorità il compito di svelare il capolavoro. Ho visto alcune delle sue fontane in giro per il mondo, soprattutto in Giappone: sono meravigliose!»

«Hmmmmm! Hmmmmm!»

«Paura? Assolutamente no. È uno dei maggiori artisti sulla piazza, e poi diciamolo: dopo la targa di Totti non penso che possa accadere qualcosa di peggio. Al massimo sarà criticata da quelli 'capaci', ma loro non sanno fare altro che criticare».

Come da accordi, in un sabato mattina di fine settembre, a due settimane dalle elezioni, arriva il giorno dell'inaugurazione. Malgrado il cielo grigio e un forte vento, i cittadini accorrono in piazza e anche dai paesi vicini arrivano molti curiosi, pronti a fare un raffronto con la loro fontana. In prima fila, oltre a Flaminia, ci sono il Presidente della Regione Lazio, Don Clemente, tutti i consiglieri e gli assessori di maggioranza e di opposizione e ovviamente il capo dei vigili, il suo *slave.*

Prima di tirare la fune e svelare la nuova fontana agli occhi della cittadinanza, la sindaca legge un breve discorso: «Care cittadine e cari cittadini. Quando sono stata eletta, quasi cinque anni fa, ho detto che il vento stava cambiando. Oggi c'è un vento molto forte, è il vento del cambiamento che vuole continuare a soffiare. Con questa fontana, il Movimento 5 Stelle lascia il suo segno in un Comune per troppo tempo maltrattato e reso anonimo da politici corrotti e affaristi senza scrupoli».

L'unico ad applaudire, in mezzo alla folla, è Danilo

Toninelli, ex Ministro delle Infrastrutture e dei Trasporti accorso da Roma per sostenere l'amica sindaca. Quando si scopre a essere il solo, si guarda intorno con aria impaurita e smorza pian piano l'applauso, fino a nascondere le mani dietro la schiena. Per il resto, dalla piazza solo tanti mugugni e l'urlo di Gaspare, il macellaio sul corso: «Speriamo che 'sto cazzo de vento te se porti via, incapace!»

Flaminia sembra non curarsi dell'ostilità diffusa e dopo aver rivolto uno sguardo di sfida ai suoi concittadini tira la fune e fa cadere il drappo a copertura del nuovo arredo urbano. Contemporaneamente l'addetto della municipalizzata che gestisce l'acquedotto comunale apre la valvola e l'acqua comincia a scorrere, riempendo la grande vasca. Nel momento in cui l'opera dell'artista tedesco diventa visibile a tutti, le espressioni mutano: c'è chi la guarda con sconcerto, chi urla, chi bestemmia; alcune donne anziane si inginocchiano e iniziano a piangere e a invocare la salvezza divina; l'anziano parroco, con gli occhi sgranati, si fa il segno della croce. L'unico ad applaudire felice è di nuovo Danilo Toninelli, che subito dopo deve lasciare la piazza per evitare di essere linciato.

Flaminia guarda impietrita la fontana, il suo sguardo è perso nel vuoto: è cosciente del suo definitivo fallimento e dell'umiliazione che si porterà addosso per il resto della vita. L'opera, costruita interamente in marmo rosa, è composta da una grande vasca irregolare a forma di scroto da cui si eleva un gigantesco pene in erezione di quindici metri di altezza, un organo maschile curato nei minimi dettagli; ma non finisce qui: ogni venti secondi, la punta dell'enorme glande spruzza un potente schizzo che sale in cielo per altri sei metri. A causa del forte vento, il primo schizzo finisce sulle prime file, bagnando in un sol colpo Don Clemente, il Presidente della Regione Lazio, i consiglieri comunali e gli assessori.

Umiliati dalle sonore risate degli abitanti dei paesi limitrofi, i cittadini inferociti cercano di raggiungere la sindaca con intenzioni bellicose e sono tenuti a fatica dal cordone dei vigili. Flaminia, spaventata, fugge verso la caserma dei carabinieri e riesce a farsi scortare via da una pattuglia. A casa trova Paolo, il marito, che le sta preparando le valigie.

«Devi sparire per un po', qui non sei più al sicuro, Flaminia».

«E dove vado?»

«A Roma, tramite il Movimento, abbiamo trovato un appartamento su via Prenestina, è di un attivista che ce lo mette a disposizione per qualche mese. Ora però sbrigati! Giù c'è Toninelli che ti aspetta, dice che ha paura e vuole partire il prima possibile. Io ti raggiungerò tra qualche giorno, il tempo di trovare una persona per gestire l'edicola nel periodo in cui non ci saremo».

«Paolo, io...»

«Non devi dire nulla, promettimi solo che risolveremo il problema una volta per tutte».

«Va bene, prenderò coraggio, promesso...»

Qualche settimana dopo, all'ospedale Fatebenefratelli di Roma, Paolo cammina nervoso tra il corridoio e la sala d'attesa del reparto ginecologia. Dopo un paio d'ore, arriva un chirurgo.

«Buongiorno, dottore, com'è andata?»

«Buongiorno! È andata benissimo. Non capisco perché la signora abbia aspettato così tanto per fare l'intervento».

«Era un po' spaventata, ci ho messo un po' a convincerla. Come sta?»

«È un po' rintontita dall'anestesia ma sta benissimo. L'intervento è riuscito alla perfezione: non avrà più quei dolori fortissimi che le impedivano di avere rapporti. Ora finalmente potrà avere una vita sessuale normale e anche dei figli, se vorrà».

«Dottore, non so come ringraziarla...»

Mentre il medico si allontana, Paolo fissa con gli occhi lucidi il lampeggiare di un neon che ci riporta sul 30 notturno. Virginia ha già prenotato la fermata, Benny il Matto la saluta con la mano dall'ultima fila e lei ricambia accennando un sorriso. Prima di scendere, la sua attenzione viene rapita dall'audio di un servizio di SkyTg24 che Umberto Bossolo sta guardando sul suo smartphone.

*Da tutto il mondo arrivano qui, in quello che prima era un piccolo Comune anonimo alle porte di Roma, ad ammirare la fontana fallica. Il famoso artista Benjamin Schmid, intervistato da* Der Spiegel, *ha svelato che chi viene colpito dallo spruzzo è baciato dalla fortuna, ma soprattutto è destinato ad avere una vita sessuale fantastica. E sono tanti gli uomini e le donne di tutte le età a passare ore sotto la fontana con lo sguardo all'insù e le braccia aperte in attesa che un colpo di vento possa deviare l'acqua verso di loro. Sul campo dell'impianto sportivo intitolato a Giorgio Chinaglia è stata allestita un'area attrezzata per i tanti campeggiatori, definiti scherzosamente dai locali 'pellegrini di 'sto cazzo'. In città, molti hanno trasformato le loro case in strutture ricettive e c'è persino chi rivaluta l'ex sindaca, sparita nel nulla dopo l'inaugurazione dell'opera.*

Flaminia, prima di scendere alla fermata Castani / Gelsi, nel quartiere di Centocelle, toglie occhiali da sole e sciarpa e si svela ai presenti. Umberto Bossolo la riconosce, ma riesce appena a indicarla col braccio prima che le porte si richiudano dietro di lei.

# La viaggiatrice

*O sorprendenti viaggiatori! Che nobili racconti*
*vi leggiamo negli occhi profondi come il mare!*

Charles Baudelaire, *Il viaggio*

«Chiaretta! Che bello rivedette, vie' qua! Fatte abbraccia'!»

«Arturooo! Sempre di notte ti fanno lavorare».

«Me ce faccio mette' io, me piace guarda' Roma de notte. Mica so' come tu' padre che appena po' se 'mbosca... E c'ha pure vent'anni meno de me, er paraculo... hahaha!»

Chiara è una bella ragazza di venticinque anni, occhi verdi e capelli neri. Conosce Arturo perché anche suo padre è un autista ATAC e le loro famiglie sono legate da una profonda amicizia. Salta sul 30 notturno alla fermata dell'università La Sapienza, ha con sé una bici, che appoggia sul lato del mezzo per non intralciare il passaggio, e il suo inseparabile zainetto pieno di quaderni in cui scrive appunti di vita e soprattutto dei resoconti di viaggio. Perché Chiara è una viaggiatrice, se potesse passerebbe l'intera vita a spostarsi da un luogo all'altro del globo. È la sola persona al mondo che l'autista tollera vicino al vano conducente perché sa che non disturberà, ma si limiterà a guardare la strada come se per lei fosse la prima volta. Perché in fondo anche viaggiare su un tram ha il suo fascino.

«Arturo, ma che fa quello?»

«Che svalvolato! Guarda se nun lo acciaccheno!»

In mezzo alla strada, un ragazzino ricciolulo gioca a pallone dribblando le automobili; corre verso il cimitero del Verano, sembra divertirsi da morire. Si divertono un po' meno gli automobilisti che gli suonano e gli abbagliano, ma lui sembra sfidarli e mentre li schiva si prende persino gioco di loro, facendo rimbalzare il pallone sui parabrezza e sulle carrozzerie.

«Però è bravo! Guarda come li salta tutti! Ce l'avesse la Roma uno così, vinceremmo pure la Champions!»

«A me sembra 'n matto scatenato! Sarà sicuramente drogato, uno normale nun le fa 'ste cazzate!»

«O forse è un genio... Un genio incompreso...»

Mentre il ragazzino ricciolulo esce dalla visuale, Arturo Giani fa partire il 30 notturno e le lampadine a incandescenza ci fanno immergere in un pezzo di vita di Chiara, riportandoci a qualche mese prima. La giovane corre in bicicletta per le strade di San Lorenzo; è abbastanza spericolata ma ha un perfetto controllo del mezzo, motivo per cui non ha mai avuto incidenti. Qui si incontra da un po' con Kumar, un coetaneo con cui passa molto tempo a parlare: pelle scura, due enormi occhi neri, anche lui si sposta in bicicletta. Il ragazzo è nato ed è sempre vissuto in Italia, ma ha dovuto aspettare la maggiore età per avere la cittadinanza: per tutta la prima parte della sua vita è stato trattato da cittadino di serie B. La sua colpa? Avere due genitori originari dello Sri Lanka: due onesti lavoratori che pagano le tasse anche per contribuire a mantenere i servizi essenziali a quei razzisti che li guardano con disprezzo e vanno in piazza a gridare 'prima gli italiani', senza neanche saper parlare correttamente in italiano.

I due giovani si incrociano su piazza dell'Immacolata, nella zona pedonale. Quel giorno, un tiepido tardo pomeriggio di ottobre, il ragazzo è seduto su una panchina a fianco alla sua bicicletta.

«Kumar! Dove vai oggi?»

«Chiaraaa! Oggi da nessuna parte, confesso. Oggi mi fermo un po' qua, sono davvero stanco...»

«Oggi? Stai sempre a poltrire! Sai, però, che sono stanca anche io? Quasi quasi faccio come te».

«Sì dai, resta un po' qui e leggimi qualcosa dei tuoi viaggi».

«Davvero ti va?»

«Certo che mi va! Mi va sempre, lo sai!»

Chiara tira fuori dallo zainetto uno dei suoi tanti quaderni Moleskine. Su ognuno di essi è attaccato un adesivo bianco con il nome del Paese raccontato; la ragazza li porta sempre con sé. In un tempo in cui giovani e meno giovani non sanno più tenere una penna in mano e si limitano a digitare su schermi luminosi di varie dimensioni, vedere dei diari scritti a penna con una calligrafia così perfetta è quasi commovente.

Mentre Chiara legge, Kumar si siede accanto a lei e osserva affascinato la perfezione di quelle lettere, le pieghe di quelle pagine a righe così vissute ma allo stesso tempo così ordinate, così perfette. La ragazza, sentendo quello sguardo sul suo quaderno, sente un brivido sulla schiena. Le sembra che quegli occhi, in fondo, stiano sfiorando qualcosa di intimo, forse più intimo del suo corpo nudo.

«Allora... oggi ti porto in India, il Paese più vicino allo Sri Lanka, terra dei tuoi genitori. Lo sai che lo Sri Lanka, per la sua forma, viene chiamato 'la lacrima dell'India'?»

«Sì sì, lo sapevo».

«Bene. Ti leggerò un pezzo di quel viaggio fantastico: siccome mi ritornano spesso alla mente i *ghat* delle cremazioni di Varanasi, ti leggerò la parte del diario che parla di quando ci sono stata».

«Va bene, sono tutto orecchie!»

«'Oggi sono a Varanasi, è la città santa degli indù. Qui mi sono imbattuta nei *ghat*, le scalinate che scendono al Gange. Alcune di esse vengono utilizzate per bruciare i corpi dei morti ventiquattr'ore su ventiquattro, sette giorni su sette. I defunti vengono messi su delle pile di legna in riva al fiume e bruciati, le fiamme sono visibili anche a grandi distanze e quando scende la sera fanno un effetto indescrivibile. Per cremare una persona di corporatura normale servono più di duecento chili di legna e circa tre ore di tempo. Alcuni corpi non bruciano completamente e lo spettacolo, a volte, è terrificante. Ad accendere il rogo, mi spiegano, è il parente più stretto della persona venuta a mancare, a cui precedentemente vengono tagliati barba e capelli dai barbieri che stazionano lì sul posto'».

«Impressionante!»

«Sì, molto. Sono immagini che ti rimangono impresse».

«Continua...»

«'Durante il mio giro sono stata al Manikarnika Ghat, il più importante della città, quello in cui ogni giorno vengono cremati almeno duecento corpi. Mi sono fatta raccontare la sua storia: leggenda vuole che Parvati, la consorte di Lord Shiva, la divinità a cui si rifanno tutti gli *yogi*, smarrì un orecchino mentre faceva il bagno nel fiume. Da allora Lord Shiva chiede agli spiriti dei defunti se per caso abbiano visto quell'orecchino'».

«Doveva tenerci molto...»

«Probabile!»

«Ora chiudi il diario e dimmi cosa ti è rimasto più impresso di ciò che hai visto in quel luogo».

«Allora... Una cosa mi è rimasta impressa: la normalità di quella vita intorno alle fiamme, in mezzo a tutta quella morte. Accanto a quei roghi le persone parlano, i bambini giocano, non sembra un luogo triste. Penso che molto dipenda dall'assenza di lacrime e lamenti: esprimere dolore lì è vietato, perché farlo interromperebbe il viaggio del defunto verso la liberazione».

«Chiedergli se ha visto un orecchino caduto nel fiume più di quattromila anni fa invece...»

«Hahaha! Che scemo che sei! Lord Shiva è Lord Shiva, può fare quello che vuole!»

I due continuano a parlare per un po' prima di salutarsi e di salire sulle rispettive biciclette. Kumar segue Chiara con lo sguardo mentre la ragazza si allontana, nel frattempo la piazza inizia a riempirsi di giovani scesi nelle strade per l'aperitivo.

I due, oltre alla bicicletta, hanno un'altra passione in comune: la politica. Lei frequenta un collettivo femminista con il quale organizza eventi, presentazioni di libri a tema, presidi simbolici contro la violenza sulle donne e per la parità salariale. Lui svolge attività di volontariato per Emergency ed è tra i più attivi nell'associazione 'Italiani senza cittadinanza', che comincia a frequentare ai tempi della scuola e che riunisce tanti ragazzi italiani figli di stranieri che da anni chiedono ai vari governi che si sono succeduti di poter essere cittadini del loro Paese.

Quasi ogni notte, prima di addormentarsi, i due si scrivono per ore su WhatsApp commentando fatti del giorno e scambiandosi opinioni.

'Tu ci vai a pisciare davanti alla sede del PD?'

‘Non lo so, mi piacerebbe molto, ma per noi femmine come sai è un po’ complicato’.

‘Stavo vedendo che quelle che non vogliono spogliarsi si mettono delle larghe gonne a fiori, come quelle delle frikkettone anni Settanta’.

‘Sì, avevo pensato di fare qualcosa di simile, anche a me non va di uscire la topa in mondovisione…’

‘Hahaha! Hai ragione!’

‘Quel deputato è stato un grande, il suo gesto potrebbe cambiare la storia della sinistra. Ti rendi conto? Ha depositato la sua urina davanti alla sede del partito!’

‘Sì, leggevo sul *Fatto Quotidiano* che migliaia di persone si stanno iscrivendo al PD e per cacciare le correnti vogliono usare l’urina’.

‘E in che modo?’

‘Praticamente si iscrivono ai circoli territoriali, individuano i capibastone della zona (quelli che ai congressi portano le truppe cammellate e comprano centinaia di tessere) e durante le riunioni li allontanano pisciandogli addosso al grido di “torniamo a fare politica!” Ci sono dei video che girano in rete, sono bellissimi!’

‘Che spettacolo! Certo, sai che puzza in quelle sezioni…’

‘Già…’

‘Che dici, andiamo a dormire? Si sono fatte le cinque!’

‘Cazzo! Sì, è tardissimo e domani devo fare un sacco di giri! Però mi fai un bel regalo?’

‘Certo, dimmi!’

‘Vorrei che mi leggessi un pezzo del tuo viaggio in Giappone’.

‘Ma certo! È stato uno dei più belli! Domani se ci incontriamo al solito posto te lo leggo’.

‘Perfetto! Ci sarò! Notte! (due emoticon bacino con cuoricino)’.

'Notte a te! (due emoticon bacino con cuoricino)'.

Il giorno dopo, come da accordi, nel primo pomeriggio i due si incontrano nuovamente a piazza dell'Immacolata. Kumar stavolta è sdraiato sulla panchina a godersi il tiepido sole autunnale. Chiara arriva e poggia la sua bicicletta accanto a quella del ragazzo.

«Ma non è possibile! Ti becco sempre a dormire!»

«Non sto dormendo, è un breve pisolino».

«E mo' che è un 'breve pisolino'?»

«È molto utilizzato nei Paesi asiatici, soprattutto in Giappone, appunto: serve a combattere i disturbi nel sonno e a recuperare prontezza ed energia per essere più produttivi durante tutta la giornata. Dura tra i dieci e i venti minuti».

«Mmm, a me sembra una supercazzola... Comunque, tra quanto finisce il tuo breve pisolino?»

«Appena finito, direi. Pronto per ascoltare quello che hai scritto sul Giappone!»

«Va bene. Ti racconterò della visita a Hiroshima».

«Dove hanno lanciato la bomba atomica?»

«Esatto, proprio lì. È qualcosa che mi ha sconvolto la vita».

Chiara prende la Moleskine con la scritta 'Giappone' dal suo inseparabile zainetto e, dopo averla accarezzata come si fa con gli oggetti più cari, apre la pagina con gli appunti sulla tristemente nota località del Sol Levante. Prima di leggere alza lo sguardo verso il cielo, quasi a volare con la mente verso quel luogo, per tornare a immergersi in quell'atmosfera.

«'Hiroshima è la città dalle emozioni storte. È delicata, piena di fiori, ed è attraversata dai sette rami del fiume Ota che la rendono leggera, quasi fluttuante. Ma la leggerezza contrasta con la pesantezza che ti senti sulle spalle e nelle gambe: è un'ombra greve, che in qualche modo ti segue per dirti che non è come sembra. Ho deciso che è arrivato il momento di confrontarmi con quell'ombra, di capire l'origine di queste emozioni storte'».

«Ok, allora mi tiro su. Per capire le emozioni storte devo stare dritto».

«Scemo!»

«Scusa, battutaccia: dai, continua».

«'Inizio a visitare il memoriale della pace; parto dal museo: è un luogo che non fa nessuno sconto alla realtà, nessuna indulgenza alla storia, mostra solo la verità, una verità lacerante e terribile. Quello che vedo è agghiacciante, è molto più di un'emozione storta: è una crepa nell'anima. Mi dico che l'essere umano non può davvero aver fatto questo, che non è umano concepire qualcosa di così orribile. Mi dico che non può averlo fatto anche a Nagasaki, appena tre giorni dopo, avendo visto cosa era accaduto qui'».

«È un'emozione che avverti anche ora, leggendo. Si percepisce».

«È proprio così, ti resta addosso, non ti lascia più».

«Ti prego, continua, mi sto davvero appassionando».

«'Uscita da lì, le gambe mi tremano e decido di appartarmi poco distante, su una panchina. Con buona pace dei giapponesi, fumo una sigaretta fuori dalla zona adibita ai fumatori. Alcuni mi guardano male, anzi malissimo. Sono molto ligi a certe regole e soprattutto sono tra i popoli più salutisti del pianeta: nei bagni pubblici si lavano bene prima di entrare nell'acqua per non sporcarla. Seduta lì, tra me e me, riesco solo a farfugliare la parola 'scusa', non capisco se è solo un bisogno di esternare il mio profondo disagio, o piuttosto un modo per togliermi di dosso un atavico senso di colpa che mi assale: degli esseri umani come me avevano fatto questo a degli altri esseri umani. Lo avevo studiato sui libri, certo, ma non avevo capito quante volte avremmo dovuto chiedere scusa per quello che è accaduto qui nel 1945. Ora quella parola mi emerge dalle viscere, esce dalla mia bocca mentre mi pervade un senso di profonda vergogna. Hiroshima non è più una nozione scolastica, la foto di un enorme fungo atomico su un manuale di storia, ora ha un volto, anzi ne ha 146.000'».

«Io avrei approfittato per fare un breve pisolino».

«E dai!»

«Scusa! Ti vedevo un po' provata e volevo sdrammatizzare... Dai, continua...»

«'Poco distante dal museo, all'interno del memoriale, osservo un monumento al cui interno c'è una fiamma: è la fiamma della pace, nata dalle braci infuocate della bomba atomica e rimarrà accesa fino a quando al mondo ci sarà ancora anche un solo ordigno nucleare. Infine, in fondo al lungo parco, c'è la cupola della bomba atomica: è uno dei pochi edifici rimasti in piedi dopo l'esplosione e mostra la sua struttura nuda, scarnificata, morta. Si dice che sia stata proprio la forma della sua struttura a salvarla, che abbia limitato l'effetto distruttivo dell'esplosione'».

«Terribile!»

«Sì... 'La cupola ha avuto lo stesso destino di moltissimi abitanti di Hiroshima, che colpiti dalla bomba non sono morti sul colpo, ma sono scappati lungo le rotaie per raggiungere le campagne e le loro case: in piedi, vivi, ma con gli organi interni esposti. A trattenerli al loro posto solo una gabbia toracica compromessa: niente più pelle, muscoli, tendini. Solo polmoni che a stento davano ossigeno a quel che restava di un corpo'».

«Non dimenticherai mai quelle emozioni storte».
«No, non le dimenticherò mai…»
«E dopo che hai fatto? Vedo un paragrafetto in fondo…»
«Percorro il parco, esco dal memoriale: ho bisogno di un caffè. Entro da Starbucks».
«Una specie di caffè della pace».
«Una specie, sì…»
Quando Chiara chiude il suo quaderno, Kumar la abbraccia in segno di riconoscenza e i due si stringono forte: quelle emozioni storte ora sono un patrimonio di entrambi. Il sole nel frattempo è stato coperto da nuvole nere e inizia a cadere qualche goccia. I due si guardano con aria rassegnata e tirano fuori dai marsupi delle biciclette degli impermeabili che indossano prima di salutarsi e andare ognuno per la sua strada. Quando si allontanano, sulla piazza la pioggia si fa sempre più forte prima di diventare grandine.
La sera, come consuetudine, i due si ritrovano su WhatsApp.
'Oggi mi sono scordato di chiederti una cosa. Come va col collettivo femminista?'
'Una chiavica, non va più'.
'Come mai? In che senso?'
'Mi hanno praticamente estromessa da tutto, quindi ho mollato'.
'E perché ti hanno fatto questa cosa? Sembravate tanto affiatate…'
'Se te lo dico non ci credi! (emoticon faccina arrabbiata)'.
'Spara!'
'Un giorno sono arrivata alla riunione con qualche minuto di ritardo, ancora non avevano iniziato, quindi ero tranquilla e lo erano anche loro. Quando ho spiegato

che contrattempo avevo avuto sono iniziati i problemi… (emoticon con faccina che alza gli occhi al cielo)'.

'???'

'Praticamente ho detto che avevo fatto tardi perché ero stata a fare la ceretta'.

'E quindi?'

'E quindi per tutto il tempo l'argomento è stata la mia ceretta, il fatto che ci depiliamo perché vittime di una società che vuole mercificare il corpo della donna, che ritardare a una riunione per assecondare il desiderio del maschio che vuole dominarci è stato un atto immorale'.

'Stanno fuori forte! Ma poi… per assecondare chi? Tu sei single…'

'Ma che ne so… Sta di fatto che hanno praticamente chiuso le comunicazioni… Non mi chiamano più alle riunioni importanti, non mi taggano più nei post… Mi hanno fatto capire che non sono più gradita'.

'Per una ceretta? Ma loro non si depilano?'

'Da quello che ho capito no… neanche le gambe. O se lo fanno non lo dicono…'

'Mamma mia! (emoticon urlo di Munch)'.

'Hai capito? Gente che vuole cambiare il mondo e si ferma davanti a una ceretta inguinale!'

'Lascia perdere quelle invasate, non vale la pena. E soprattutto continua a fare la ceretta!'

'Da quando ti sta a cuore la mia depilazione?'

'Ma no, non è che mi sta a cuore… È per una questione di igiene (emoticon con faccina imbarazzata)'.

'Ah, capisco, una questione di igiene… Hahaha!'

'Hahaha!'

'Andiamo va', che domani ci aspetta un'altra lunga giornata e le previsioni danno di nuovo pioggia nel pomeriggio'.

‘Noooooo! Oggi mi sono fracicato! È passata anche attraverso l’impermeabile!’

‘Eh, a chi lo dici!’

‘Buonanotte! A domani (emoticon con tre cuoricini)’.

‘A domani! (emoticon con quattro cuoricini)’.

Per fortuna le previsioni del tempo ogni tanto non ci prendono, così quando Chiara e Kumar si incontrano sulla solita panchina c’è un bel sole. Lui la aspetta seduto, e appena la vede arrivare le fa un bellissimo sorriso. Lei, mentre si avvicina, tocca numerose notifiche sul suo smartphone.

«Oggi un casino di giri, mi devo fermare un attimo se no stecchisco».

«Eh ti vedo. Dai, riposa un po’».

«E tu? Niente breve pisolino?»

«Già fatto, già fatto. Non mi vedi riposato?»

«Veramente ti vedo sempre uguale…»

«Non è vero! Il breve pisolino mi ha rigenerato!»

«Sarà…»

«Senti, come si chiamava la stazione di Istanbul da dove prendesti il treno per la Cappadocia?»

«Si chiama Haydarpasa, detta ‘La porta dell’Oriente’. Vuoi che ti rilegga quella parte del diario di viaggio della Turchia?»

«A dire il vero oggi no. Oggi vorrei chiederti di un viaggio che non hai ancora fatto, di un viaggio che sogni di fare».

«Va bene. Un viaggio che sogno da quando ero bambina è la Russia, è la terra dei miei autori preferiti, di Dostoevskij, di Tolstoj. Purtroppo fino a quando ci sarà un governo criminale so che sarà impossibile ammirare San Pietroburgo, vedere la Piazza Rossa. Sogno anche la Transiberiana ma costa un sacco di soldi e chissà quanti viaggi dovrò fare per potermela permettere un giorno...»

In realtà, mentre Chiara parla, c'è qualcuno che il suo viaggio in Russia se lo fa raggirando i divieti, le sanzioni e soprattutto il buon gusto. I Ferragnez, per oltre un mese, girano in lungo e in largo il Paese raccontandone le bellezze, i ristoranti e gli alberghi di lusso. L'hashtag utilizzato per il tour è un italianissimo #franciaospagnabastachesemagna. Pezzo forte della marchetta al regime, un duetto del celebre rapper con Al Bano Carrisi: nel videoclip del brano, che alterna battute sessiste rappate con accento milanese a gorgheggi in stile neomelodico pugliese, i due cantano sulla Piazza Rossa indossando una maglietta bianca con stampata la faccia del tiranno, capo già indossato dal leader della Lega, Matteo Salvini. Alle loro spalle, un corpo di ballo di Cellino San Marco, vestito con i costumi caratteristici della provincia di Brindisi, muove i passi della Prisyadka, mentre Chiara Ferragni e i due pargoli escono da delle matrioske firmate Prada.

«A me invece piacerebbe andare in Sri Lanka. Quando i miei genitori ne parlano si commuovono sempre, mi dicono che sia un posto meraviglioso, dai paesaggi mozzafiato. Pensa, lì ho dei parenti che non ho mai conosciuto, parlano in singalese, quando ci conosceremo comunicheremo a gesti, probabilmente. Sai, se fossi andato a trovarli prima di ottenere la cittadinanza avrei rischiato di non poter più farne richiesta».

«È abominevole. E tutto per la propaganda di un paio di politici che vogliono tenersi buone quelle capre che li votano. Che schifo!»

«Per fortuna io ormai sono italiano a tutti gli effetti. Sarebbe bello andare insieme in Sri Lanka, finalmente potresti scrivere un diario sul posto e non più nelle pause tra una consegna e l'altra...»

«Ma... come lo hai capito?»

«Perché ti osservo, ti osservo sempre. Scrivi i diari ispirandoti al tipo di cucina che porti nel borsone termico, l'ho notato quasi subito, dalle prime volte che ci siamo incontrati. Penso sia un modo di farti piacere questo nostro lavoro di merda. Immagini di viaggiare nei Paesi che incontri nelle varie consegne: se porti del sushi scrivi del Giappone, se porti del pollo tandoori apri il quaderno dell'India. Ti rivedi in quei Paesi sulla tua bicicletta da rider, li giri in lungo e largo con la mente».

«E perché non mi hai mai detto che avevi capito? Perché mi hai fatto continuare a leggere come una scema?»

«All'inizio non ero proprio sicuro. A dire il vero, poi ti sei tradita».

«In che modo?»

«Quando mi hai letto del viaggio in Turchia. Hai parlato della vecchia stazione di Haydarpasa a Istanbul, di quella bellissima traversata verso Oriente sul vagone letto...»

«E cosa c'era che non andava?»

«La stazione è chiusa da molti anni, in realtà. Il palazzo è stato ristrutturato dopo un incendio e i binari sono stati rimossi per l'ammodernamento dell'intera linea ferroviaria. Non si sa se tornerà a essere una stazione, forse diventerà un museo».

«E tu che ne sai?»

«I tuoi racconti mi avevano incuriosito, così mi è capitato di leggere un articolo del giornalista Fabio Salamida che parla proprio di quella stazione. Aspetta che lo ritrovo... eccolo... ti leggo un pezzo: 'Oggi Haydarpasa è un pezzo di passato incastonato in un presente incerto, ma gli echi che rimbombano tra le vetrate colorate dei suoi immensi saloni ornati, gli sguardi fissi dei gatti che continuano ad abitarla nascondendosi tra le impalcature del cantiere, lo storico ristorante con le pareti piene di foto di Atatürk e il suono metallico delle forbici del barbiere sembrano voler tenere in vita ciò che è stato: i volti stanchi dei bigliettai nella penombra delle loro cellette, gli sbuffi delle locomotive, le camminate veloci dei passeggeri in partenza e quelle lente di quelli in arrivo. La porta dell'Oriente è sempre lì. E con i suoi silenzi continua a sussurrarci la bellezza del viaggio'».

«Mi hai assecondata... Mi hai visto come una povera sfigata che vorrebbe tanto girare il mondo ma al massimo va dal Pigneto a San Lorenzo portando da mangiare alla gente...»

«Non è così. I tuoi viaggi immaginati mi hanno aiutato a conoscerti, a capire quel fantastico mondo che ti porti dentro. Mentre leggevi ti immaginavo lì e mi immaginavo lì, insieme a te».

«Davvero viaggeresti insieme a me? Dei viaggi veri, intendo...»

«Certo che viaggerei insieme a te, mi piacerebbe scoprire posti bellissimi insieme, ma a due condizioni».

«Quali?»

«La prima: niente bici. Almeno in vacanza non voglio pedalare!»

«Giusto! Va bene. E la seconda?»

«Ogni tanto ci si ferma per un breve pisolino, magari insieme, abbracciati».

Quel pomeriggio, stanchi e sudati, i due giovani rider si baciano per la prima volta. Di fronte all'idea di scoprire il mondo insieme, la timidezza viene finalmente meno. Nei giorni seguenti, durante le pause, iniziano a scrivere su un quaderno i possibili itinerari dei loro viaggi, navigano su internet e si appuntano alberghi, ristoranti in cui andare a mangiare, luoghi da visitare.

Il luccicare dei raggi delle loro biciclette ci riporta sul 30 notturno. Chiara si prepara a scendere alla fermata Prenestina / Tor De' Schiavi. Prima di premere il tasto rosso saluta Arturo e Benny il Matto.

«Pronta per il primo viaggio tu sei».

«Sì Benny, abbiamo già prenotato il volo per Negombo! Tra un mese io e Kumar visiteremo lo Sri Lanka, conosceremo i suoi parenti e scopriremo le bellezze del suo Paese!»

«Molto intima la condivisione del viaggio è, più intima di depilazione la scoperta di tramonti lontani è».

«Ehm... sì, diciamo di sì».

Chiara solleva la sua bicicletta e scende dal tram, Arturo dalla cabina la saluta con la mano e lei ricambia, prima di montare in sella e di correre verso casa. La aspettano lunghe giornate di lavoro che le serviranno per mettere da parte i soldi per il viaggio con Kumar, che a sua volta farà lo stesso. E chissà se dopo il Paese d'origine del ragazzo vedranno insieme le cremazioni di Varanasi, chissà se proveranno insieme quelle emozioni storte camminando in mezzo ai fiori di Hiroshima, chissà se un giorno saliranno su un treno e partiranno verso l'Oriente dalla vecchia stazione di Haydarpasa.

Una cosa è certa: il loro viaggio è appena iniziato.

# Victoria's Secret

*Se si ama il proprio dolore, esso diviene voluttà.*

Donatien-Alphonse-François de Sade

Quando alla fermata Regina Margherita / Morgagni sale lei, l'aria sembra fermarsi. Ogni suo passo, ogni suo più impercettibile movimento, è un omaggio alla femminilità e all'eros. Cinquantasei anni ben portati ma non nascosti, capelli verde pisello intonati alle unghie, alle scarpe col tacco e al vestito, lunghissime sopracciglia, fard dalle accese sfumature rosa e collana di perle.

Benny la vede entrare e i suoi occhi si illuminano di felicità: il Matto la fissa con uno sguardo spiritato e alzando le braccia al cielo grida: «*Victoriaaa!*» E lei, con aria complice, alza le braccia al cielo e risponde: «*Bennyyy!*» I due, continuando a gridare, corrono l'uno verso l'altra e si uniscono in un caloroso abbraccio. Marco si ritrova al centro della scena e ride divertito anche Arturo Giani, osservando il rumoroso saluto dallo specchio retrovisore del 30 notturno, scuote la testa accennando un sorriso.

Lei è Victoria's Secret, psichiatra transgender molto famosa a Roma e in tutto il Paese. All'anagrafe Vittorio Segreti, non ha mai completato la sua transizione di genere sottoponendosi a un'operazione di vaginoplastica, ma escludendo questo piccolo e insignificante dettaglio, è una bellissima signora dall'aspetto solare e stravagante. Ha in cura importanti personaggi del mondo della politica, del giornalismo, dello spettacolo e dello sport, arrivati da lei tramite il passaparola degli aperitivi e delle cene della Roma bene. Con le proprie parcelle può permettersi di offrire supporto psicologico ai più bisognosi a cifre simboliche, una pratica molto diffusa tra psicologi e psichiatri di una certa fama.

Il suo studio è in un grande appartamento di un palazzetto liberty al Nomentano; è lì che vivono Edipo ed Elettra, i suoi due gatti siamesi, padroni incontrastati dei divani di velluto e dei tappeti persiani, nonché spettatori silenziosi delle visite; è lì che abbraccia i suoi pazienti, stringendo con loro dei rapporti umani che vanno ben oltre la terapia, cosa che fa storcere il naso a molti colleghi che in varie occasioni sono arrivati a insinuare che la sua attività sia una copertura per svolgere il mestiere più antico del mondo. Lei non si cura del chiacchiericcio ma si gode i progressi delle sue terapie. E non solo quelli. Dietro gli abiti e i modi stravaganti di Victoria's Secret c'è una grande psichiatra, ma c'è anche un vissuto difficile, fatto di dolore e di abbandono.

Come ormai consuetudine in questa corsa, le luci a incandescenza del vecchio tram ci fanno cambiare scena. Tutto comincia negli anni dell'adolescenza, quando Victoria inizia a uscire da quella prigione chiamata Vittorio ed è costretta a subire come tanti le vessazioni e il bullismo dei coetanei: una continua discriminazione che va dalle risatine alle battute sessiste, dall'emarginazione alle percosse al grido di 'frocio de merda!' Figlia unica, a quel tempo abita con sua madre Maria e suo padre Benito in un appartamento nei pressi di largo Preneste. La donna, maestra elementare, è l'unica ad avere gli strumenti culturali e l'empatia per comprendere il dramma vissuto da sua figlia, mentre l'uomo, che non a caso porta quel nome, dal basso del suo semi-analfabetismo è convinto che Victoria sia uno scherzo della natura, qualcosa di uscito male e da curare, con le buone o con le cattive. Benito è il panettiere della zona e visti gli orari di lavoro incrocia poco la figlia, ma quando questo accade le urla si sentono per tutta la palazzina.

«Me fai schifo, me fai schifo al cazzo! Frocio! Ma che ho fatto de male pe' dove sopporta' 'sto schifo!? Te voi lava' quella faccia de merda? Te voi leva' quei trucchi da femmina!?»

«Mi devi lasciare in pace, sono libera di vestire come voglio e di truccarmi come voglio, hai capito?!»

«Aò, tu fino a quando stai sotto 'sto tetto fai come dico io, hai capito frocio de merda!? Tu te chiami Vittorio, come se chiamava 'a bonanima de mi' padre: quel pover'omo se starà a rivolta' nella tomba, porca m*****a!»

«Io sono Victoria, mi devi chiamare con il mio nome!»

«Senti, pezzo de merda, tu in mezzo alle cosce c'hai il cazzo, hai capito? Il cazzo! Fai che 'n altro amico mio me prende per culo dentro ar negozio davanti alla gente perché t'ha visto pe' strada che te baciavi co' n'artro invertito come te e t'ammazzo co' le mani mie, a costo de fini' a marci' a Rebibbia, hai capito?!»

Quel giorno Benito entra in cucina, dove Victoria sta preparando il pranzo; apre l'acqua bollente, versa del sapone liquido per piatti su una spugnetta d'acciaio di quelle che si usano per sgrassare le pentole, e dopo aver fatto uscire il sangue dal naso a sua figlia tirandole i lunghi capelli biondi e colpendola in pieno viso con due fortissimi ceffoni, inizia a passarle la spugnetta sulla faccia spingendo con forza, per toglierle il trucco. La strofina così forte che in alcuni punti la sua delicata pelle chiara si graffia e il sangue delle abrasioni si mischia a quello che esce dal naso e al nero del mascara. Sentendo le urla della figlia e le bestemmie dell'uomo, la madre Maria entra di corsa nella stanza e senza esitare un attimo inizia a bastonare il marito sulla testa con l'impugnatura della scopa, lasciandolo quasi tramortito sul pavimento.

«Tu prova a toccarla ancora e io t'ammazzo con le mie mani. Tu prova ancora a metterle le mani addosso in quel modo e io prima t'ammazzo e poi te do foco, omo de merda!»

«'O dico pure a te. È maschio e da maschio se deve comporta'. E se nun fa er maschio se deve cura' perché vor di' che nun è sano, che c'ha qualcosa ner cervello de sbagliato».

Alle parole dell'uomo seguono i fatti e così, malgrado le resistenze, Vittoria si ritrova faccia a faccia con uno psichiatra, il dottor Roberto Segre. Molto noto nel campo della psicoterapia per l'adolescenza, lo specialista applica prezzi modici per le famiglie più povere e questo lo rende prima scelta per le limitate finanze della famiglia Segreti. Durante le prime due sedute, Victoria rimane completamente in silenzio, senza proferire parola. E anche l'uomo non dice nulla, limitandosi a osservarla e accennando di tanto in tanto un sorriso; ma a metà della terza seduta, qualcosa cambia.

«Sai, ho una figlia piccola che si chiama Vittoria come te... ops! Scusa se ho parlato, diverte anche a me l'idea di far buttare un po' di soldi a tuo padre, ma confesso che oggi mi stavo annoiando a rimanere in silenzio per un'intera ora».

«Può parlare quanto vuole, io sono Victoria e non le permetterò di farmi il lavaggio del cervello».

«Che intendi per lavaggio del cervello, Victoria?»

«Io sono una donna».

«E chi dice il contrario?»

«Non mi prenda in giro, lo sa bene perché mi hanno portata da lei».

«Be', io ho due versioni, Victoria. C'è quella di suo padre, che probabilmente non ha idea di cosa sia la psichiatria, e c'è quella di sua madre, che forse vale la pena di tenere in considerazione».

Percependo nelle parole del dottor Segre l'ennesimo gesto di protezione di sua madre, Victoria inizia a sciogliersi, a raccontare le angherie subite a scuola, gli insulti dei passanti per strada, le botte e le cinghiate di suo padre. Durante le sedute, talvolta si alza in piedi, si accalora, piange e ride. In accordo con lo psichiatra, alla decima seduta vengono convocati anche i genitori. Il dottor Segre spiega loro che Victoria è una transgender, ovvero una persona la cui identità di genere differisce dalla sessualità biologica. Parole e concetti decisamente poco utilizzati nel 1982, specialmente in un quartiere semi-periferico di una Roma ancor più provinciale e bigotta di quella odierna. Benito, ascoltate le parole dello psichiatra, salta dalla sedia.

«Dotto', ma che cazzo sta a di'?! Se uno è maschio è maschio! C'ha il pisello, nun c'ha la fica. Poi ok, è frocio, ormai co' quello c'ho fatto pace: ma vestirsi da femmina no, è 'na roba che nun se po' vede'!»

«Signor Benito, le persone non sempre rispecchiano i modelli…»

«Ma che modelli e modelli, dotto'… 'O vede questo come se veste? Se trucca come 'na battona!»

«Io penso che lei dovrebbe rispettare sua figlia e soprattutto smetterla di vessarla, con le parole e in altri modi più violenti, diciamo... Altrimenti mi vedrò costretto a segnalare a chi di dovere la cosa, e potrebbe non essere piacevole».

Dopo quell'ultima seduta con il dottor Roberto Segre, Victoria non solo si sente sollevata, ma decide la strada da intraprendere, quella che la porterà a diventare una psichiatra: una strada non semplice, soprattutto perché il padre ha già deciso da tempo che finito il liceo dovrà trovarsi un'altra sistemazione, a meno di non violentare la sua natura 'facendo il maschio', come suole ripetere. E così, dopo il diploma, Victoria lascia la casa dei genitori.

«Qui dentro, se un giorno vorrai torna', ce devi veni' coi pantaloni. Altrimenti nun te fa' mai più vede'».

«Se pure dovessi tornare con i pantaloni, caro papà, avrò anche una bellissima messa in piega, un rossetto fiammante e altre cose che ti farebbero arrabbiare. Quindi è meglio che non torni mai più».

Victoria quel giorno saluta sua madre, che sull'uscio la abbraccia forte piangendo tutte le sue lacrime, prima di lasciarla andare: con lei continuerà a vedersi, rigorosamente fuori casa e lontana dallo sguardo di disprezzo del padre. Dopo essere stata ospitata per un periodo da un'amica, viene accolta nella grande comunità LGBTQ+. Tramite il circolo di cultura omosessuale Mario Mieli riesce a trovare delle persone con cui condividere un appartamento nel quartiere Ostiense, ma per pagarsi l'affitto, il sostentamento e gli studi, è costretta a prostituirsi nei dintorni di via Collatina: sullo slargo davanti al mattatoio le transessuali sudamericane ballano e adescano i tanti clienti in fila per contrattare il prezzo di veloci eiaculazioni. Ogni sera in quello e in altri luoghi della capitale va in scena un festoso carnevale del sesso, controllato a distanza dagli 'imprenditori' del settore, al secolo 'papponi', e quasi ignorato dalle forze dell'ordine, che si limitano a intervenire quando scoppia qualche rissa. Victoria entra nel giro con uno scopo ben preciso; non è ovviamente quella la vita che sogna, ma dimostrando un'incredibile capacità di adattamento riesce persino a farsi piacere quelle nottate, a scrutare le vite dei suoi clienti che diventano sempre più abituali: con lei, dopo aver sfogato i loro istinti, possono parlare, raccontare piccoli e grandi problemi di vita quotidiana, mostrare quel lato che le loro mogli e i loro figli non vedranno mai. Per Victoria quelle lunghe chiacchierate su scomodi sedili in abitacoli appestati da puzzolenti Arbre Magique sono un primo, utilissimo tirocinio.

Alle prime luci di una domenica mattina, durante la consueta 'gara' per assicurarsi gli ultimi clienti della nottata, la giovane rimane però gelata a fissare la targa di una vecchia Lancia Delta: è quella di suo padre Benito, che dopo qualche minuto di contrattazione si carica Wendy e Lucy, due bellissime transessuali di San Paolo, tra le più ambite sulla piazza. L'ombra di quella testa dalla forma inconfondibile, quei capelli grigi e spettinati illuminati dagli anabbaglianti dell'auto del cliente successivo sono l'ultima immagine che ricorderà di Benito Segreti.

Passano gli anni e Victoria si laurea, si specializza e ottiene l'abilitazione, iniziando a lavorare come consulente di un centro contro la violenza di genere e lasciando per sempre il marciapiede. Col passare del tempo la sua fama cresce, complici alcuni 'pezzi grossi' che trovano giovamento dalla sua terapia e la consigliano ad altri 'pezzi grossi'. Su consiglio di Vladimir, sua grande amica, decide di darsi un nuovo nome.

«Vic, secondo me è il momento di completare la tua identità».

«In che senso, Vladimir?»

«Be', Victoria Segreti è una specie di limbo, un voler mediare tra due vite. Secondo me devi fare un po' come ho fatto io, adottare una scelta più radicale».

«Ovvero?»

«Hai presente il mio nome di battesimo ? Anche lui si è adattato al mio genere e ora rappresenta a pieno la mia interiorità».

«E dici che il mio non la rappresenta del tutto? Forse hai ragione, sai?»

«Tra l'altro ce l'ho già in testa il tuo nome completo, ti ci chiamo quando parlo di te alle altre amiche».

«Che mi dai i nomignoli ora?!»

«Sì un po' li do a tutti, lo sai, ma il tuo è perfetto!»

«E come mi chiameresti? Sentiamo…»

«Tu sei Victoria's Secret!!»

«Come le mutande?!»

«Brava, come le mutande… E che mutande, Vic!»

«Però sai che non è male? C'è il mio cognome all'anagrafe, ha un non so che di esotico e soprattutto parla anche un po' di quello che faccio: in fondo lavoro con i segreti più intimi delle persone. Mi sa che non sarai più la sola a chiamarmi così».

Quel giorno 'nasce' Victoria's Secret, un personaggio iconico, si direbbe oggi. La psichiatra cresce e con lei la sua fama e il relativo conto in banca. Il suo bellissimo studio, oltre ad accogliere i due intelligentissimi gatti siamesi, si riempie di mobili e oggetti di ogni tipo: alcuni sono regali di pazienti facoltosi, altri sono raccolti da Victoria nei frequenti viaggi in giro per il mondo. Le sue sedute, così particolari e divertenti, potrebbero essere raccontate in un trattato di psichiatria eretica, un volume che diventerebbe presto il libro proibito di tutti gli aspiranti strizzacervelli; ma probabilmente nessuno avrà mai il coraggio di svelare cosa viene detto in quello studio, tra morbidissimi tappeti e comodi divani.

*DISTURBO NARCISISTICO DI PERSONALITÀ*
*Criteri diagnostici: un pattern pervasivo di grandiosità (nella fantasia o nel comportamento), necessità di ammirazione e mancanza di empatia, che inizia entro la prima età adulta ed è presente in svariati contesti, come indicato da cinque (o più) dei seguenti elementi:*
*Ha un senso grandioso di importanza (per esempio, esagera risultati e talenti, si aspetta di essere considerato/a superiore senza un'adeguata motivazione).*
*È assorbito/a da fantasie di successo, potere, fascino, bellezza illimitati, o di amore ideale.*
*Crede di essere 'speciale' e unico/a e di poter essere capito/a solo da, o di dover frequentare, altre persone (o istituzioni) speciali o di classe sociale elevata.*
*Richiede eccessiva ammirazione.*

«Buongiorno Victoria's!»

«Ecco il mio giornalista preferito! Buongiorno Fabio. Cosa posso offrirti? Un caffè? Un tè? Un succo ai mirtilli? Un bicchiere d'acqua? Un succo ai mirtilli e una ricetta rosa da portare a Nancy?»

«Va bene il succo di frutta semplice... senza ricetta rosa; come se avessi accettato...»

«Va bene, te lo vado a prendere».

Quarantadue anni, giornalista, una compagna trozkista e femminista, tre gatti e pochi amici selezionati, Fabio è diventato paziente di Victoria dopo averla intervistata per il suo giornale. Perché l'abbia cercata, ormai due anni fa, in realtà non è chiaro neanche a lui: di sicuro ha influito una certa propensione alla depressione, che si manifesta con periodi di totale apatia.

«Allora Fabietto, come procediamo?»

«Mah, che ti dico, non ho mezza idea questo periodo: succedono cose ma è tutto tremendamente piatto, noioso, insignificante...»

«Parli della politica, ovviamente...»

«Ma sì, io non mi ci metto a scrivere gli articoli su cosa compra Mario Draghi in pasticceria o su dove va in vacanza...»

«Chiaro, non ti abbassi a parlare di cose troppo frivole».

«Dai, su, non sono io questa volta: sono oggettivamente cose frivole...»

«Sì, forse hai ragione. Però hai scritto anche la prefazione di quel libro che sta andando fortissimo, come si chiama?»

«Sì, di *#RenziFaiSchifo*, ma non è mio».

«Ok ok, ma è sempre una soddisfazione. Invece quei sogni a cui mi accennavi su WhatsApp?»

«Ecco, questa cosa dei sogni è un gran casino».

«Racconta...»

«Praticamente è un sogno ricorrente: a un certo punto divento un carlino».

«Un carlino? Intendi il cane?»

«Esatto. Perché mi guardi così? È grave?»

«No, tranquillo, sto pensando al dosaggio del farmaco. Insomma, che succede in questo sogno ricorrente? E perché diventi un carlino?»

«E chi lo sa... mi trasformo, tipo *Metamorfosi* di Ovidio...»

«E ti pareva che non ci usciva qualcosa di epico...»

«In realtà è tutto molto ridicolo. Una settimana fa nel sogno litigo ferocemente con la mia compagna, non ricordo neanche il motivo: nel momento più accalorato della discussione... puff! Non riesco più a dire nulla, faccio solo una specie di grugnito, e a quel punto mi rendo conto di essermi trasformato in un carlino...»

«Scusa Fabietto, come fai a sapere di essere proprio un carlino?»

«Non saprei. Lo so e basta... Perché scrivi? È grave, vero?»

«No no, tranquillo, continua».

«La cosa più assurda è che per le altre persone del sogno è normale che io mi trasformi...»

«In che senso è normale? In che modo te lo fanno capire?»

«Ad esempio la mia compagna, mentre io grugnisco e provo inutilmente a ribattere alle cose che dice, mi urla: 'Ecco! Adesso devo anche portarti a pisciare!'»

«Ah, quindi è come se ti trasformassi nel suo cane».

«Vedi che è grave? Poi tre giorni dopo è successo di nuovo!»

«C'era sempre la tua compagna?»

«No, magari... Stavolta c'era la Santanchè, hai presente?»

«Certo che ho presente, ahimè».

«Nel sogno era arrabbiata per una cosa che avevo scritto su Facebook; ogni tanto come sai perculo un po' questi personaggi. Insomma, non te la faccio lunga: ero immobilizzato su un tavolo, in una specie di stanza delle torture, tutto nudo e tenuto fermo da due enormi energumeni simili ai buttafuori delle discoteche della riviera romagnola...»

«Oh mamma mia... e poi?»

«A un certo punto arriva lei, la Santanchè. Ha in mano un enorme fallo finto: sai quelli giganteschi che trovi...»

«Penso di aver capito, Fabietto, vai avanti».

«Insomma, lei arriva con questo arnese, è vestita da Crudelia De Mon. Mi stai guardando male... è grave vero?»

«Ma no! Sto immaginando la scena. E insomma, che ti fa la Santanchè?»

«A un certo punto mi dice: 'Lo vedi questo? Ora te lo ficco tutto nel...'».

«E dai Fa', smettila di scrivere tutte 'ste cazzate... 'Sto libro è già un delirio così...»

«Stai al posto tuo. Guarda che me lo ha detto davvero nel sogno!»

«Vabbe', quindi nel sogno c'è la Santanchè vestita da Crudelia De Mon che ti vuole sodomizzare con un enorme fallo finto...»

«Sì, ma mentre io sono tutto nudo e provo a liberarmi dai due energumeni... puff! Divento un carlino. A quel punto sono libero perché loro non si aspettavano la trasformazione e comincio a scappare lungo un corridoio che porta verso un'uscita luminosa. Dietro sento la Santanchè che grida come una matta: 'Fermatelo! Prendete quel carlino!' Io continuo a scappare ma il corridoio sembra non finire mai. Hai presente il finale di *Alice nel Paese delle Meraviglie*? Insomma, finisce così. Poi mi sveglio. Sto male, vero?»

«No, non stai male. Ti abbasso un po' il dosaggio del farmaco e dovremmo risolvere. Sicuro che non vuoi la ricetta rosa?»

«Sicuro... sempre come se avessi accettato eh. Grazie Vic».

«Bene, eccola. Fammi un favore: cerca per quanto

possibile di scrivere quello che sogni, metti un taccuino sul comodino e la mattina appunta quello che ricordi».

Dopo una settimana il giornalista torna nello studio di Victoria's Secret. Lei si fa attendere qualche minuto e lui ne approfitta per viziarle i gatti con dei buonissimi bastoncini al merluzzo liofilizzato che i due felini sbranano in pochi secondi.

«Sempre a portargli schifezze stai... Ormai quando ti sentono arrivare mi seguono fino alla porta: mi hai corrotto i gatti!»

«I bastoncini sono buonisssssimi! Ciao Vic!»

«Allora caro, come ti senti?»

«Direi bene, ho smesso di trasformarmi in un carlino, però continuo a fare sogni».

«E cosa hai sognato? Hai messo il taccuino sul comodino come ti avevo consigliato?»

«Sì! Ho fatto un sogno strano, ma decisamente meno inquietante delle metamorfosi carliniche».

«Sentiamo, racconta».

«Allora. Ero vecchio, mooolto vecchio, ma comunque un bell'uomo eh...»

«Non avevo dubbi...»

«Insomma, mi trovavo su una bellissima barca a vela a navigare sull'oceano, penso verso il Polo Nord: ero a prua, sdraiato, a prendere il sole nudo».

«Eri a prendere il sole nudo al Polo Nord?!»

«Esatto, ma non sentivo freddo. Intorno a me una dozzina di ragazze stupende, di tante nazionalità diverse. Anche loro tutte nude a prendere il sole...»

«Un vecchio tutto nudo su una barca a vela a prendere il sole con dodici strafighe tutte nude al Polo Nord: ho capito bene?»

«Sì, ma non fraintendere: mentre prendevamo il sole

parlavamo di geopolitica, di ambiente, di cose importanti...»

«Una specie di Hugh Hefner radical chic».

«Brava, tipo. A un certo punto l'inquadratura cambia, la barca è ripresa dall'alto, come da un drone, mentre naviga in mezzo ai ghiacci».

«Però così sa tanto di matrimonio coatto a Ladispoli...»

«Aspetta. Qui arriva il colpo di scena: dal mare esce un enorme capodoglio che inghiotte la barca in un sol boccone e poi si inabissa».

«Così? Di botto?»

«Di botto. E poi solo pace, silenzio, il canto dei gabbiani».

«Come interpreti questo sogno?»

«Mi sono svegliato sereno, in pace col mondo. Ero ritornato a essere un tutt'uno con la natura, con il creato e, chissà, con un'entità superiore».

«Mmmm... e le dodici poverette? Tu eri un vecchio decrepito, ma loro?»

«Un tutt'uno anche con loro...»

«Ah...»

«È grave?»

«No no, mi sembra tutto tremendamente normale, diciamo. Vabbe', vuoi la ricetta rosa?»

«Ma sì, dai, però mi offri anche un po' di succo ai mirtilli?»

Victoria's Secret disseta il giornalista e gli consegna la ricetta rosa. Trattasi di un foglio strappato da un taccuino su carta di colore rosa che i suoi pazienti possono chiedere dopo la terapia: va consegnato a Nancy, una grande amica della psichiatra che ha il suo 'studio' a un paio di isolati. Con Nancy la dottoressa ha siglato una specie di convenzione.

Fabio, prima di andare via, saluta i gatti prendendoli in braccio e baciandoli, cosa che provoca un certo fastidio nei felini, che una volta messi giù iniziano a lavarsi.

Scendendo le scale, apre il foglio rosa e ride soddisfatto.

*DISTURBO PARANOIDE DI PERSONALITÀ*
*Diffidenza e sospettosità pervasive nei confronti degli altri, tanto che le loro motivazioni vengono interpretate come malevole, che iniziano nella prima età adulta e sono presenti in svariati contesti, come indicato da quattro (o più) dei seguenti elementi:*
*Sospetta, senza fondamento, di essere sfruttato/a, danneggiato/a, ingannato/a dagli altri.*
*Dubita, senza giustificazione, della lealtà o affidabilità di amici e colleghi.*
*È riluttante a confidarsi con gli altri a causa del timore ingiustificato che le informazioni possano essere usate in modo maligno contro lui o lei.*
*Legge significati nascosti umilianti o minacciosi in osservazioni o eventi benevoli.*
*Porta costantemente rancore (cioè non dimentica gli insulti, le ingiurie o le offese).*
*Percepisce attacchi al proprio ruolo o reputazione non evidenti agli altri ed è pronto/a a reagire con rabbia e contrattaccare.*
*Sospetta in modo ricorrente, senza giustificazione, della fedeltà del coniuge o del partner sessuale.*

«Buonasera Carlo, bentrovato».

«Buonasera Victoria, ti ringrazio per avermi anticipato la seduta».

«Ma figurati, caro, so bene che i tuoi impegni istituzionali ti costringono a cambiare continuamente la tua agenda».

«Grazie ancora. Ci tenevo a venire perché in questo periodo sono molto stressato».

«Lo vedo, lo vedo, sei entrato molto guardingo».

«Sono sicuro di essere seguito, sono tanti là fuori a volermi far saltare e...»

«E se qualcuno ti vedesse entrare nello studio della psichiatra transgender inizierebbero a girare voci».

«Altre voci, oltre a quelle che già girano...»

«E cosa ti dicono, povero Carlo?»

«Be', intanto fanno allusioni sulla mia presunta omosessualità...»

«Presunta?»

«Be', non dichiarata, diciamo».

«Forse potresti iniziare a dire al tuo amante di non spifferarlo ai quattro venti. Conosci il proverbio: il paese è piccolo...»

«Gliel'ho detto! Ma anche lui mi rema contro! Ho saputo che ha raccontato particolari anche molto intimi alle amiche e agli amici del pilates che fa nella sua parrocchia!»

«Ma sai, Carlo, voi personaggi famosi siete più esposti: per le persone è un vanto poter dire di conoscervi, figuriamoci raccontare di relazioni sentimentali con voi».

Carlo è un noto personaggio politico. Cinquantasei anni, rampollo di un'importante famiglia milanese, ha un fratello, una sorella musicista, una moglie, due figli maschi e un giovane amante che chiacchiera troppo. Entra nello studio di Victoria's Secret con il viso totalmente nascosto da cappello, sciarpa e occhiali da sole. Frequenta da tempo l'appartamento della famosa psichiatra, che considera un'oasi di pace in cui rifugiarsi per sfuggire dallo stress, dalla sovraesposizione mediatica e dalle tante insidie della politica. La psicologa lo aiuta a liberare la sua mente dai troppi fantasmi che lo perseguitano: dai colleghi di partito che ambiscono alla sua poltrona, ai giornalisti che cercano scoop su di lui, agli avversari che ovviamente puntano a screditarlo. Impresa ardua, perché Carlo vede nemici ovunque, anche tra i parenti stretti.

«Sono arrabbiatissimo con Gianna».

«E perché mai? Tua sorella è sempre così carina con te, ti cita in ogni intervista dicendo di essere orgogliosa di suo fratello...»

«Ha organizzato un concerto a San Siro il giorno della presentazione della mia candidatura alle Europee! Ma ti sembra una cosa normale?»

«Più che altro non ci trovo nulla di male, Carlo. Una cosa è un concerto, altra cosa è un evento politico».

«Sì, teoricamente è così. Il problema è il cognome, il cognome cazzo!»

«Non capisco...»

«Il giorno dopo, sulle rassegne stampa cercando il mio cognome usciranno solo il concerto, le foto dello stadio pieno, i fan in festa! E poi, forse, qualche trafiletto sulla presentazione della mia candidatura alla Fondazione Feltrinelli. Questa cosa mi danneggia, capisci?»

«Non pensi di esagerare? Prova a vederla così: le pagine di politica parleranno della presentazione della tua candidatura, quelle di spettacolo del concertone della tua sorellina».

«Ma il concerto è più bello, l'evento politico è noioso...»

«E vabbe', ma quello a prescindere dal fatto che i due eventi capitino lo stesso giorno. E poi senti Victoria: magari il concerto farà da megafono...»

«Lo ha detto pure mamma, però lei non fa testo perché ha sempre voluto più bene a lei...»

«Carlo! Basta con questa storia: non è vero! Tutti a casa ti vogliono un bene dell'anima, a cominciare da tua madre. Pensavo che avessimo già chiarito da tempo questo punto».

«Sì, ma ogni tanto ci ripenso e divento triste triste. E poi c'è quello stronzetto di Firenze...»

«E lascialo perdere a quello lì, ha un 2% scarso...»

«Hai ragione Victoria, non lo faccio più... Ricetta rosa con punizione?»

«E va bene. Ricetta rosa con punizione».

Scendendo le scale, Carlo apre il foglio rosa da consegnare a Nancy e la sua espressione si rasserena.

Qualche giorno dopo, il politico torna dalla psichiatra, ha un'espressione molto più rilassata rispetto alla volta precedente ed è persino meno mimetizzato del solito.

«Avevi ragione tu, Victoria, come al solito: pensa che Gianna, alla fine del concerto, ha detto alle persone di votarmi alle prossime Europee!»

«Vedi? E tu che ti preoccupavi! E la presentazione della candidatura com'è andata invece?»

«Una bomba! Era pieno di gente, c'erano le televisioni, i giornalisti! È andata su tutti i tg. Nei servizi hanno citato anche l'endorsement di Gianna ! Sono davvero felicissimo... Premio?»

«E premio sia, Carlo...»

Finita la seduta con l'aggiunta del premio, Victoria accompagna Carlo alla porta e lo saluta con un abbraccio. Lui scende le scale di corsa, è raggiante: sul foglio della ricetta rosa ci deve essere un grosso premio.

Nel frattempo, sullo smartphone della psichiatra, arriva un lungo messaggio di sua madre: Benito, il padre ormai anziano e da tempo malato di cancro, sta per morire. Sono quasi quarant'anni che i due non si vedono, ma Victoria non riesce a provare alcuna pena, alcuna empatia verso il genitore. Lunghi anni di studi e di terapie non hanno spento in lei il fuoco del risentimento: suo padre è ancora quell'orco che le strofina la faccia con una ruvida spugnetta di metallo. Tuttavia, l'amore e la riconoscenza che prova per sua madre la spingono a un lucido gesto.

«Mamma, se può essere utile e ti può far bene, vengo subito da voi, ovviamente non so che reazione potrebbe avere Benito rivedendomi dopo tanti anni».

«Non c'è bisogno, amore mio. Ormai è sotto sedazione profonda, non si accorge più di nulla. Ti ho scritto per aggiornarti e perché malgrado tutto resta comunque tuo padre, anche se nulla potrà cancellare il male che ti ha fatto».

L'agonia di Benito Segreti finisce in un piovoso lunedì di novembre. Maria, quando l'infermiera ucraina chiude gli occhi dell'uomo e gli stacca dal braccio le flebo di morfina, non versa neanche una lacrima. Tre giorni dopo, ai suoi funerali, la chiesa del quartiere è semivuota: a salutare l'ex panettiere, oltre sua moglie, solo qualche amico di vecchia data. Non c'è Victoria's Secret, che osserva da lontano il Mercedes dell'agenzia funebre portar via la bara. Quando il piccolo gruppo si disperde, la psicologa raggiunge la madre e l'abbraccia; e qui Maria inizia finalmente a piangere: un pianto liberatorio che sua figlia comprende e asseconda, carezzandole la testa.

Poco tempo dopo, anche Maria inizia a non essere più autosufficiente: la vecchiaia avanza e il corpo della donna ha bisogno di continue cure. Victoria le paga una lussuosa residenza per anziani, cercando, per quanto possibile, di farle passare gli ultimi anni di vita in tranquillità, servita e riverita come mai è stata in tutta la sua vita. La casa di largo Preneste viene messa in vendita, ma la zona non ha attrattiva e soprattutto gli impianti obsoleti, che richiedono un importante intervento di ristrutturazione, rendono complicate le trattative. Anche Maria muore nel sonno nel mese di novembre, tre anni dopo suo marito. Quando Victoria va a salutarla per l'ultima volta, prima che la bara venga chiusa, le accarezza il viso, quasi consolandosi per l'espressione serena della madre. A rompere il silenzio, la voce di un'infermiera.

«Buongiorno! Lei è Victoria's Secret, la psichiatra?»

«Buongiorno, sì sono io. Molto piacere».

«Mi dispiace moltissimo per sua madre, c'eravamo tutti affezionati a lei».

«E non l'avete conosciuta da giovane... era una forza della natura!»

«Lo posso immaginare. Senta, Maria qualche tempo fa mi ha lasciato un biglietto per lei, spergiurando di consegnarglielo solo il giorno che se ne fosse andata. E così faccio ora, rispettando la sua volontà».

«La ringrazio, apprezzo molto il suo gesto. Mia madre era un po' così, sa? Quando ero ragazzina mi lasciava i pizzini in giro per la casa, per dirmi le cose senza che mio padre se ne accorgesse».

Sul biglietto, chiuso in una piccola busta di quelle che si usano per i regali di Natale, la scritta 'Cucina, cassetto delle tovaglie. Sotto a tutto'. Leggendolo, la psichiatra sorride e i suoi occhi diventano lucidi; sua madre, sfidando l'età e i tanti acciacchi, è riuscita a mandarle l'ultimo messaggio cifrato.

A questo punto non resta che tornare in quella vecchia casa messa in vendita e andare a scoprire cosa le è stato lasciato dall'anziana donna in quel cassetto della cucina. Ci va qualche giorno dopo i funerali di Maria, in una mattina illuminata da un sole sbiadito. Camminando per quella casa disabitata e silenziosa, le tornano in mente i momenti più tristi della sua adolescenza, ma anche quei pochi istanti di felicità e di affetto che persino nelle famiglie più disagiate ogni tanto si riescono a vivere.

Come da indicazione di sua madre, entra in cucina e apre il cassetto delle tovaglie. Sotto a tutto, un foglio di quaderno piegato in quattro. Victoria's Secret lo apre, e inizia a leggere. E mentre legge piange, piange a dirotto. E il mascara si scioglie e le scivola sulle guance.

*Cara Victoria,*
*quando leggerai questa lettera io non ci sarò più, il mostro che mi sta mangiando da dentro avrà finito il suo lavoro e mi potrai trovare al camposanto, nella cappella dove riposano i tuoi nonni. Ovviamente non sono io a scrivere, perché come sai non ne sono capace; sto dettando a tua madre quello che vorrei provare a dire se tu fossi qui. E lei traduce in italiano, perché come sai non so neanche parlare come si deve.*
*Ti scrivo perché avrei delle cose da dirti ma non ho il coraggio di parlarti di persona perché sono un vigliacco e ho paura di guardarti negli occhi, di incrociare quello sguardo che non incrocio da quasi quarant'anni. Quello che vorrei dirti è che mi vergogno, mi vergogno tanto; e ti chiedo perdono. Ti chiedo perdono perché non ho capito nulla di mia figlia. Come sai, a me da piccolo hanno insegnato a fare il pane, ad alzarmi alle due di notte per iniziare a lavorare, a dormire poche ore di giorno per recuperare le forze. Le pagnotte, se le guardi da lontano, sembrano tutte uguali: stessa forma, stesso peso, stesso colore della crosta… ma in realtà, se ti avvicini e guardi meglio, sono tutte diverse tra loro. Nessuna è uguale all'altra. Se poi le tagli, non troverai mai una mollica con gli stessi buchi. Una persona semplice non si accorge delle differenze,*

*non le capisce. E io non ho capito Victoria, non ho capito che non eri sbagliata, eri solo diversa da me. Non ho capito che siamo proprio come il pane, tutti diversi. Non ho accettato che tu fossi diversa da quello che avevo nella mia testa limitata: non ti ho mai chiamata con il tuo vero nome, lo faccio oggi, a tempo scaduto, per la prima volta.*
*Ora che me ne sto andando e mia figlia non è con me, sento il vuoto di questi lunghi anni e mi fa più male della malattia. Chiedo scusa anche a tua madre, che ti è sempre stata vicina, malgrado me. Chiedo scusa a entrambe per avervi private dei momenti di gioia che avremmo potuto passare tutti insieme: mentre lei scrive i miei pensieri è qui che piange; quando non ci sarò più potrete passare più tempo insieme. Falle compagnia, ne ha bisogno; le ho fatto passare una vita d'inferno e avrebbe fatto bene ad andarsene come hai fatto tu.*
*Cara Victoria, perdonami per non essere stato un padre; quello sbagliato ero io, aveva ragione il dottor Segre. Sai, sua figlia Vittoria è una psichiatra come te, ha seguito le orme di suo padre. Io non avrei potuto insegnarti nulla, ero solo un panettiere. Avrei potuto darti solo il mio affetto e non sono stato in grado di farlo. Ti chiedo ancora perdono.*

*Addio, figlia mia.*

Victoria's Secret finisce di leggere e si porta la lettera al petto, continuando a piangere. Nulla cancellerà le cicatrici profonde che si porta dentro, ma ora, in qualche modo, sente che non ci sono più irrisolti. Il giorno dopo contatta l'agenzia immobiliare e comunica che la casa dei genitori non è più in vendita, nei mesi seguenti la fa ristrutturare e ci va a vivere: quei fantasmi sono tutti ancora lì ma ora può guardarli negli occhi senza soffrire. Al centro del salone fa installare un'enorme palla da discoteca rotante, ai lati, dei faretti colorati: quando i faretti illuminano la palla rotante, i riflessi colorati inondano la stanza, danzando sulle pareti. E quelle luci ci riportano alle lampadine a incandescenza del 30 notturno.

Victoria's Secret, dopo aver prenotato la fermata di largo Preneste, si avvicina alle porte. Mentre cammina sul corridoio centrale del vecchio tram, si sente chiamare da una voce.

«Buonasera, posso farle una domanda?»

«Buonasera, mi dica pure».

«Non mi prenda per matto...»

«Stia tranquillo. Io non prendo mai nessuno per matto. Nessuno, in fondo, è matto».

«Mi chiamo Umberto, Umberto Bossolo. E sono sicuro di averla già vista da qualche parte».

«Umberto Bossolo... Mmm, il suo nome non mi dice nulla, ma sì, magari ci saremo già incontrati. Io sono Victoria's Secret».

«Sì, ne sono convinto anche io! Ma non riesco davvero a ricordare dove...»

«Sa, Umberto, se ci si riconosce ci si è già incontrati. Forse in un'altra vita, forse, perché no, in un sogno; o forse in un'altra dimensione o semplicemente... in un altro capitolo di questo libro. A presto!»

«In un'altra dimensione... mmm... mi piace... tipo il metaverso dei film dei supereroi, dove a un certo punto si incontrano gli stessi personaggi ma vengono da dimensioni parallele dove succedono cose un po' diverse. Mi piace! A presto, Victoria. *Hasta la...* no, vabbe', stavo a di' 'na cazzata...»

«Lei è molto simpatico, Umberto, spero di vederla presto. Di nuovo!»

«Anche io! Arrivederci!»

Victoria's Secret scende dal tram, facendo attenzione a

non incastrare il tacco nei piccoli fori della scaletta d'acciaio del rotabile. Benny il Matto la omaggia togliendosi la bombetta e portandosela sul petto, i due si congedano con un complice incrocio di sguardi. E una volta arrivata a terra, saluta nuovamente con la mano Umberto Bossolo, prima di allontanarsi dal mezzo.

Chissà se i due si erano mai incontrati, chissà se quella sera si sono davvero incontrati. Le città sono agglomerati di corpi, ma anche agglomerati di anime, di sensazioni e ricordi. E c'è sempre qualcosa che resta, che sedimenta nei luoghi, che resiste al tempo e ai continui cambiamenti che sconvolgono le nostre brevi esistenze.

# L'autista

*E sono ancora qui,*
*qui nelle mie mutande.*
*E sono ancora qui,*
*cosa farò da grande.*

Gino Paoli, *Cosa farò da grande*

Ormai agli sgoccioli di questa corsa, sarebbe ingiusto e oltremodo sgarbato non parlare di chi ha mosso le leve e i pedali, di chi ha aperto e chiuso le porte, di chi questa notte ha attraversato Roma da nord a sud guidando il 30 notturno.

Arturo Giani non è un autista come gli altri: in azienda tutti gli vogliono bene perché è un grande vecchio, un punto di riferimento per i giovani che in lui vedono una guida e all'occorrenza un ottimo rappresentante sindacale. Prossimo alla pensione, si dedica a nuove passioni, quelle che verosimilmente accompagneranno gli anni del suo riposo; passioni che coltiva nelle pause tra i vari turni. Sì, perché Arturo ha deciso di continuare a guidare, malgrado più volte gli sia stato proposto di aspettare la 'fine della corsa' dietro una scrivania: le rotaie sono la sua vita, le facce che vede salire sul tram danno un senso alle sue giornate.

La principale delle sue nuove passioni è la fotografia, a cui si dedica da oltre dieci anni. Da autodidatta, col tempo ha scoperto tutti i segreti per ottenere uno scatto d'autore e si è dotato di un'attrezzatura professionale da migliaia di euro che comprende diverse macchine fotografiche, luci, cavalletti, obiettivi di vario tipo. I soggetti immortalati spaziano dai paesaggi alle persone, dagli animali alle architetture.

Il suo talento viene persino citato nelle cronache locali, nel mese di dicembre dell'anno prima. È proprio in quei giorni che ci portano le lampadine a incandescenza del vecchio tram, quando le porte si chiudono alla penultima fermata di via dei Castani, a pochi minuti del capolinea. Arturo discute animatamente con Concetta, sua moglie, nella loro casa al Pigneto, quartiere un tempo popolare e oggi epicentro di una certa movida radical chic. La donna, una romana verace che nell'aspetto ricorda incredibilmente Anna Magnani, è nota in tutta la palazzina per le sue urla, spesso rivolte proprio al povero marito, colpevole, perlopiù, di nasconderle cose che poi vengono puntualmente scoperte o di raccontare mezze verità per non scatenare le ire della consorte. Ma i continui litigi non ingannino: Arturo e Concetta tutto sono tranne che una coppia in crisi, il battibecco fa parte del loro equilibrio, è per loro una dimostrazione di amore reciproco.

«A me 'sta cosa nun va bene pe' niente! Tutta quella gente cor culo de fori e il nome tuo sul giornale! Ma che figura ce famo!?»

«Concetti', ma è il calendario dell'azienda. È 'na bella cosa che l'hanno fatto fa' a me...»

«L'hanno fatto fa' a te perché nun c'hanno i sordi manco pe' compra' le penne e li quaderni. E tu l'hai fatto gratis pe' guarda' un po' de culi e un po' de tette delle colleghe giovani! Maiale che nun sei altro!»

«Ma su, ho fatto foto a omini e donne, so' sei e sei...»

«E vabbe', a te quelle sei t'interessano... E c'è pure quella lì...»

«Ancora co' 'sta storia: l'ho cancellate tutte quelle foto, mo' su Instagram metto solo animali, fontanelle e paesaggi».

«E vorrei vede'! Ce mancava pure che la tenevi lì sul sito tuo! Sporcaccione che nun sei artro!»

«Nun è un sito, è 'n profilo Instagram».

«Vabbe', quello che è, è. Nun ce deve da sta'!»

La coppia bisticcia per uno spiacevole episodio di qualche mese prima. In quell'occasione Arturo asseconda le velleità da modella di Paola, una giovane collega leader di una piccola sigla sindacale, regalandole degli scatti senza veli per un book di presentazione. Posta poi le foto sul suo profilo Instagram, confidando nel fatto che la sora Concetta rimarrà all'oscuro di tutto perché completamente sconnessa da rete e social network, essendo una delle poche persone al mondo a utilizzare ancora un telefono con i tasti di plastica. Il problema, in quell'occasione, è l'ingenuità di suo genero Pietro, marito di Alice, la loro unica figlia. Quel sabato sera, durante una cena in famiglia, il parente acquisito scorre ingenuamente sul suo tablet la galleria con la giovane autista ATAC nuda e in pose provocanti, complimentandosi con Arturo per la qualità degli scatti e per le luci. E scatenando le ire dell'altra padrona di casa, che alle urla unisce un violento lancio di oggetti contro il marito, che tenta invano di farsi scudo con la figlia.

«Sporcaccione! Ecco perché hai speso tutti quei sordi pe' le macchine fotografiche! Che poi 'ndo li pigli tutti 'sti sordi nun se sa!»

«E daje Concetti', ma te pare che sto a fa' lo sporcaccione?! So' foto artistiche! Paoletta è più piccola de Alice! Ma te pare?!»

«Ma foto artistiche de che?! Nun la vedi a quella come sta? E tu lì a faglie le foto ar culo. Magari l'hai pure toccata pe' faglie cambia' posizione!»

«Ma nun di' cazzate! So' dieci foto, glie servono pe' fa' il book».

«Ma de che!? Butta quelle porcherie che me sta a sali' il sangue al cervello. Come se nun te vedessi quando vai sui siti internet zozzi la sera! Come se nun te vedessi!»

In effetti, Arturo qualche volta si lascia prendere un po' troppo dalla curiosità e tramite una serie di banner e pop up finisce sui siti hard. La dolce consorte più di una volta lo scopre e lui puntualmente risponde: «C'è andato da solo, nun so cosa ho cliccato!» La verità, come sempre in questi casi, sta nel mezzo. Sta di fatto che dopo qualche giorno di feroci discussioni, le foto di Paola spariscono dal profilo Instagram dell'autista-fotografo e finalmente sua moglie si calma.

Un'altra cosa che viene costantemente contestata ad Arturo sono le disponibilità economiche decisamente sproporzionate rispetto al suo stipendio, che malgrado gli scatti di anzianità non è certo quello di un dirigente. Nella casa del Pigneto, oltre alla costosa attrezzatura fotografica, ci sono televisori al plasma di ultima generazione, un impianto acustico da migliaia di euro, un frigorifero e un tostapane della Smeg. Tutto è comandato con Alexa, l'assistente vocale di Amazon, con cui Concetta litiga costantemente.

«'Sta palletta nun me capisce mai! È 'na cosa diabolica! Chiedo 'na ricetta e me mette 'na canzone. È 'na robba inutile!»

«Sei te che nun te fai capi': glie devi di' le cose in un certo modo. T'avevo scritto tutto su un foglietto...»

«Sì, er foglietto. Continua a butta' sordi pe' cose inutili. Che poi chissà 'ndo li pigli tutti 'sti sordi. Guarda, se nun finisci ar gabbio e ce mandi tutti pe' strada...»

Le preoccupazioni della donna non sono del tutto infondate. Apparecchiature tecnologiche a parte, Antonio e sua moglie hanno un tenore di vita decisamente alto: viaggiano su un BMW nuovo di zecca, mangiano spesso in costosi ristoranti, e quando l'autista non ha turni passano il weekend fuori città in alberghi di lusso. Quando lui deve placare le discussioni più violente, torna a casa con regali molto costosi. Dove prenda tutti quei soldi è un mistero; eppure ogni tanto, per sbadataggine, lascia degli indizi che la moglie cerca di decifrare, come in una partita di Cluedo. Il più emblematico di questi, una serie di ricevute che la donna trova nelle tasche di un cappotto: ben quattro invii di pacchi verso il Giappone. Quella sera, tra il primo e il secondo, Concetta mette quei fogli sul tavolo, insieme alla trippa alla romana, uno dei piatti preferiti di Arturo.

«E mo' nun tocchi la trippa se nun me dici che cazzo gl'hai dovuto da manna' a 'sti giapponesi!»

«Ma niente, ma che te frega?»

«'O vojo sape'! Che fai, spacci 'a droga?!»

«Ma te pare che me metto a spaccia' droga? In Giappone poi? Ma sarai matta?»

«Vojo sape' che cazzo hai mannato a li giapponesi!»

«Foto! Ho mandato delle foto de paesaggi italiani! Lì è tutto diverso e ci so' collezionisti de paesaggi europei... Me faccio paga' eh! Ecco! Me chiedi sempre dove piglio i sordi, ecco 'ndo li piglio!»

«E nun me dici niente? Ma che me prendi pe' scema o che?!»

«Nun t'ho detto niente perché se te parlo de foto te incazzi sempre come 'na iena!»

«Vabbe', mo' magna 'sta trippa che sennò diventa de gomma. Però nun me la conti. Su 'sta cosa de le foto voglio indaga'».

La storia delle foto pagate a peso d'oro dai giapponesi oggettivamente non regge. Arturo negli anni è diventato un discreto fotografo ma non è certo conosciuto a livello internazionale. Perché gli asiatici dovrebbero comprare le sue foto di paesaggi e non quelle di qualche professionista blasonato? Ad oggi, gli unici articoli in cui compare il suo nome sono quelli di *Roma Today* e del *Messaggero* che lo citano per il tanto contestato calendario aziendale in cui ha fotografato sei conducenti uomini e sei donne senza veli. Dodici scatti con pose scopiazzate a un calendario Pirelli degli anni Novanta che oltretutto ha donato all'azienda senza ricevere neanche un euro di rimborso spese per l'affitto della sala pose. Insomma: un po' poco per pretendere tanti soldi per dei paesaggi e per degli scatti in bianco e nero che ritraggono i soliti gatti in mezzo alle rovine dell'antica Roma, la cupola di San Pietro e i caratteristici 'nasoni', le fontanelle sparse per la città.

Il secondo indizio che fa insospettire Concetta è una macchina per mettere i cibi sottovuoto, tenuta da Arturo nella cantina garage. La casalinga, che inizialmente scambia l'oggetto per l'ennesimo sfizio tecnologico del consorte, ne scopre la funzione un pomeriggio durante una televendita. La sera, portando a tavola del pollo con i peperoni, interroga di nuovo Arturo.

«'O vòi er polletto?!»

«Sì che lo voglio er polletto...»

«E allora dimme un po', che cazzo glie manni ai giapponesi sottovòto?!»

Arturo Giani ha un attimo di esitazione, evidentemente la sora Concetta è sulla buona strada e lui, forse per la prima volta in quarant'anni di matrimonio, ha difficoltà a replicare.

«Allora?! T'ho beccato che venni la droga ai tossici giapponesi!»

«Ma che droga e droga Concetti'! Glie manno er formaggio de pecora!»

«Er formaggio de pecora?!»

«Essì! 'Na vorta so' annato a fa' le foto al parco della Caffarella... A 'n certo punto è passato er pastore co' le pecore...»

«Essì, là ce sta er casale... A Mangiatoreccia! C'andavamo da piccoli co' mi' padre, pace all'anima sua».

«Brava... E che fanno ner casale?! Er formaggio col latte di pecora!»

«Sì ma che c'entra questo coi giapponesi?»

«I giapponesi, quando hanno visto 'e foto co' le pecorelle e dietro i palazzi de Roma, se so' esaltati!»

«E t'hanno chiesto de mannaglie er formaggio?!»

«E certo! Però pe' fallo arriva' integro ho dovuto compra' la macchinetta pe' toglie l'aria, così nun se rovina durante il viaggio».

«Mah, a me sembrano tutti strani 'sti giapponesi...»

«Essì, so' strani tanto».

«Vabbe', magna er polletto va'...»

Concetta non è assolutamente convinta, ma fa finta di credere alle parole del marito, in attesa di scoprire qualche altro indizio e collegare i pezzi del puzzle. E l'indizio arriva puntuale un paio di settimane dopo. In una busta ben nascosta nello sgabuzzino, trova una cinquantina di boxer da uomo nuovi e ancora incartati comprati in offerta presso una celebre catena di abbigliamento low cost. Ora gli indizi sono tre: le ricevute dei pacchi spediti in Giappone, la macchinetta per conservare cibi sottovuoto e cinquanta boxer di bassa qualità. Un bel rompicapo che però non spaventa più di tanto la casalinga, che approfittando di un turno serale dell'autista coinvolge nell'indagine la figlia Alice e il genero Pietro. A loro il compito di scovare nel laptop di Arturo altre preziose informazioni.

«Mamma dai, non si fa! E comunque chiede la password».

«Sta' zitta e trova la password. Dobbiamo scopri' che fa tu' padre co' 'sti giapponesi».

«Eh, se non sai la password è impossibile entrare».

«Boh, prova a mette' la data de nascita...»

*PASSWORD NON CORRETTA*

«No, con la data di nascita non entra...»

«Mmm, metti er nome mio...»

*PASSWORD NON CORRETTA*

«No, non entra manco col nome tuo».

«E te pare che ogni tanto pensa a 'sta povera scema?»

«Vabbe' dai ma', la password deve essere una cosa difficile se no entrano tutti...»

«Tu' padre 'na cosa difficile? Quello manco se ricorda come se chiama... Metti er nome der gatto, prova...»

E così, scrivendo 'miaomiao', Alice riesce ad accedere e inizia a cercare tra le varie cronologie di navigazione del computer del padre. Come prevedibile, all'appello non mancano i siti hard che si mischiano in modo assai goffo a recensioni di apparecchiature elettroniche, macchine fotografiche digitali con relativi optional. Mentre la figlia naviga e apre cartelle, Concetta porta più volte le mani al viso, disperata.

Arturo ha un sito, una specie di blog anonimo in cui

racconta corse sul tram, mette gallerie fotografiche e soprattutto vende prodotti, dei prodotti 'molto particolari'. I testi sono scritti in tre lingue: italiano, inglese e giapponese. È evidente che non è tutta farina del suo sacco: le pagine sono molto curate graficamente e anche lo shop è davvero ben fatto, i prezzi sono alti, si va dai quattrocento ai novecento euro a seconda della 'stagionatura' della merce. Alice, dopo un primo momento di smarrimento, inizia a ridere a mezza bocca, facendo attenzione a non far esplodere la rabbia di sua madre.

«Vabbe' mamma, è una cosa brutta, ma alla fine poteva andare peggio. Cioè... fa un po' schifo ma non è che ti tradisce...»

«Fateme 'n piacere... Annate a casa. Co' papà ce devo parla' da sola».

I due non se lo fanno dire due volte: prevedono una serata movimentata e non ci tengono a essere presenti.

Al centro del salotto della casa di Concetta e Arturo, davanti al grande schermo al plasma di ultima generazione, ci sono due poltrone di pelle marrone. La donna quella sera aspetta il marito seduta in penombra, bevendo una tisana. Quando lui arriva è quasi mezzanotte.

«Concetti', che fai ancora sveglia?»

«Nun riuscivo a prenne' sonno... Vieni, siediti che dovemo parla'».

«A quest'ora vòi parla'? Che è successo mo'?»

«Tu siediti. 'O vedi come so' calma no!? Nun me fa' incazza' e siediti».

«Ecco, me so' seduto. Mbé?!»

«Andato bene il giro col tram? Sei stanco? Hai sudato?»

«È andato bene, è andato bene. Sì, so' un po' stanco. E sì ho pure sudato un po'... ma perché?!»

«Perché se sudi tanto ai giapponesi piace de più e pagano meglio le mutande, no?»

A quel punto Arturo Giani crolla, come i serial killer nelle serie tv dopo dodici ore di interrogatorio in un carcere americano (o un qualunque assassino davanti a Jessica Fletcher). Concetta ha scoperto il suo segreto e ora le cose per lui rischiano di mettersi molto, molto male. L'autista è riuscito a entrare in una nicchia di mercato, quella della biancheria intima usata comprata da facoltosi feticisti giapponesi. La sua offerta è particolare: boxer usati di tranviere accuratamente conservati sottovuoto dopo una o due giornate di lavoro seduto sul mezzo. Ogni sera, Arturo conserva i suoi boxer mettendone un paio puliti nel cestello dei panni sporchi per non destar sospetti.

«Sì, Concetti'... se sudo de più i giapponesi pagano de più, e se sudo pe' du' giorni e metto le stesse pagano er doppio... Contenta mo'!?»

«Ora tu dimme, prima che me piglia 'n infarto... Come cazzo t'è venuto de venne 'e tue mutande sporche ai giapponesi, ma che cazzo de pervertito ho sposato!?»

«Aò... Nun so' io pervertito. So' i giapponesi a esse pervertiti!»

«Sì, ma te... come l'hai conosciuti 'sti giapponesi pervertiti?!»

«Un giorno, navigando su internet. Apri 'na finestra, se ne apre 'n 'altra e poi 'n'altra ancora... A un certo punto finisco su 'sto sito di 'sta tipa che se vende i perizomi usati. Se fa da' due, tremila euro pe' ogni mutanda. E io penso: a me migliaia di euro nun me li danno, però tre, quattro, cinquecento euri sì. Ho chiamato Saverio, che dopo esse' annato in pensione s'è messo a fa' siti internet pe' nun mori' de noia e gli ho fatto fa' il lavoro...»

«E te sei messo a venne le mutande sporche... Oddio che vergogna, oddio che schifezza!»

«Vergogna de che? È tutto anonimo, mica lo sa nessuno... Se nun te annavi a impiccia', manco tu lo avresti saputo».

«E se qualcuno te sgama?! Che glie racconti?»

«E come me sgameno?»

«E come te sgameno. C'è scritto in tre lingue che sei autista de tram a Roma... che te vendi le mutande sporche dopo le giornate de servizio. Se nun te cambi pe' du' giorni – a parte che schifo – la mutanda te costa quasi mille euro».

«Embè?! Sai quanti siamo a guida' i tram a Roma?! Che ne sanno in Giappone di chi so' le mutande? E comunque nun glie frega di chi so' le mutande, loro le annusano e basta penso...»

«Mammamiacheschifo...»

«Fa schifo ma se pagheno, che ce frega?! Mille euri pe' i giapponesi so' spicci».

«E pure tu c'hai ragione. E scusa... Ma perché nun li fai paga' de più allora?!»

«C'ho provato ma se supero mille euri me dicono de no. Cioè... Se nun me cambio pe' dieci giorni pagheno de più, ma poi me escono i girini...»

«Zitto, zitto! Me vie' da vomita'...»

«No, ma infatti mica lo faccio eh... Massimo du' giorni e poi me lavo bene».

«Però forse ci so' altri modi sai?»

«Pe' fa che?!»

«Pe' fasse paga' de più! Rincoglionito!»

«Che me dai pure i consigli mo'?!»

«E certo! E che sto a pettina' le bambole?!»

«Vabbe'... E quali sarebbero 'sti altri modi?»

«Devi da crea' dei prodotti *toppe classe*».

«E che vor di'? Nun me di' de fa' cose schifose che nun le faccio eh...»

«Guarda che se' te che fai le cose schifose, io dico che devi fa' cose de classe, eleganti».

«Tipo?»

«Tipo mette' mutande de lusso pe' falle paga' meglio!»

L'idea di Concetta, donna irascibile ma al contempo pragmatica, non è assolutamente sbagliata. Nel giro di pochi giorni, la coppia mette su una nuova linea di boxer usati sottovuoto per feticisti giapponesi che desiderano annusare boxer firmati di tranviere. Si va dai modelli Dolce&Gabbana a mille euro ai costosissimi Paul Smith che sfiorano i duemilacinquecento, passando per Versace, Lacoste, Ralph Lauren. I boxer firmati hanno un successo strepitoso e i due coniugi, per festeggiare, si regalano una settimana di vacanza a Parigi, che passano tra hotel di lusso e ristoranti stellati. Durante il viaggio, apprendono però dai telegiornali una brutta notizia: un forte terremoto ha colpito il centro Italia, lasciando macerie e sfollati.

«Guarda che casino, Artu'...»

«Hai sentito tu' sorella? Come stanno?»

«Eh, loro bene, però 'a casa è piena de crepe, ora stanno dai parenti di lui».

«Pora gente, da un giorno all'altro nun te ritrovi più niente... Niente casa, niente lavoro, niente... Poracci...»

«Aiutamoli!»

«E come?»

«Co' li giapponesi! Famo 'n'offerta speciale, una mutanda de beneficenza».

«Bella idea, Concetti'! Bellissima idea!»

Tornati a Roma, i due svaligiano letteralmente i negozi di souvenir per turisti brutti nel centro di Roma, comprando centinaia di boxer e slip da donna tricolore. Sulla bacheca dei depositi ATAC di tutta Roma, viene affisso un annuncio.

*Care colleghe e cari colleghi,*
*per aiutare le popolazioni colpite dal terremoto del centro Italia, abbiamo deciso di lanciare la campagna 'una mutanda per l'Italia'. Partecipare è molto semplice: indossate un boxer o uno slip tricolore che troverete in una scatola presente negli spogliatoi e alla fine delle ore di servizio lasciatelo nell'apposito cestino, senza lavarlo. La biancheria intima sarà venduta sul mercato estero a persone interessate al prodotto e il ricavato sarà devoluto interamente in beneficenza. Se oltre agli umori ottenuti dopo una giornata di lavoro vorrete lasciare anche una donazione in denaro, potrete metterla in una busta spillata al boxer o allo slip. Ovviamente è garantito l'anonimato.*
*Grazie per la vostra collaborazione.*

*Un collega*

L'iniziativa, per quanto singolare, riscuote grande successo in azienda, i boxer e gli slip vanno a ruba e presto il cesto dei panni sporchi si riempie di capi. E sono in molti a fregarsene dell'anonimato, postando sui social le loro foto in mutande tricolore con l'hashtag #unamutandaperlitalia, che nel giro di poco scala le tendenze ed è secondo solo a #RenziFaiSchifo. L'iniziativa degli autisti si allarga ad altri settori, nel giro di pochi giorni impiegati, commercianti, agenti delle forze dell'ordine, medici, politici e personale sanitario iniziano a portare i loro boxer tricolori usati ai depositi ATAC, che diventano dei veri e propri punti di raccolta. Puntualmente, durante la notte, qualcuno passa di nascosto a ritirare il materiale. A casa di Arturo e Concetta viene allestita una catena di montaggio. La figlia Paola e suo marito, armati di mascherina e guanti di lattice, confezionano i pezzi sottovuoto, la madre incolla i biglietti personalizzati in cui si spiega al giapponese che il ricavato della vendita sarà devoluto in beneficenza, e Saverio, l'ex autista in pensione che cura il sito di Arturo, aggiorna la pagina 'unamutandaperlitalia.it', su cui vengono rendicontate tutte le donazioni e vengono organizzate le aste per la biancheria intima dei personaggi più o meno noti che vogliono apparire: il perizoma della nota psicologa Victoria's Secret viene venduto a cinquemila euro, uno slip portato dalla scrittrice Maria Elena Bianchi a settemila, un boxer tricolore indossato dal bellissimo giornalista Fabio Salamida sfiora i ventimila. Prova a dare il suo contributo anche il segretario della Lega, Matteo Salvini: un suo boxer tricolore portato per un'intera giornata passata tra gli stand della Sagra dello Stocco di Mammola (RC) viene proposto con base d'asta di quarantanove milioni di euro, ma l'offerta purtroppo non arriva. Decisamente simbolica la cifra raccolta per lo slip indossato da Matteo Renzi durante una cena di gala a Riad: il capo viene pagato appena otto virgola ventitré riyal sauditi, l'equivalente di due euro.

La raccolta, dopo un paio di settimane, sfiora i cinquecentomila euro e viene presto replicata in altri Paesi, che cominciano a spedire in Giappone biancherie intime usate con i colori delle loro bandiere. Dal canto loro, i feticisti giapponesi sono ben lieti di collezionare pezzi provenienti da tutto il mondo. I sindaci delle città colpite dal sisma annunciano che intitoleranno scuole, ospedali, parchi pubblici e impianti sportivi ai boxer e agli slip dei donatori.

Un sabato sera Arturo e Concetta sono seduti sulle poltrone di pelle del loro salotto e guardano il telegiornale tenendosi per mano.

«Artu', sai quanto hanno pagato li giapponesi pe' la mia mutanda? Seicento euri! 'Na cifra!!»

«Essì, è tanto eh!»

«Certo abbiamo perso un po' de sordini, ma pe' 'na buona causa».

«Ma sì, appena finita l'emergenza riprendiamo come prima, tanto nun ce servono tutti 'sti sordi».

«Ma me chiedo 'na cosa... Perché li stessi se comprano dieci, venti, cento mutande? Che ce fanno?»

«Penso che dopo qualche giorno puzzeno de meno... Se perde 'a fragranza. E allora ne compreno altre...»

«Mamma mia che schifo, nun me ce fa' pensa... Hahaha!»

«Sì Concetti', nun ce pensa'... Hahaha!»

Su Rai3 Fabio Fazio annuncia un'intervista a se stesso, perché ormai non ha più nessuno da intervistare, ma prima lancia la pubblicità: le luci dello spot del succo di alghe del Tevere di NaturaNo, ci riportano sul 30 notturno, ormai all'ultima fermata prima del capolinea di piazza dei Gerani.

Arturo Giani sta per chiudere le porte quando un uomo molto distinto vestito di nero, con capello argentato, occhiali da sole e una bellissima gatta dal pelo lungo in braccio, gli fa un cenno con la mano chiamandolo dal marciapiede. L'autista sbuffa un po', ma poi si affaccia dalla cabina.

«Me dica, ma faccia presto che devo riparti'...»

«Perdoni se disturbo a quest'ora di notte, può dire che quartiere è questo? Io e mia piccola Choupette ci siamo perduti».

«Eh… Stamo a Centocelle. Lei dove deve anda'?»

«Vorremmo tornare verso quartiere più elegante, qui è tutto un poco volgare, dozzinale».

«Essì… vestito così da 'ste parti pare 'n alieno. Comunque deve prende' il tram nell'altra direzione, tra 'n po' dovrebbe passa'. Poi decide lei dove deve scende'… 'ndo sta il suo hotel? Dove alloggia?»

«Io? Io alloggio in quartieri alti. Stasera stavo portando mia piccola Choupette a fare passeggiata ma ho perso mio orientamento».

«Vabbe' su, nun more nessuno. Aspetti il tram dall'altra parte del marciapiede, quello la riporta in centro. È 'n po' lento ma alla fine arriva sempre».

«Va bene, aspettiamo. Grazie e buona serata a lei».

«Bònanotte!»

# Fermata prenotata

Ormai siamo quasi al capolinea di piazza dei Gerani, il 30 notturno corre su via dei Frassini, in una Centocelle vuota e silenziosa. Arturo Giani è un po' assonnato ma vigile: la corsa sta per finire e presto sarà al caldo di casa a godersi il meritato riposo, non prima di aver messo sottovuoto i suoi boxer griffati. D'un tratto, però, qualcosa sembra spaventarlo: con gli occhi spalancati fissa una figura fuori, sui binari. È Benny il Matto, che cammina a passo svelto verso il vecchio tram con le braccia aperte e un'espressione divertita.

«E mo' come cazzo ce sei arrivato lì? Eri sopra fino a due minuti fa! Spostate idiota, spostateee!»

Il conducente prova invano a tirare il freno ma la capacità di frenata non è il pezzo forte del vecchio MRS. E poi il Matto è troppo vicino, è comparso dal nulla e all'improvviso, impedendo ogni possibilità di manovra: il 30 notturno, prima di riuscire a fermarsi, lo colpisce in pieno, lanciandolo a circa tre metri di distanza. La bombetta del poveretto rotola sull'asfalto e lui resta a terra, in posizione fetale, illuminato dal faro del vecchio tram. Arturo Giani apre le porte, corre verso di lui e si inginocchia vicino alla sua testa.

«Benny, ma da 'ndo cazzo sei spuntato?! Eri sul tram… come hai fatto a uscire?!»

«Una fine tutto quello che un inizio ha...»

Su questa citazione Benny il Matto chiude gli occhi per sempre: Arturo prova invano a parlargli, ma Benny ormai non c'è più, sembra dormire profondamente e ha un sorriso accennato sul viso. L'autista inizia a piangere a dirotto e a imprecare, come se quel corpo senza vita fosse di una persona a lui cara, di un parente stretto.

Dopo qualche secondo, le luci a incandescenza del 30 notturno cominciano a vibrare velocissime e dal tram iniziano a scendere tutti i passeggeri di questa ultima corsa. Ci sono Maria Elena e Marco, che si avvicinano al corpo senza vita del Matto tenendosi per mano; Emma e Davide, dopo aver dato uno sguardo alle notifiche sui loro smartphone, li raggiungono. Arrivano l'onorevole Sartini e il professor De Santis, che scendendo dal vecchio tram si guardano intorno, visibilmente confusi. Scende Flaminia, che mentre contempla in lacrime il corpo senza vita di Benny si sfiora la pancia con la mano destra; Chiara, uscita dal mezzo, va da Arturo e lo abbraccia, cercando invano di consolarlo. Umberto corre a passo svelto verso il gruppo coprendosi la bocca e iniziando a singhiozzare. Don Giulio, una volta in piedi davanti a Benny, inizia a pregare: le sue mani giunte tremano e anche lui non riesce a trattenere le lacrime.

Sono tutti in cerchio intorno al cadavere: c'è chi china la testa, chi si asciuga le lacrime, chi resta in ginocchio. Poco distante da loro, al centro dei binari, il grande cinghiale albino osserva la scena, i suoi occhi sembrano delle sfere di vetro nero, lo sguardo è impassibile. Di fianco all'animale ci sono il bambino riccioluto con in mano il suo pallone, gli artisti di strada con al centro la ballerina dall'inconfondibile caschetto biondo, l'uomo elegante con in braccio la sua bellissima gatta. A qualche metro da loro, un ventenne con i capelli lunghi, un lungo cappotto nero e un basco in testa, prende degli appunti su un taccuino, poi lo richiude e se lo mette in tasca; prima di girarsi e andarsene saluta con la mano tutti i passeggeri che a loro volta ricambiano.

L'ultima a scendere dal tram, facendo attenzione a non incastrare i suoi tacchi a spillo nei piccoli fori degli scalini di metallo, è Victoria's Secret. Si avvicina lentamente alla scena mostrando un'espressione serena, quasi divertita. Gli altri la guardano incuriositi da tanta compostezza, da quella totale assenza di reazione alla morte del povero Benny. La psicologa si china sul corpo senza vita del Matto e con la mano gli accarezza il viso, sorridendo.

«Amico mio, a saperlo prima ci saremmo risparmiati tante emozioni, tanto dolore. Che magnifico scherzo che ci hai fatto. L'ho capito solo ora, sai? Avevi ingannato anche me. Chissà cosa ricorderai di tutto questo. Chissà se ha avuto un senso tutto questo».

Appena Victoria's Secret finisce di parlare, le lampadine a incandescenza del 30 notturno, dopo aver vibrato per l'ultima volta, si spengono. E con loro si spegne il faro che illumina la scena, e poi i lampioni, i semafori, le luci delle case. E poi la luna. E poi le stelle. Si spegne tutto: come in un teatro, alla fine dell'ultimo atto.

*Napoli, 6 gennaio.*

«Nonno, ma perché dorme il pastorello?»

«Il pastorello che dorme si chiama Benino. E tutto il presepe che abbiamo fatto, con i suoi pastori, le pecorelle, le case, le botteghe, il fiume, le montagne, gli angioletti, i Re Magi e la grotta della natività, è in realtà un sogno di Benino. Se Benino si svegliasse il presepe svanirebbe all'istante. E quindi Benino è stato tutto il tempo lì, accucciato e in disparte. A sognare nel suo sogno».

# Ringraziamenti

Grazie a Francesca Romana, che da anni sopporta i miei silenzi, le mie colpevoli assenze e i miei tanti errori, senza cedere alla tentazione di rottamarmi e sostituirmi con un ballerino cubano ventenne.

A Stefano Izzo per aver assecondato questa follia; anzi, per averla istigata. A Riccardo Barbagallo per essersi caricato l'ingrato compito di promuoverla. A tutta la Salani per l'inspiegabile fiducia in me riposta.

A quel genio di Alberto Ruggieri per la meravigliosa illustrazione di copertina. Ha capito il senso del libro più di me che l'ho scritto.

A Jola Tafaj per la foto che mi fa sembrare ancora più figo, con tanti auguri per la sua nuova attività.

A Palmiro, Mafalda e Nero. Solo chi ha la fortuna di vivere con dei gatti può capire quanto siamo di troppo su questo pianeta.

Ai ragazzi del Gatsby Café, per come mi hanno accolto e coccolato negli ultimi mesi di scrittura, in un'atmosfera d'altri tempi condita da cibi deliziosi, litri di tè ai frutti rossi e ottimo vino all'ora dell'aperitivo.

A Roberto, per come mi ha raccontato Roma, i suoi quartieri, la sua gente, facendomi scoprire mondi che non conoscevo.

Alla mia famiglia, continua fonte di ispirazione per le mie storie surreali e tragicomiche.

# Indice

SALANI
LE STANZE

**Gianluca Antoni**
*Io non ti lascio solo*

**Enrico Pandiani**
*Lontano da casa*

**Viola Ardone**
*La ricetta del cuore in subbuglio*

**Imamura Natsuko**
*La donna dalla gonna viola*

**Anna Bardazzi**
*La felicità non va interrotta*

**Pino Imperatore**
*Tutti matti per gli Esposito*

**Corinna De Cesare**
*Ciao per sempre*

**François Morlupi**
*Come delfini tra pescecani*

**Silvia Montemurro**
*L'orchestra rubata di Hitler*

**Rosa Mogliasso**
*L'irresistibile simmetria della vendetta*

**Marco Steiner**
*Nella musica del vento*

**Pascal Engman**
*Femminicidio*

SALANI
LE STANZE

**Vittorio Macioce**
*Dice Angelica*

**Sandro Marenco**
*Dillo al Prof*

**Davide Mosca**
*Amare una volta*

**Guzel' Jachina**
*Figli del Volga*

**Giovanni Ferrero**
*Blu di Prussia e rosso porpora*

**Carola Carulli**
*Tutto il bene, tutto il male*

**Luca Trapanese**
*Le nostre imperfezioni*

**Valeria Gargiullo**
*Mai stati innocenti*

**François Morlupi**
*Nel nero degli abissi*

**Paolo Calabresi**
*Tutti gli uomini che non sono*

**Romano De Marco**
*La casa sul promontorio*

Questo libro è stampato col sole

GRAFICA VENETA

Azienda carbon-free

Fotocomposizione: Alessio Scordamaglia

Finito di stampare
nel mese di maggio 2022
per conto di Adriano Salani Editore s.u.r.l.
da Grafica Veneta S.p.A. di Trebaseleghe (PD)
Printed in Italy